Margot Scheufele-Osenberg

Die Atemschule
Übungsprogramm für
Sänger, Instrumentalisten
und Schauspieler

Atmung · Haltung · Stimmstütze

SCHOTT

Mainz · London · Madrid · New York · Paris · Tokyo · Toronto

Studienbuch Musik

*Dieses Buch widme ich
Frau Anneliese Parow.*

Bestellnummer: ED 8705

© 1998 Schott Musik International, Mainz
Titelbild: Der »Ludovisische Thron«: Doppelflötenspielerin – Rom
Printed in Germany · BSS 49 111
ISBN 3-7957-8705-X

Inhalt

Vorwort 11

Einleitung 15

I. Atemschulung nach Julius Parow und Margot Scheufele-Osenberg 18

1. Zur Geschichte der Atemlehre 18
2. Das Atemzentrum – Die Atemsteuerung 19
3. An der Atmung beteiligte Organsysteme und Muskeln 23
   3.1 Die Nase 23
   3.2 Das Zwerchfell und der Beckenboden 24
   3.3 Die Wirbelsäule 35
   3.4 Die Lungen 40
       3.4.1 Anatomie 40
       3.4.2 Gasaustausch 41
       3.4.3 Atemmechanik 42
       3.4.4 Atemvolumina 43
   3.5 Der Brustkorb 45
   3.6 Die Atemmuskeln 46
4. Fehlatmungs- und Fehlhaltungsformen 48
   4.1 Entstehung von Fehlatmung und Fehlhaltung 48
   4.2 Paradoxe Atmung 54
   4.3 Pseudoparadoxe Atmung 55
5. Wie übe ich mit diesem Programm? 56
   5.1 Grundlegende Gedanken 56
   5.2 Selbstdiagnose 57
   5.3 Kleidung 60
   5.4 Methodisches 61
   5.5 Nichts erzwingen 61
6. Das Vorprogramm 62
   6.1 Zusammenstellung vorbereitender Übungen 62
   6.2 Übungen zum Lösen von Panzerungen 63
7. Das Übungsprogramm 63
   7.1 Entspannung 63
   7.2 Wachübungen 65
   7.3 Eutonische Sitzhaltung 66

Inhalt

- 7.4 Richtige Beckenstellung 66
- 7.5 Richtiges Stehen 68
- 7.6 Richtiges Gehen 69
- 7.7 Die Zwerchfellatmung 70
- 7.8 Die drei Körperräume 71
  - 7.8.1 Muskel- und Atemarbeit im unteren Raum (Fundament) 72
  - 7.8.2 Muskel- und Atemarbeit im mittleren Raum 79
  - 7.8.3 Muskel- und Atemarbeit im oberen Raum 83
  - 7.8.4 Muskel- und Atemarbeit in allen drei Räumen gemeinsam – Vollatmung 84
- 7.9 Vorübungen zur »Stütze« (elastische Spannhalte) 86
- 7.10 Die »Stütze« 90
- 7.11 Die Atempause 94
- 7.12 Innervierungsübungen 96
- 7.13 Relaxierübungen und Zäsur 99
- 7.14 Modellhafte Übungsfolge für sogenannte »Brusthochatmer« 101
- 7.15 Modellhafte Übungsfolge für sogenannte »Bauchatmer« 102

8. Spezielle Hinweise zur Atmung beim Spielen von Blasinstrumenten 103
   - 8.1 Sitzen 104
   - 8.2 Der obere Brustkorb 106
   - 8.3 Die zweite Inspirationsphase 108
   - 8.4 Abhängigkeit des Zusammenwirkens der Muskeln 108
   - 8.5 Anmerkungen für Oboisten und Querflötisten 109

II. Julius Parow: »Stimmschulung« und »Die Heilung der Atmung«   113

1. Das Stimmorgan   114
2. Vorbereitende Übungen   115
   2.1   Gesichtsbehandlung   115
   2.2   Kiefer   119
   2.3   Lippen   121
   2.4   Zunge   123
   2.5   Rachen   126
   2.6   Übungen für die Atemsteuerung   130
       2.6.1   Atemsteuerung in der vorderen Nase   132
       2.6.2   Rachensteuerung   134
       2.6.3   Komplette Atemsteuerung   136
3. Klangerzeugung – Atemführung – Klangbildung – Lautformung   137
   3.1   Normales Vorgehen   137
       3.1.1   Klangerzeugung   137
       3.1.2   Atemführung beim Ton   138
       3.1.3   Klangbildung – Tonansatz   140
       3.1.4   Lautformung   142
   3.2   Grundregeln und zusätzliche Richtlinien   145
       3.2.1   Klangerzeugung   145
       3.2.2   Lautformung   147
   3.3   Fehlerhaftes Verfahren   148
       3.3.1   Klangerzeugung   148
       3.3.2   Atemführung   148
       3.3.3   Klangbildung im Rachen   149
       3.3.4   Lautformung   150
   3.4   Korrekturtraining   151
       3.4.1   Atemführung   151
       3.4.2   Klangbildung und Lautformung   151
   3.5   Konditionstraining   158
       3.5.1   Atmung   158
       3.5.2   Klangbildung   158
       3.5.3   Lautformung   159
   3.6   Hochleistungstraining   159
       3.6.1   Klangerzeugung   159
       3.6.2   Lautformung   161

III. Anthologie: Atmung – Haltung – Stimmstütze   163

1. Franziska Martienssen-Lohmann: »Der wissende Sänger«   164
   1.1   Spannung und Entspannung   164
   1.2   Stütze   164
   1.3   Vom Üben   165
   1.4   Zweck oder Sinn   165
   1.5   Sprechen und Singen   166

2. Heinrich Egenolf: »Wunder des Atmens« und »Die menschliche Stimme«   167
   2.1   Wie soll der Mensch atmen?   167
   2.2   Einatmung   168
   2.3   Stimmstütze   168

3. Frederick Husler/Yvonne Rodd-Marling: »Singen«   170
   3.1   Polemisches   170
   3.2   Tonische Atemsteuerung   171
   3.3   Atmungsgerüst   172
   3.4   Einatmung   172
   3.5   Einige abwegige Stützmethoden   173

4. Karlfried Graf Dürckheim: »Hara – Die Erdmitte des Menschen« und »Übung des Leibes auf dem inneren Weg«   174

Hinweise zur Weiterbildung   176

Literaturverzeichnis   178

Abbildungsnachweis   179

Es atmet der Mensch – nicht nur das Zwerchfell, nicht nur die Lunge, nicht der Bauch. Es atmet der Mensch.

(Karlfried Graf Dürckheim, Philosoph und Atemtherapeut)

Ich nenne das Zwerchfell auch gern »die physiologische Quelle des Gefühls«; mit ihm lachen und weinen, schluchzen und seufzen wir. Wenn sogar die Antike im Zwerchfell den Sitz des Verstandes und der Seele vermutete (siehe Homer an vielen Stellen), so behaupte ich nicht ohne Grund, ohne dies allerdings noch weiter auszuführen, daß das Zwerchfell die Brücke zum Metaphysischen ist.

(Heinrich Egenolf, Stimm- und Atemlehrer)

Die Musik ist ein Jungbrunnen der Läuterung und Reinigung, der Erfrischung der Sinne, der Ermutigung des Herzens und des Aufschwungs der Seele.

(Johannes Müller, Begründer der kulturellen Begegnungsstätte Schloß Elmau)

Wer Bach hört, glaubt an Gott, und wer seine Harmonien vernimmt, wird zum wahren Menschen und begräbt alle Feindschaft, solange er ihnen lauscht. Weil sie göttlich ist, ist sie auch menschlich schlechthin. Denn sie zeigt uns nicht, wie wir sind. Sie zeigt uns, wie wir sein sollten.

(A. Lernet-Holenia)

Entscheidend ist nicht, was Du bist, sondern wie gut Du bist. Mitgefühl spielt eine zentrale Rolle, Barmherzigkeit ohne jede Einschränkung! Intelligenz ohne Mitgefühl ist kalt und teuflisch. Was ist recht? Alles, was anderen nützt.

(Buddha)

Vorwort

Nach der Veröffentlichung der *Atemschulung*[1], in der ich über die in Deutschland am häufigsten vertretenen Atemrichtungen und ihre Inhalte geschrieben habe und zahlreiche Vorschläge zu Übungen machte, erhielt ich aus allen Regionen Deutschlands, aus Österreich und der Schweiz Anfragen von interessierten Lesern[2].

Es handelt sich um Menschen, die das richtige Atmen erlernen möchten, von der Vielzahl der Angebote irritiert sind und bei der Arbeit an ihrem Atem nicht weiterkommen. Auch Menschen mit krankhaften Atemstörungen bis hin zu Bronchitis, Asthma und Emphysem wenden sich an mich bzw. mein Institut für Atemtherapie, Atemunterricht und Sprechtechnik[3]. In fast gleichem Ausmaß kommen ratsuchende Musikstudenten – Instrumentalisten (insbesondere Bläser) und Sänger – sowie bekannte, bereits im Beruf stehende Musiker dieser Sparten zu mir.

Viele Studierende haben mit ihren hochqualifizierten Instrumental- und Gesangspädagogen hinsichtlich der ihnen zu vermittelnden Atemtechnik Probleme. Diese Tatsache war für mich der Anlaß, die Ansichten berühmter Gesangs- und Instrumentalpädagogen zu den Themen Atmung, Haltung, Stimmstütze zu studieren. Mit Überraschung stellte ich fest, daß alle – ohne Ausnahme – über die negativen Auswirkungen einer nicht vorhandenen Grundschulung in Atemtechnik klagen, was sich bei Sängern und Instrumentalisten in einer Vielzahl von Gesundheitsschädigungen zeigt und zu einer Verschlechterung ihrer Leistungen durch falsche Stützmethoden führen kann.

Von Sängern und Instrumentalisten werden dieselben Fragen wie von Atemkranken gestellt: Wie atme ich richtig? Wo finde ich Anweisungen für das individuelle praktische Üben? – Nun ist es soweit! Mit diesem neuen Buch kann ich die erwarteten Antworten geben. Die vorliegende Grundschulung in Atmung, Haltung und Stimmstütze ist als Ergänzung und Fortsetzung meines Buches *Atemschulung* zu betrachten. Es geht zunächst darum, daß und wie der Lehrer bei jedem einzelnen Schüler (auch bei Gruppenarbeit) die bei jedem anders verlaufenden, individuellen Fehlatmungsformen feststellt, die sich von Jugend an als Atemmuster entwickelt haben.

---

[1] M. Scheufele-Osenberg 1987
[2] Begriffe wie »Leser«, »Student«, »Lehrer« etc. sind im gesamten Buch geschlechtsneutral verwandt.
[3] Institut für Atemtherapie, Atemunterricht und Sprechtechnik, Bruchstraße 13–15, 40235 Düsseldorf; siehe auch Kap. „Weiterbildung".

Anschließend kann ein Arbeitsprogramm zusammengestellt werden, um somit dem Schüler zu helfen, seine Fehlatmung auf eine richtige Atmungs-, Haltungs- und Stützarbeit umzustellen. Das Buch versetzt aber auch jeden in die Lage, sich in seinen individuellen Fehlatmungsformen s e l b s t zu erkennen und herauszufinden, welcher Weg eingeschlagen werden muß, um über die richtige Zwerchfellatmung – die Atmung der Mitte – zu einem seelischen und körperlichen Gleichgewicht und zu besseren Leistungen im Beruf zu gelangen.

Die angegebenen Übungsfolgen sind für j e d e n Menschen wichtig. Besonders notwendig sind sie für die mit dem Atem arbeitenden Gesangs-, Instrumental- und Schauspielschüler und sogar für schon länger im Beruf stehende Künstler, die trotz ihrer Erfolge über nicht mehr genügend mitarbeitende Atemmuskeln verfügen. Dies kann z.B. nach Operationen der Fall sein, aber auch durch nach jahrelanger Gesangs- und Spielarbeit sich oft einstellende Verhärtungen der das Zwerchfell umgebenden Muskeln (z. B. Zwerchfelltiefstand durch Tonnenbrustkorb oder Zwerchfellhochstand durch allzu enge Taille). Auch bei leichteren Atemwegserkrankungen können die Übungen angewandt werden.

Vor zwei Dingen muß ich warnen: Der Atem ist nicht nur ein hilfreiches Instrument, sondern birgt auch sehr große Gefahren in sich, wenn wir z. B. plötzlich ein Zwei-bis-Drei-Minuten-Atemprogramm durchführen, wie es oft in den Illustrierten angeboten wird. Die Folgen können in Überventilationserscheinungen bestehen, wie sie auch bei dem allgemeinen Trend des mehr Ein- als Ausatmenwollens auftreten, in Herz- und Kreislaufstörungen oder einer Verschlimmerung von nervösen Atemstörungen. Die zweite Warnung gilt den Menschen, die sich Atemübungen aus Büchern aus dem asiatischen Raum auf ihre Kurz- und Fehlatmung aufpfropfen.

Die Atemschule ist in drei Teile gegliedert. Im ersten Teil gehe ich zunächst auf die Anatomie und Funktion der an einer natürlichen Atmung beteiligten Organe und Muskeln ein, im speziellen auf den nach Julius Parow wichtigsten Atemmuskel – das Zwerchfell – und die damit verbundene richtige Haltung, um im späteren Verlauf die Bedeutung des Muskeltrainings besser verständlich machen zu können. Im zweiten Teil folgen aus den vergriffenen Büchern von J. Parow – *Stimmschulung* und *Die Heilung der Atmung* – zusätzliche wichtige Übungen insbesondere für Sänger. Im dritten Teil, einer Anthologie zum Thema »Atmung – Haltung – Stimmstütze«, bringe ich Auszüge aus Büchern berühmter Gesangs- und Instrumentalpädagogen, die die gleichen Ansichten zur Atemführung wie Parow und ich vertreten. Diese Atemschule, die sich zu den meisten gängigen Atemlehren diametral entgegengesetzt verhält, kann zur richtigen »Stütze« beim Gesang, Instrumentalspiel und Sprechen verhelfen.

Beim Zusammenstellen dieses Buches kam es besonders darauf an, die in meinem Institut sonst mit jedem einzelnen Schüler oder Patienten individuell durchgeführte Arbeit nun in schriftlicher Form lebendig und allgemein verständlich zu vermitteln. Ich danke daher der Leiterin des Geschäftsbereiches meines Instituts, Liselotte Ruckteschler, daß sie auch bei diesem Buch die schwierige Aufgabe übernommen hat, das gesprochene Wort in einen geschriebenen Text umzusetzen.

Ich danke Frau Dr. med. Dagmar Adler von Webel, Ärztin mit Naturheilverfahren, für ihre Unterstützung; außerdem Herrn Ulrich Sebastian Becker, praktischer Arzt mit Naturheilverfahren, der mir als Mitarbeiter und Berater zur Seite steht.

Mein besonderer Dank gilt dem damaligen Dekan der Folkwang-Hochschule Essen, Herrn Prof. Pierre W. Feit, der sich dafür eingesetzt hat, daß in Essen – als erster Musikhochschule in Deutschland – das von mir vertretene System der Parowschen Grundschulung in Atemtechnik für Instrumentalpädagogen (Spezialgebiet »Bläser«) 1993 eingeführt werden konnte.

Mein weiterer Dank ist gerichtet an
- Prof. Dorothea Wirtz, lyrische Koloratursopranistin, Gesangspädagogin und Atempädagogin nach Parow, für die praktische Umsetzung der Stimmschulung von Parow auf dem Gebiet der Gesangspädagogik in meinem Weiterbildungsunterricht und in diesem Buch,
- Petra Koch, Blockflötistin und Instrumentallehrerin (speziell für Kinder) sowie Atempädagogin nach Parow,
- Dr. med. Edith Spieker-Devonish und Dr. med. Marlies Heuser, Ärztinnen und Atemtherapeutinnen nach Parow, für ihre Mitarbeit in meinen Weiterbildungslehrgängen und
- Gerhard Brülls, Saxophonist und Atempädagoge nach Parow.

Bedanken möchte ich mich auch bei dem Verlag Schott Musik International und seinem Lektorat.

Abschließend noch einige Worte zu meiner Person: Ursprünglich war ich Schauspielerin für klassische Rollen (Ausbildung an der Düsseldorfer Hochschule für Bühnenkunst unter Louise Dumont-Lindemann). Vor dem Krieg habe ich an den größten Theatern gespielt. Angebote nach dem Krieg, wieder in meinem Beruf zu arbeiten, schlug ich aus. Ich wollte mich erst einmal selbst finden. Krieg und Tod meiner Kinder hatten bei mir viele Wunden hinterlassen und Panzerungen hervorgerufen, aus denen ich mich dank des

bewußt geführten Atems befreien konnte. Ich verweise hier auf den Beitrag *Die willentlich bewußte Atmung* von Adolf Hoff[4], der am besten erklärt, was die bewußte Atmung bewirkt. Als ehemalige Schauspielerin mit zusätzlichem Klavier- und Gesangsstudium wuchs meine Liebe zur Musik. Als Schülerin von J. Parow – aus der Zeit seiner Arbeit in den Sanatorien mit Asthma- und Emphysemkranken (1958) – übernahm ich nach seinem Tod (1985) die Weitergabe seiner Lehre. Mit großem Erfolg habe ich Diavorträge und Einführungsseminare gehalten an der Folkwang-Hochschule in Essen (an der ich nach drei Semestern meinen Lehrauftrag in Atemtechnik beendete, um die Nachfragen anderer Musikhochschulen befriedigen zu können) sowie an den Musikhochschulen Freiburg, Trossingen und Basel, an der Akademie für Tonkunst Darmstadt, der Musikschule Leverkusen und in meinem Institut für Atemtherapie, Atemunterricht und Sprechtechnik in Düsseldorf.

---

[4] A. Hoff: *Die willentlich bewußte Atmung*, in: M. Scheufele-Osenberg 1994

Einleitung

Dr. med. Julius Parow war Schulmediziner. Neben seinen Sanatorien für Asthmatiker und Emphysematiker betrieb er auch privatwissenschaftliche Forschungen über die funktionell anatomischen Grundlagen der Atmung – speziell für Asthmatiker, aber auch für Sänger und Instrumentalisten.

Im folgenden werden die Grundzüge der Parowschen Atemlehre kurz beschrieben: J. Parow hat seine Arbeitsmethode auf der Tatsache aufgebaut, daß die sich autonom vollziehende Atmung auch willentlich zu beeinflussen ist. Diese Möglichkeit wird für das Sprechen, Singen und Spielen von Blasinstrumenten genutzt. Die willentlich bewußte Atmung ignoriert jedoch keineswegs die vegetative Steuerung, vergewaltigt nicht den individuellen Atemrhythmus und ist keine Atmung »auf Kommando«.

Da der Atem sonst nur vom Vegetativum gesteuert wird (Atemzentrum), sich also – ob wir wach sind oder schlafen – autonom vollzieht, wird er bei gymnastischen oder rhythmischen Körperbewegungen über das »Empfindungsbewußtsein«, seltener über das »Kopfbewußtsein« erlebt. Ins Kopfbewußtsein kommt der Atem nur dann, wenn er nicht für die gewünschte Leistung ausreicht. In diesem Fall wird die Luft besonders tief in die Lungen eingesogen, was zu einer totalen Blockade führt, besonders beim Sprechen, Singen und Instrumentalspiel.

Der Atem läßt sich nur über das Zwerchfell und das Wissen um seine Funktionen willentlich vergrößern bzw. verlängern. Somit hat J. Parow als erster Arzt das Zwerchfell als größten und wichtigsten Atemmuskel hervorgehoben.

Da das Zwerchfell seine größte Bewegungsmöglichkeit im Rücken hat (bis zu 9,5 cm) und sich die Gelenke für das Heben und Senken der zwölf Rippenpaare an der Wirbelsäule befinden, ist die richtige Haltung eine der wichtigsten Voraussetzungen für die Arbeit an den Rückenmuskeln. Demzufolge ist eine Hohlkreuzstellung einer der schlimmsten Haltungsfehler, die zu Fehlatmungsformen führen und eine große Zwerchfellbewegung verhindern.

Die oft über Jahrzehnte falsch ausgeführten Atemmuskelbewegungen müssen bewußtgemacht und korrigiert werden[5]. J. Parow gibt uns dabei eine entscheidende Hilfe durch die Erkenntnis, daß man die Möglichkeit hat, mit den willentlich zu betätigenden Muskeln eine Veränderung der Muskelbewegungen für die richtigen Zwerchfellabläufe zu erreichen. Allerdings muß ein ganz individuelles, auf jeden einzelnen Schüler oder Patienten zu-

---

[5] A. Hoff, a.a.O., S. 126ff.

geschnittenes Muskeltraining angewandt werden, das auf gar keinen Fall durch irgendwelche gymnastischen Übungen ersetzt werden kann.

Was bei Naturvölkern selbstverständlich ist, hat Parow wieder ins Bewußtsein gebracht: Für die Lungenfunktion ist es unerläßlich, nicht bewußt einzuatmen, sondern die Luft hereinzulassen; das Hauptgewicht muß auf der Ausatmung liegen.

Laut Parow ist in jedem Fall die Nasenatmung zu bevorzugen, denn die Mundatmung ist nur eine Notatmung. Zwischen der Aktivität der Zwerchfellmuskulatur und der Nase besteht ein unmittelbarer Zusammenhang.

Wie Parow weisen auch Heinrich Egenolf und Frederick Husler darauf hin, daß die richtige Atemführung diametral entgegengesetzt zu der Atemführung der meisten gängigen Atemlehren erfolgen muß und durch falsche Anweisungen viele Sänger ihre Stimme nicht verbessern konnten.

In seinem Werk *Wunder des Atmens* schreibt Heinrich Egenolf, der große Sängerpersönlichkeiten wie Elisabeth Schwarzkopf und Constance Nettersheim unterrichtet hat: *Ich habe aufgrund jahrelanger Forschungen und Beobachtungen und vor allem wohlerprobt an Tausenden von Menschen meine Atemlehre gefunden und aufgestellt. Überflüssig zu sagen, daß sie in diametralem Gegensatz zu heute herrschenden Atemmethoden steht.*[6]

Parow beschreibt die fehlerhafte Atemführung in *Stimmschulung* wie folgt: *Die fehlerhafte Atemführung erkennt man deutlich entweder am Heben des Brustkorbes beim Luftschöpfen und dessen Senken während des Tones oder am Einziehen oder Herauswölben der unteren Bauchwand.*[7]

Frederick Husler sagt in seinem Buch *Singen*: *Das Ausblasen des Atems geschieht beim Singen durch eine Einwärts-aufwärts-Bewegung des unteren Rumpfes. Geschähe es von oben her durch Sinken der Brust, so fiele der Mechanismus des Singens in sich zusammen. Eine maximale Kontraktion der Brustbein-Kehlmuskeln, also der Kehlsenker, wäre dann z. B. kaum möglich.*[8]

Karlfried Graf Dürckheim ist der Ansicht, daß Menschen, die den Grundsatz »Brust raus – Bauch rein« vertreten, nie Menschen der Mitte werden können.

Die schädlichen Auswirkungen dieser falschen Atemweise habe ich selbst erfahren müssen, als ich in einer damals berühmten Atemschule in Bayern die falsche Richtung – nämlich Brust heben beim Einatmen und Brust senken gegen die Wirbelsäule beim Ausatmen – üben mußte, was mich in gesundheitliche Schwierigkeiten brachte. Nach der Lektüre des Buches

---

[6] H. Egenolf 1983, S. 12
[7] J. Parow 1975, S. 44
[8] F. Husler / Y. Rodd-Marling 1978, S. 60

Die Heilung der Atmung von J. Parow[9] wandte ich mich an ihn, um bei ihm die richtige Atemführung zu erlernen. Auch den Problemen Asthma und Emphysem hat sich Parow von der Seite der Fehlatmung her genähert[10].

Musiker und Sänger konnten bisher ihren Schülern nur ihre persönlichen Erfahrungen und Ansichten, den Atem betreffend, weiter vermitteln. Parow richtet sich jedoch nicht nach persönlichen Erfahrungen, sondern nach den Gegebenheiten einer logischen naturwissenschaftlichen Erkenntnis, nämlich den Bewegungen des größten Atemmuskels, des Zwerchfells, als Wegweiser für eine richtige Atemschulung.

---

[9] J. Parow 1981
[10] siehe J. Parow 1981 und 1988

I. Atemschulung nach Julius Parow und Margot Scheufele-Osenberg

Nach J. Parows und meiner Auffassung muß jeder Schüler über die Funktionen der an der Atmung beteiligten Muskeln und Organe unterrichtet werden. Dies kann sehr gut anhand eines Vortrags mit Dias oder im Unterricht mit Schaubildern geschehen. Die nachfolgenden Abbildungen und die anatomisch-physiologischen Erklärungen entsprechen meinen Vorträgen und dem dort verwendeten Bildmaterial.

1. Zur Geschichte der Atemlehre[11]

Die Weisen und Priesterärzte vergangener Kulturen haben in tiefer Natur- und Gottverbundenheit die Lehren vom Atem den Geheimlehren zugeschrieben. Sie durften nicht anders als von Mensch zu Mensch weitergegeben werden und wurden nur jeweils denen erschlossen, die eine gewisse Stufe der Wesens- und Bewußtseinsentfaltung erreicht hatten. Das Erleben des Atems war Voraussetzung für jede weitere Entwicklung, Ausreifung und Kräftesteigerung im Menschen. In den Ländern Indien, China, Griechenland und Ägypten wurden – den jeweiligen Religionen und Kulturbestrebungen gemäß – die Atemheilkräfte gewürdigt und gepflegt. Die noch ganzheitliche Betrachtungsweise des Menschen setzte in diesen Kulturen Atem und Seele gleich. Bezeichnend dafür ist der Ausspruch Shiwa Gamas: »Die Wissenschaft vom Atem ist die höchste aller Wissenschaften. Sie ist die Flamme, welche die Wohnung der Seele erleuchtet.«

In ähnlicher Weise war die Schule der Pneumatiker in Griechenland ausgerichtet, eine Ärzteschule der ersten Jahrhunderte nach Christus, entstanden unter dem Einfluß der stoischen Philosophie. Sie sahen auch das in der Atemluft gegebene Prinzip als Träger des Lebens und sein Versagen als Wesen der Krankheit an.

Im Mittelalter wurde diese Sichtweise »Atem = Seele« von den Gnostikern wie Thomas von Aquin, Meister Eckehardt, Tauler und Suso geteilt, aber schon durch den aufkommenden Humanismus immer weiter zurückgedrängt. Durch Martin Luther ist die Übersetzung »Heiliger Geist«, in dem sich ursprünglich Körperliches mit Seelisch-Geistigem symbolisch verband, einseitig auf das rein Geistige festgelegt worden.

---

11   Ich danke Frau Karoline von Steinaecker, die dieses Kapitel zum Buch beigesteuert hat.

Anfang des letzten Jahrhunderts waren es die Philanthropen und die Erziehungswissenschaftler, die die Leibeserziehung wieder ins Gespräch brachten. Aus philosophischen wie pädagogischen Bestrebungen erlebte die Atemheilkunst nicht allein als Wissenschaft, sondern auch als Lebenslehre neue Impulse. Es ergab sich eine ganz eigene europäische Dimension der Atemheilkunst, die viele Richtungen beeinflußte, wie Tanz, Gymnastik, Schauspiel, Stimmlehre, aber auch Erholung und Besinnung.

Damals entstanden auch Lebenslehren wie Mazdaznan, Rothenburger Schule, Atemschule Dr. Schmitt, Tanz- und Bewegungsschulen. Deren Initiatoren waren überwiegend Frauen, die sich meist aus gutbürgerlichen Traditionen herausgelöst hatten, um dem starren Korsett – im wahrsten Sinne des Wortes – eine Absage zu erteilen und in der Hinwendung zum Körper, zur Bewegung, zum Atem einen Ausweg aus ihrer gesellschaftlichen Erstarrung zu finden.

Es gab drei große Richtungen, die sich seit dem 18. Jahrhundert bis zu den 20er Jahren dieses Jahrhunderts entwickelten, sich gegenseitig durchkreuzten und befruchteten: Das war zum einen die Gymnastik, zum anderen die Stimm- und Sprach-Heilkunde und schließlich die Atem- und Körper-Selbsterfahrung bzw. Leibeserziehung. Die Entwicklung wurde in den 30er Jahren durch den Nationalsozialismus zum Teil unterbrochen.

Der »Stammbaum« zeigt folglich auf, daß die heutigen atempädagogischen Methoden vom Tanz und der Heilgymnastik, vom Theater und der Bewegungslehre sowie von Atem-, Stimm- und Sprechtherapie beeinflußt wurden. Auch das Gedankengut der Psychoanalyse und die Ansätze der psychosomatischen Medizin wie von Georg Groddeck, Wilhelm Reich, Frederick S. Perls, Viktor von Weizsäcker, Graf Dürckheim u.v.a.m. fanden Eingang.

Aber so geheimnisvoll der Atem vom ersten Schrei bis zum letzten Atemzug auch ist, er hat auch ganz logische, naturwissenschaftliche Funktionen, die im folgenden erläutert werden.

2. Das Atemzentrum – Die Atemsteuerung

Die Atmung wird zentral gesteuert. Das Atemzentrum befindet sich im verlängerten Mark des Gehirns, der Medulla oblongata. Das Ausmaß der sich autonom vollziehenden Atemtätigkeit richtet sich in erster Linie nach den Partialdruckwerten von Sauerstoff (O_2) und Kohlendioxyd (CO_2) und wird durch Rückkopplung geregelt. Chemorezeptoren an der Aorta und Arteria carotis (Glomus aorticum, Glomus caroticum) messen den Partialdruck für

I. Atemschulung nach J. Parow und M. Scheufele-Osenberg

O_2 im arteriellen Blut. Fällt er ab, wird die Atmung verstärkt, um den Partialdruck für O_2 wieder anzuheben.

Ein Anstieg des CO_2-Partialdrucks und ein pH-Wert-Abfall im Blut haben einen ähnlich aktivierenden Einfluß. Auf einen CO_2-Anstieg und damit einen pH-Wert-Abfall im Liquor (Gehirnwasser) reagieren zentrale Chemorezeptoren der Medulla oblongata. Dieser Reiz verstärkt die Atemtätigkeit mit dem Ziel, den erhöhten CO_2-Partialdruck im Blut wieder abzusenken.

Über diese Regulierung hinaus gibt es weitere Einflüsse auf die Atmung: Dehnungsrezeptoren in Muskeln und Sehnen werden bei erhöhter Muskelarbeit erregt und führen zu verstärkter Atmung. Dieser Mechanismus führt zum einen dazu, das vermehrt anfallende CO_2 abzuatmen, bevor der

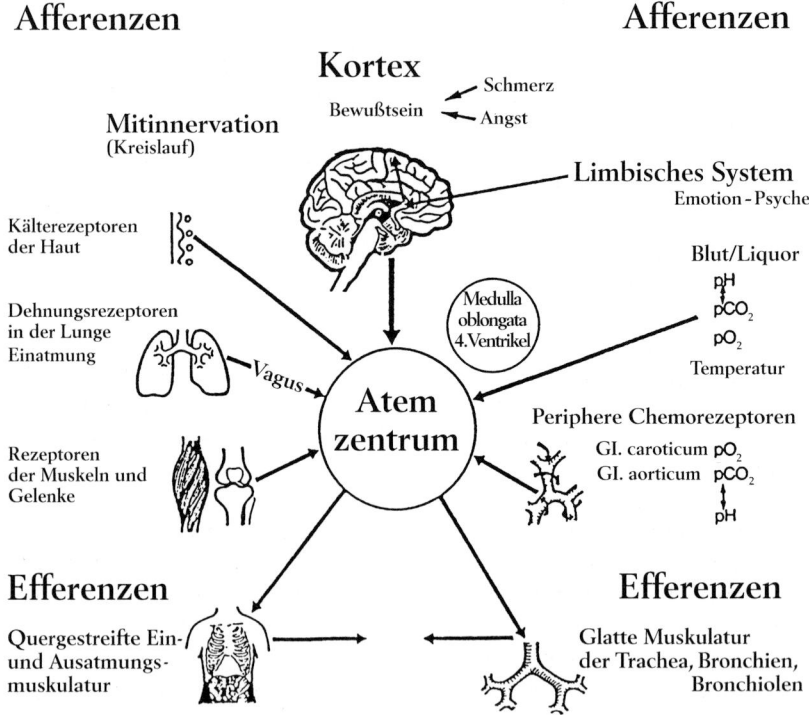

Abb. 1: Regulation der Atmung: Afferenzen (= zuführende Nervenbahnen) aus dem Organismus zum Atemzentrum, Efferenzen (= abgehende Nervenbahnen) vom Atemzentrum an die quergestreifte Atemmuskulatur und die glatte Muskulatur der Atemwege.

2. Das Atemzentrum – Die Atemsteuerung

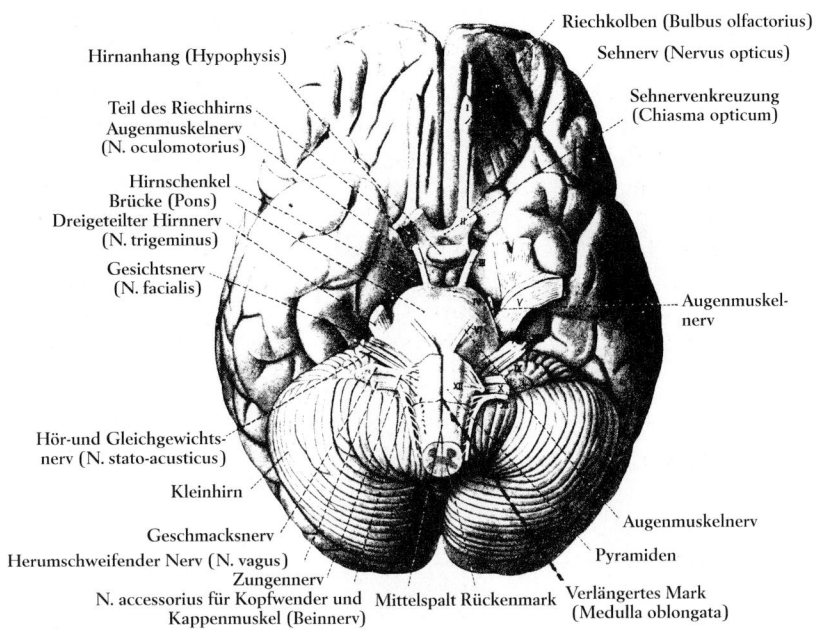

Abb. 2: Hirnbasis mit Hirnnerven

O_2-Partialdruck im Blut wieder ansteigt, zum anderen dazu, den zusätzlich benötigten Sauerstoff aufzunehmen. Einflüsse aus höheren Zentren des Zentralen Nervensystems (Kortex, Hypothalamus, limbisches System) auf die Atmung spielen eine Rolle bei psychischer Erregung (Angst, Schmerz) und bei Reflexen wie Niesen, Husten, Gähnen und Schlucken.

Die Atemtätigkeit wird außerdem durch die Körpertemperatur beeinflußt. Sowohl eine Erhöhung (z. B. Fieber) als auch ein Absinken führen zur Mehratmung. Hier spielen die Kälterezeptoren der Haut eine zentrale Rolle. Das Atemzentrum übernimmt selbst im Schlaf die Regulierung der Atmung.

Die Atmung zeichnet sich dadurch aus, daß sie als einziger vegetativ gesteuerter Vorgang auch bewußt willentlicher Beeinflussung zugänglich ist – eine Möglichkeit, die vor allem Sänger, Sprecher und Bläser für die Tongebung nützen. Dieser Aufgabe dienend, ist der Atem mit unserem Ich, mit dem Willen, mit dem Bewußtsein und mit dem Verstand verbunden. Bei Atemwegskranken (Asthmatikern) und den abgehetzten Menschen der heutigen Zeit kann dies allerdings auch zu Atemfehlformen führen. Erfreulich

I. Atemschulung nach J. Parow und M. Scheufele-Osenberg

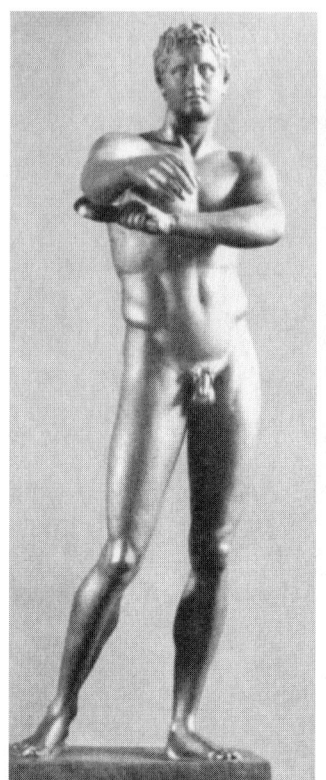 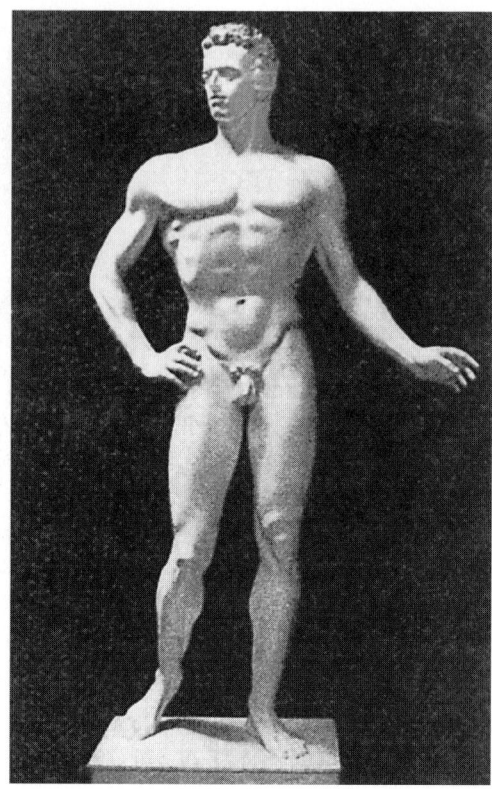

Abb. 3 (links): Ein griechischer Jüngling zeigt einen gesunden Körper mit fast gleichmäßiger Brust-Bauch-Partie, gelöstem Bauchraum und flexibler Lendenpartie; die Mitte ist nicht eingeengt. Dieser Mensch symbolisiert seelisch-körperliches Gleichgewicht. Bei derartigen körperlichen Voraussetzungen liegt in jedem Fall eine richtige Zwerchfellatmung vor.

Abb. 4 (rechts): Dieses Bild zeigt offensichtlich körperliche Fehlatmung. Die Statue von Arno Breker (1900–1991) symbolisiert die Tatsache, daß nur die Atmung neben der vegetativen Steuerung auch willentlich getätigt werden kann.

für beide – Künstler und hektische Alltagsmenschen – ist die Tatsache, daß durch Atemkorrektur und -therapie über Bewußtsein und Willen in relativ kurzer Zeit mit Hilfe der willentlich zu handhabenden Muskeln die richtige Zwerchfellatmung erlernt und somit das seelisch-körperliche Gleichgewicht wiederhergestellt werden kann.

3. An der Atmung beteiligte Organsysteme und Muskeln

3.1 Die Nase

Der Weg der Atemluft durch die Nasenhöhle ist wegen der verschiedenen physiologischen Aufgaben der Nasenwege atemmechanisch von besonderem Interesse.

Man unterteilt in die äußere, bewegliche Nase, die aus Weichteilen und Knorpel aufgebaut ist, und den inneren knöchernen Abschnitt. Die Nase ist durch Steg und Scheidewand geteilt und verzweigt sich in drei übereinandergestaffelte Nasengänge auf jeder Seite der Wand. Jeder Nasengang ist noch gewunden, um die Oberfläche zu vergrößern. Die Gänge führen zu den hinteren Nasenöffnungen, an die der obere Teil des Rachens angrenzt. Die durch die Nase einströmende Luft wird durch die Nasengänge – besonders die beiden unteren – reichlich von Staub und Bakterien befreit, so daß die Atemluft erwärmt und weitgehend gereinigt in den unteren Luftwegen (Bronchien) ankommt.

Durch die oberen Gänge, in denen auch das Verzweigungsgebiet der Riechnerven (die Geruchsregion) untergebracht ist, findet – nach der sog. Schwingungstheorie – eine Beeinflussung sowohl der sympathischen und parasympathischen Ausgangslinien als auch der Hypophyse und damit des Hormonhaushalts statt.

Durch die Enge der Nasengänge wird bei der Einatmung der Widerstand erhöht und der Unterdruck und Sog im Brustkorb verstärkt, was sich auf die Ansaugung des venösen Körperblutes zum Herzen erheblich fördernd auswirkt. Über eine nervös-reflektorische Fernwirkung begünstigt die Nasenatmung außerdem die Bewegung des Zwerchfells bei der Atmung.

Anhand der Darstellung (Abb. 5) ist leicht zu erkennen, daß die unteren Nasengänge den geringsten Widerstand bieten und somit eine geringe Kraft nötig ist. In den mittleren und besonders in den oberen Gängen erhöht sich der Widerstand durch die vielen Kurven, wodurch ein stärkerer Antrieb nötig wird, auch bei der Ausatmung.

Der Einatmungswiderstand wird nach dem stärkeren Ausatmen besonders durch das »Einriechen« der Luft in die oberen Nasengänge erhöht, der Unterdruck und Sog im Brustraum dadurch verstärkt und so das Zwerchfell in seiner Funktion als Druck- und Saugpumpe trainiert, da sich die Muskelspannung – der Muskeltonus – erhöht.

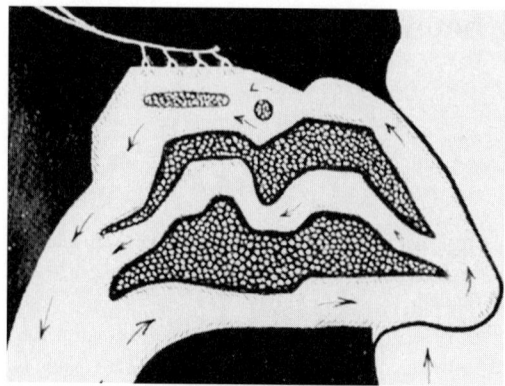

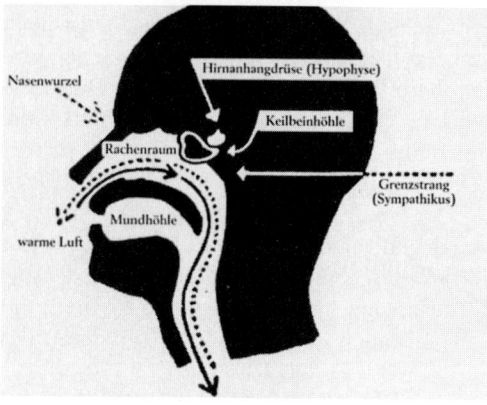

Abb. 5: Querschnitt durch die Nase

Bei der Atmung mit den unteren Nasengängen werden die oberen Lungenanteile erreicht, mit den mittleren Gängen die mittleren Lungenanteile und mit den oberen Gängen die tiefsten Stellen der Lungen im Rücken.

Atmet man mit dem Mund, ist es ähnlich, als wenn nur die unteren Nasengänge benutzt würden. Die Mundatmung hat außerdem den Nachteil, daß kalte Luft und Bakterien ungehindert in die Lungen gelangen.

Der Einatmungswiderstand beim Atmen durch die Nase ist wichtig, weil sich dieser wesentlich regulierend auf die Spannung der Atemmuskeln auswirkt und deren Tätigkeit anregt. Bei Menschen, die durch den Mund oder mit weit gestellten Nasenflügeln – also ohne Widerstand – atmen, bleibt die Atmungsmuskulatur schwach entwickelt oder aber sie verliert an Spannkraft. In diesem Fall genügt die Atemmuskulatur zwar noch der geringen Beanspruchung des täglichen Lebens, sie kann aber bei größeren Anforderungen versagen.

3.2 Das Zwerchfell und der Beckenboden

Das Zwerchfell ist – kurz ausgedrückt – eine kuppelförmige Muskelplatte, die hoch in den Brustraum hineinragt und mit Nerven versehen ist. Es trennt die Brusthöhle von der Bauchhöhle. Es ist nicht unbeweglich in den Organismus zentral hineingelagert, sondern ein außerordentlich labiler

3. An der Atmung beteiligte Organsysteme und Muskeln

Abb. 6:

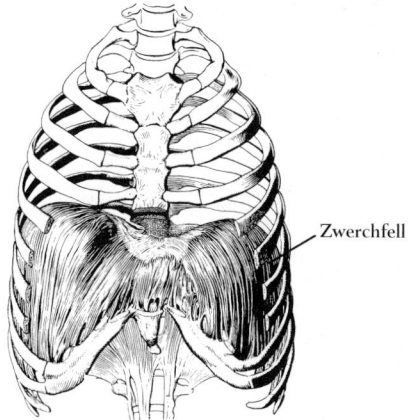
Zwerchfell

Abb. 7: Zwerchfellstellungen

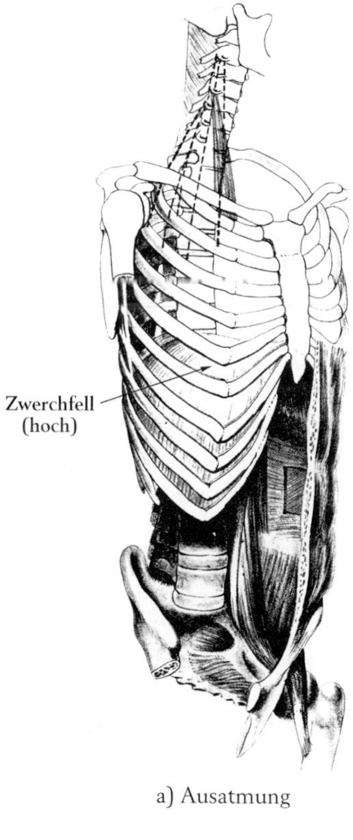

Zwerchfell (hoch)

Zwerchfell (tief)

a) Ausatmung 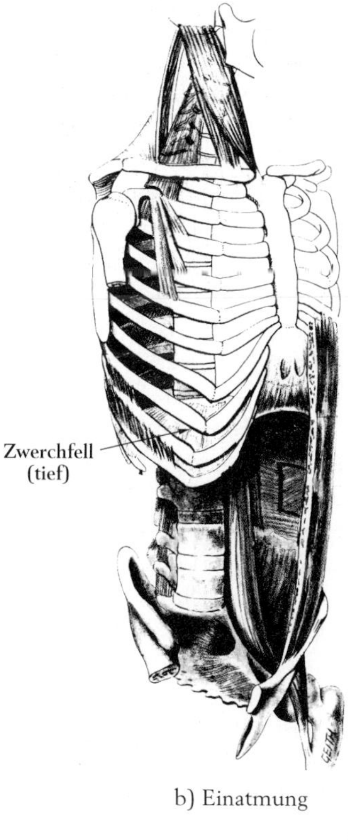   b) Einatmung

Muskel, der – je nachdem ob wir einatmen, ausatmen oder Pause machen – verschiedene Stellungen im Körper einnimmt. Das Zwerchfell ist die Zentralatmungsmuskulatur. Es bedient sich der Flanken-, Rücken-, Zwischenrippen- und Unterleibsmuskulatur lediglich als Hilfsmuskeln. Diese Muskeln werden vom Zwerchfell aus gesteuert und sind – vom Atem her gesehen – zu einer selbständigen Atmungsform nicht fähig. Diese Atemhilfsmuskeln müssen dem Zwerchfell dienen: im Erweitern (Einatmung) besonders im Rücken sowie im Engerwerden (Ausatmung) im gesamten Rumpf (unterer und mittlerer Raum).

Im folgenden wird das gesunde, von keiner Fehlhaltungsform beeinträchtigte Zwerchfellgeschehen beschrieben – die einzelnen Phasen des Zwerchfellstandes beim Atemgeschehen und seine erstaunliche Wirkung: Bevor wir einatmen, geht ein Impuls vom Atemzentrum über den Nervus phrenicus zu der zentralen Sehnenplatte des Zwerchfells. Dieses flacht sich nach unten ab, seine Ruhelage, die es während der Atempause innehat, verlassend. Vereinfacht ausgedrückt: Das Zwerchfell geht hinunter – Einatmungsstellung. Je tiefer ausgeatmet wird, um so stärker überkuppelt sich das Zwerchfell nach oben – Ausatmungsstellung. In der Atempause – nach der Ausatmung – befindet sich das Zwerchfell in Ruhelage, d.h. in seiner natürlichen, mittleren Kuppelform (siehe auch Röntgenbilder von P.W. Feit und M. Scheufele-Osenberg Abb. 9/10). Hier setzt nun ein Phänomen ein, das H. Egenolf als das *Wunder des Atmens* bezeichnet. In seinem gleichnamigen Buch schreibt er hierzu:

Wunder deshalb, weil diese Zwerchfellbewegungen in ihrer Wirkung auf den menschlichen Organismus – bis in seine kleinsten Teile hinein von der medizinischen Wissenschaft noch längst nicht voll und ganz erkannt, für den Laien meist völlig fremd – außerordentlich tiefgreifend sind und eine natürliche Heilkraft größten Ausmaßes zur Folge haben.[12]

Bei der sogenannten Zwerchfellatmung handelt es sich um eine durch das Zwerchfell ausgeführte Druckmechanik. Alle Organe, die über und unter dem Zwerchfell liegen (s. Abb. 8) – im oberen Teil Lungen und Herz, im unteren Leber, Galle, Magen, Bauchspeicheldrüse, in der weiteren Tiefenwirkung auch der gesamte Darmtrakt sowie der Beckenboden – werden durch das sich bewegende Zwerchfell ihrerseits in Bewegung gesetzt.

Dazu kommt, daß das Zwerchfell von der Aorta (große Körperschlagader) und von der Vena cava (große Hohlvene) [s. Abb. 11] durchbohrt wird. Je nachdem, ob sich das Zwerchfell senkt oder überwölbt, erscheint die Vene

---

[12] H. Egenolf 1983, S. 29

3. An der Atmung beteiligte Organsysteme und Muskeln

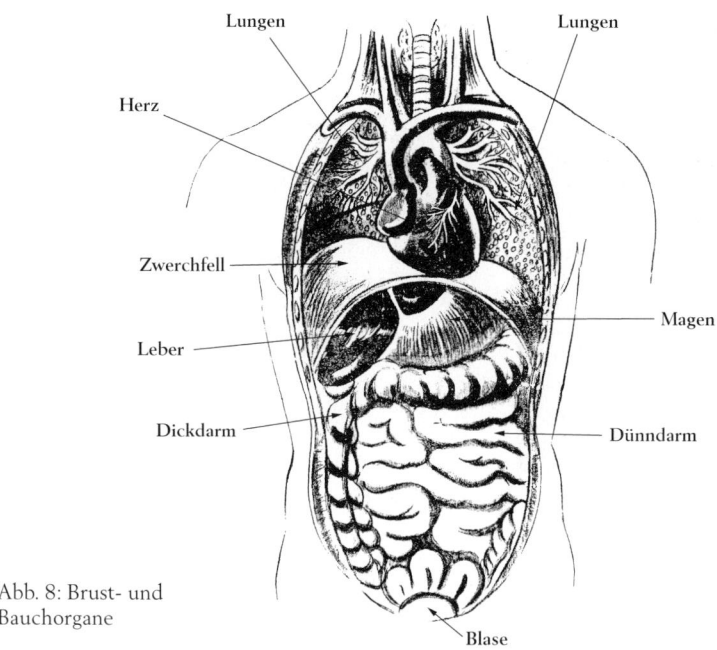

Abb. 8: Brust- und Bauchorgane

auf dem Röntgenschirm dünn oder gestaut. Es tritt durch das Zwerchfell ein unmittelbarer innerer Druck auf die Organe ein. Dieser Druck kann, je nachdem ob wir das Zwerchfell mehr oder weniger stark innervieren – oder nennen wir es mobilisieren – stärker oder schwächer sein. Bei tiefer, d.h. zwanglos ergiebiger Ausatmung und damit immer höher steigendem Zwerchfell erscheint das Herz auf dem Röntgenschirm in die Breite gezogen.

Abb. 9: Frontalaufnahmen des Zwerchfells,
P.W. Feit, Oboist an der Folkwang-Hochschule Essen

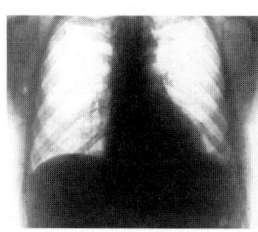
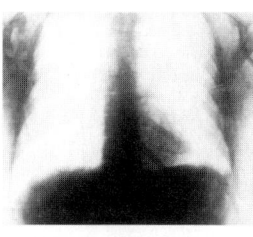
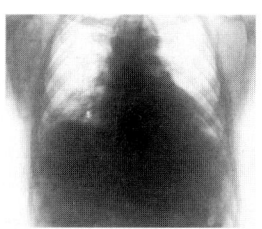

a) Ruhe-Mittelstellung   b) Einatmungsstellung; 9,5 cm Verschiebbarkeit des Zwerchfells   c) Ausatmungsstellung

I. Atemschulung nach J. Parow und M. Scheufele-Osenberg

Abb. 10: Seitenaufnahmen des Zwerchfells, M. Scheufele-Osenberg, 9,5 cm Verschiebbarkeit des Zwerchfells mit starker Senkung im Rücken

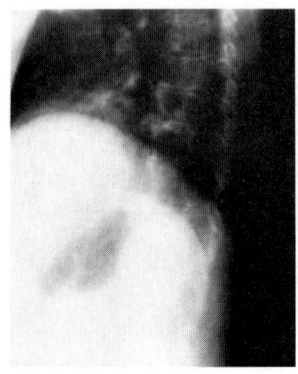 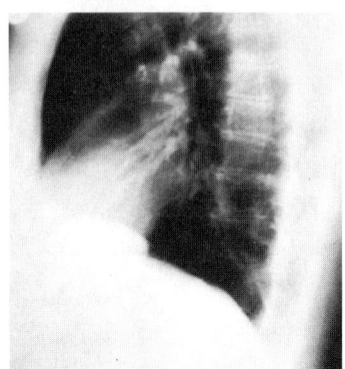

a) Ausatmung b) Einatmung

Es handelt sich also um eine unmittelbare Hilfe für das Herz. Bei der Einatmung senkt sich das Zwerchfell und saugt die Luft ein; das Herz wird in die Länge gezogen, da sein linker unterer Beutel mit dem Zwerchfell verbunden ist. Dieselbe Luftmenge, die ausgeatmet wurde, wird – abhängig vom Ausmaß der Zwerchfellsenkung und vom dadurch in den Lungen entstehenden Unterdruck – wieder hereingeholt. Nur bei Musikern darf – nach Parow – danach noch mehr Luft hereingeholt werden, wenn die folgende Instrumental- oder Gesangspartie länger ist.

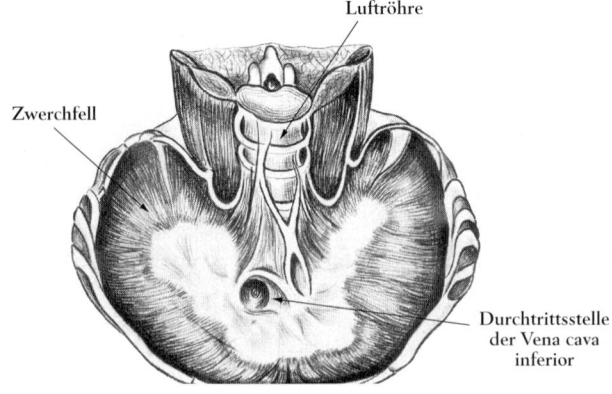

Abb. 11: Zwerchfell mit seinen Öffnungen für Luftröhre und Vena cava inferior.

3. An der Atmung beteiligte Organsysteme und Muskeln

Abb. 12: Blutkreislauf

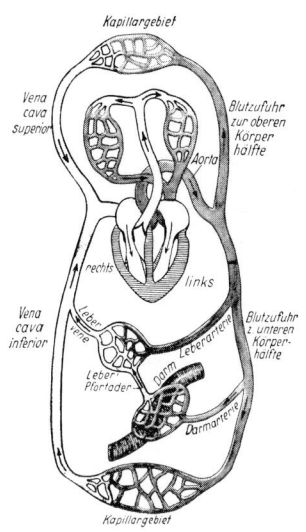

Der gesamte Blutkreislauf wird enorm angeregt. Hoher wie auch niedriger Blutdruck werden besonders günstig beeinflußt. Ein weiterer interessanter Vorgang ist zu beobachten: Das Zwerchfell übt dieselbe Wirkung sowohl auf die Aorta als auch auf die untere Hohlvene (Vena cava inferior s. Abb. 11) aus. Hier wird durch die Bewegung des Zwerchfells nach unten das verbrauchte Blut aus der Bauchhöhle in die untere Hohlvene gedrückt. Da sich durch das Hinuntergehen des Zwerchfells aber der Brustkorb erweitert, stellt sich ein erhöhter Unterdruck ein. Dadurch wird das Blut aus der unteren Hohlvene direkt zum Herzen hingezogen. Das Herz wird also in einer Weise entlastet, die man geradezu als ideal bezeichnen muß. Denn in diesem Falle nimmt das Zwerchfell dem Herzen den größten Teil seiner Arbeit ab. Auf der anderen Seite bringt es die zwanglos ergiebige, wirklich tiefe Ausatmung mit sich – eine enorme motorische Arbeit des Zwerchfells.

Die Wirkungen der Zwerchfelltätigkeit als Saug- und Druckpumpe sind zusammenfassend:
- Unterstützung der Herztätigkeit, da das Herz mit seinem linken unteren Beutel fest auf dem Zwerchfell sitzt;
- Förderung des venösen Blutrückflusses zum Herzen;
- Druck auf die inneren Bauchorgane;
- Förderung der Ventilation aller Lungenbezirke;
- Einfluß auf die Liquorzirkulation durch Schwingungsübertragung;
- Anregung wichtiger peripherer und parasympathischer Nervenknoten;
- Durchblutungsanregung der Beckenorgane.

Eine derartige Zwerchfelltätigkeit hat folgende Vorteile:
- Verbesserung der Sauerstoffversorgung und Abatmung von Kohlendioxid.
- Das erhöhte Blutangebot am rechten Herzen wirkt sich positiv auf die Dehnung des Herzmuskels aus und auf die Kontraktionsleistung, wodurch die arterielle Blutversorgung bzw. die Sauerstoffversorgung der Körperzellen verbessert wird.
- Prophylaxe bei Venenwandschwäche, bei Varizen; Verhütung einer Thromboseentstehung insbesondere bei sitzender Tätigkeit (Beinvarizen, Hämorrhoiden).

- In einer Minute werden 5 Liter venösen Blutes an 300 bis 700 Millionen Lungenbläschen herangetragen, wobei nur jedes 20. arbeitet. Dieser Vorgang wird nur bei einer gut funktionierenden Zwerchfellbewegung für das Herz hilfreich und schnell bewältigt.

Weitere Wirkungen der Zwerchfellbewegungen sind so auffallend, schreibt H. Egenolf,

daß man sich immer wieder wundern muß, wie wenig in der Medizin über diese Dinge nachgedacht bzw. gelehrt wird. So ist es augenscheinlich, daß das Zwerchfell, wenn es hinuntergeht, unmittelbar sowohl die Leber als auch den Magen und die Bauchspeicheldrüse im guten Sinne »attackiert«. Leberschwellungen, Gallenstauungen, Gasbauch und der damit meist verbundene Zwerchfellhochstand werden außerordentlich günstig beeinflußt. [...] Die mittelbare Wirkung der Zwerchfellinnervation nach unten dokumentiert sich in vielen Fällen in der Beseitigung auch der schwersten Stuhlverstopfung und Harnverhaltungen. [...][13]

Die Aufgabe des Antagonisten des Zwerchfells übernimmt der Beckenboden. Wenn sich das Zwerchfell bei der Einatmung senkt, kontrahiert und hebt sich der Beckenboden, wodurch der Druck des Zwerchfells auf die Organe erst wirksam werden kann (s. Abb. 15). Dies bedeutet, daß Z w e r c h f e l l und B e c k e n b o d e n p a r a l l e l ü b e r e i n a n d e r l i e g e n m ü s s e n. Die Beckenbodenmuskulatur hat also die sehr wichtige Aufgabe, sich dem bei der Einatmung absenkenden Zwerchfell und den Bauchorganen entgegenzustellen.

Der Beckenboden (= »Beckenzwerchfell«) ist der muskuläre Abschluß des Bauchraums nach unten[14]. Er stützt und trägt die Organe des kleinen Beckens. Der Beckenboden besteht aus drei Muskelschichten, die alle einen unterschiedlichen Muskelfaserverlauf haben. Das Gesamtbild ergibt eine Gitterstruktur.

Die unterste (äußere) Beckenbodenschicht ist aus drei Muskeln aufgebaut: Muskelhaltekreuz, U-Muskel und Afterschließmuskel. Der Faserverlauf der untersten Schicht verläuft von vorne nach hinten. Die beiden Muskelstränge des Muskelhaltekreuzes verlaufen von der Innenkante des Schambeins zum Kreuzbein und kreuzen sich zwischen Scheide und After. Sie liegen dabei nicht aufeinander, sondern durchdringen sich (Haltekreuz).

---

[13] H. Egenolf 1983, S. 44
[14] Ich danke Anabelle Bockamp, Atempädagogin nach Parow und Hebamme, für ihre Ausführungen zum Beckenboden.

3. An der Atmung beteiligte Organsysteme und Muskeln

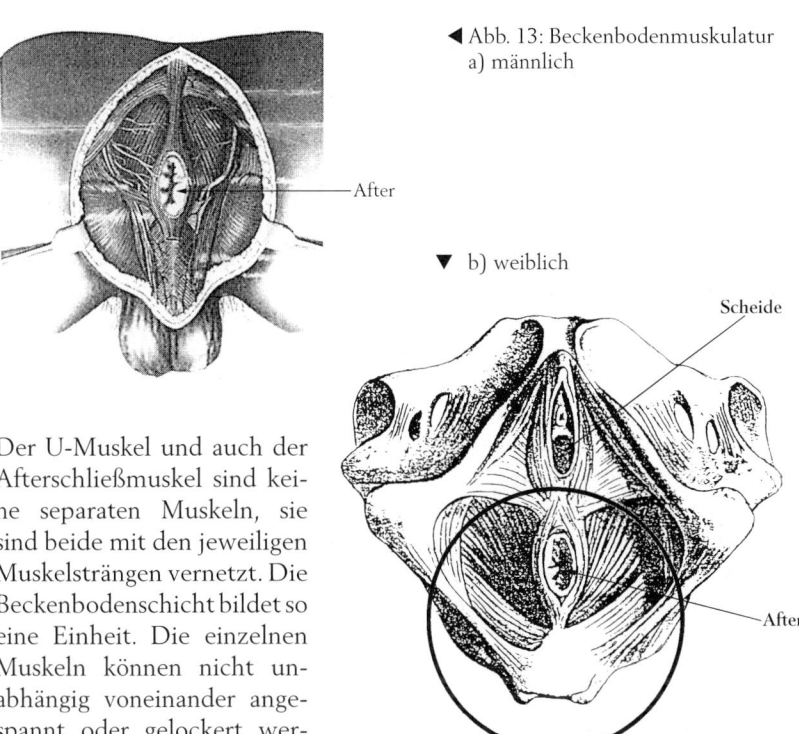

◄ Abb. 13: Beckenbodenmuskulatur
a) männlich

▼ b) weiblich

Der U-Muskel und auch der Afterschließmuskel sind keine separaten Muskeln, sie sind beide mit den jeweiligen Muskelsträngen vernetzt. Die Beckenbodenschicht bildet so eine Einheit. Die einzelnen Muskeln können nicht unabhängig voneinander angespannt oder gelockert werden. Spannt man den Afterschließmuskel an, zieht sich das Haltekreuz nach hinten, und der U-Muskel wird in die Länge gezogen. Die Muskelgruppe als solche kann aber unabhängig von anderen im Körper befindlichen Muskeln angespannt werden. Gesäß, Bauchmuskeln und Rückenmuskeln bleiben entspannt.

Die mittlere Beckenbodenschicht besteht aus zwei Muskeln, deren Faserverlauf von rechts nach links verläuft: ein oberflächlich quer verlaufender Muskelstrang und eine tiefer liegende quer verlaufende Muskelplatte. Das Gewebe des mittleren Beckenbodens ist bei Männern im Vergleich zu Frauen fast doppelt so dick. Die Muskelschicht ist bei Frauen durch die Scheide unterbrochen. Die Muskeln verlaufen vom Schambein bis zu den Sitzbeinhöckern. Die Aufgabe dieser Muskelgruppe ist es, durch eine seitliche Verengung des Beckenausgangs dem Druck aus dem Bauchraum entgegenzuwirken. Durch seine physiologische Verankerung ist der Muskel in der Lage, die Sitzbeinhöcker näher aneinanderzubringen. Beim Anspannen dieser Beckenbodenschicht spannen sich auch die Gesäßmuskeln, die Rückenmuskeln und die Bauchmuskeln an.

I. Atemschulung nach J. Parow und M. Scheufele-Osenberg

Die innerste Beckenbodenschicht besteht wie die äußere aus drei Muskeln. Der Faserverlauf der innersten Schicht verläuft von vorne nach hinten. Der Muskelverbund verläuft von den Innenseiten des eigenen Beckens durch die Knochennischen nach außen. Diese Muskeln können nicht wie die oben vorgestellten Muskelpartien beim An- und Abspannen deutlich erspürt, aber immerhin erahnt werden. Sie sind vornehmlich für die Körperhaltung verantwortlich, da sie die Stellung des Beckens bestimmen. Eine weitere Aufgabe besteht in der starken Stützfunktion für die Organe, vor allem des Enddarms.

Voraussetzung dafür, daß das Zwerchfell und der Beckenboden parallel übereinanderliegen, ist die richtige Stellung des Beckens: Es muß mit Hilfe der zwei Muskeln Psoas und Iliacus aufgestellt werden, wobei sich auch die Wirbelsäule aufrichtet (s. Abb. 14/15).

Am zweiten Lendenwirbel beginnen die drei Haltemuskeln des Zwerchfells (s. Abb. 16) und im weiteren Verlauf die größte Breite der Zwerchfellplatte im Rücken. Während das Zwerchfell sich bis zu ca. 9 cm im Rücken hebend und senkend bewegen kann, muß die Hauptdruckkraft des Zwerchfells genau in den kräftigen Teil des Beckenbodens um den After herum hineingehen (siehe eingekreister Teil in Abb. 13 b; gleiches gilt auch für den männlichen Beckenboden). Dies ist aus gesundheitlichen Gründen wichtig und für die Entfaltung einer großen Atem- und Stimmkraft bei Sängern, Instrumentalisten und Sprechern unerläßlich (Übungen für den Beckenboden siehe S. 86–90, »Vorübungen zur Stütze«).

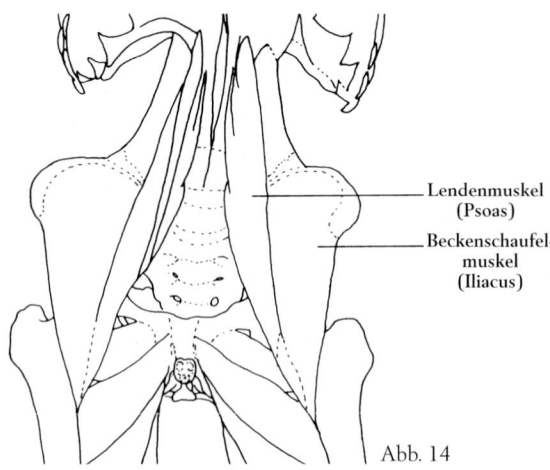

Abb. 14

3. An der Atmung beteiligte Organsysteme und Muskeln

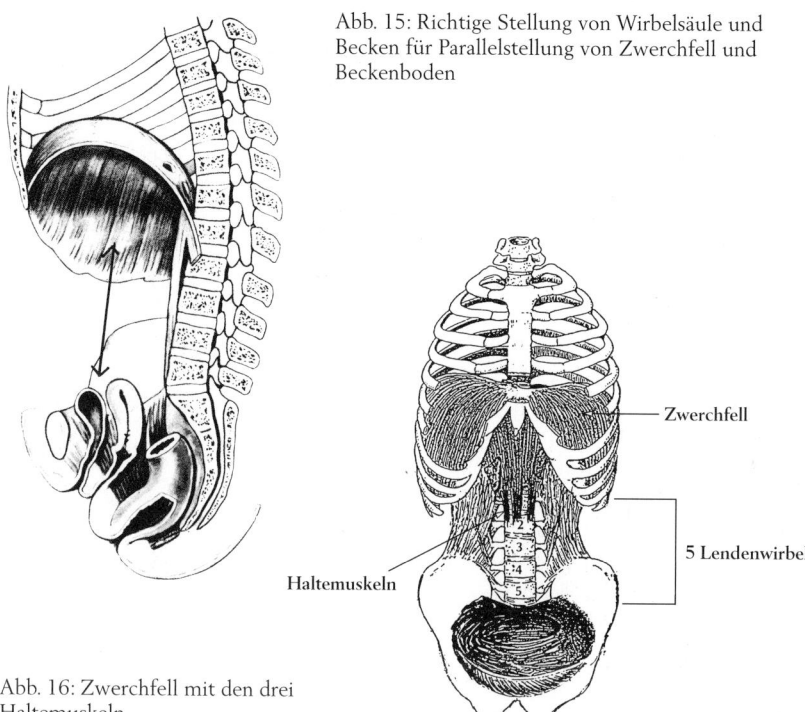

Abb. 15: Richtige Stellung von Wirbelsäule und Becken für Parallelstellung von Zwerchfell und Beckenboden

Abb. 16: Zwerchfell mit den drei Haltemuskeln

H. Egenolf berichtet weiter:

[...] *nun möchte ich ein interessantes Phänomen beschreiben, das in der medizinischen Wissenschaft bisher zum mindesten kaum beachtet wurde und in seinen Auswirkungen auf den menschlichen Organismus und die Stimme eine eminente Bedeutung hat. Wir wissen, daß das Zwerchfell beim ruhigen Ausatmen »höher« steigt. Demgegenüber zeigt sich, daß das Zwerchfell beim stoßweisen Ausatmen paradox »hinunter«geht wie beim Einatmen.*

Die physiologische Erklärung dieses Vorgangs ist sehr einfach: durch das stoßweise Ausatmen [z.B. auf Worte wie muuuuuuh oder määää, wobei die seitlichen schrägen Bauchmuskeln nach außen gedrückt werden] *ereignet sich ein Rückprall, der das Zwerchfell zum Tiefergehen zwingt.*

Dieses bei der stoßweisen Ausatmung hinuntergehende Zwerchfell übt verständlicherweise noch eine viel intensivere Massage [besser: Druck – Sch.-O.] *aus als bei der Einatmung bzw. beim Schnüffeln, und es ist sehr wichtig und tiefgreifend, daß das Zwerchfell bei der stoßweisen Ausatmung hin-*

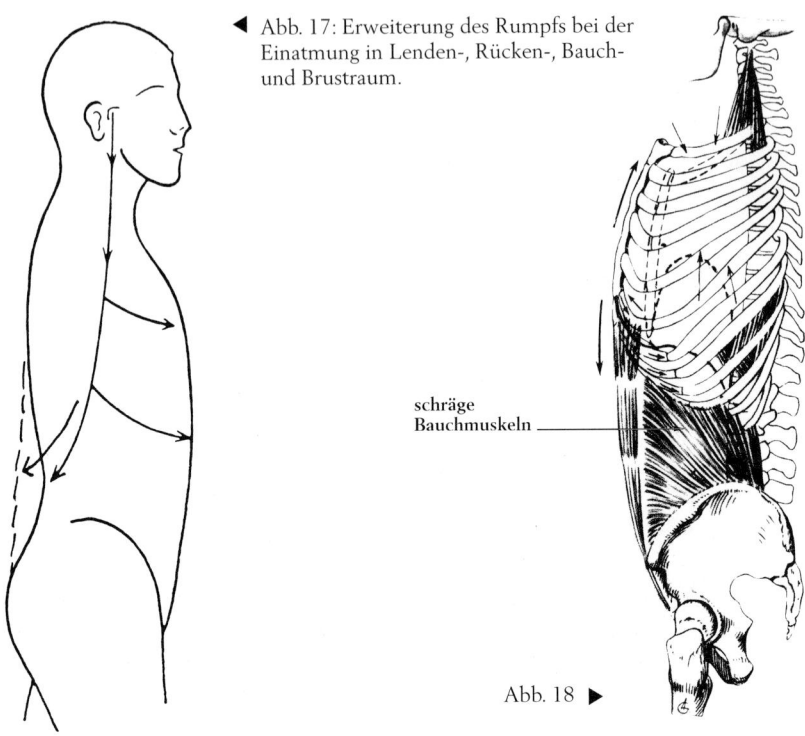

◀ Abb. 17: Erweiterung des Rumpfs bei der Einatmung in Lenden-, Rücken-, Bauch- und Brustraum.

schräge Bauchmuskeln

Abb. 18 ▶

untergeht, zumal man in dieser stoßweisen Ausatmung die viel größere Kraftentfaltungsmöglichkeit hat [zum Rufen, Schreien, Spielen von Blasinstrumenten und das Zwerchfell selbst dabei gekräftigt wird][15].
Die Atemdruckwelle erfährt eine veränderte, stärker senkrecht nach unten verlaufende Verteilung im Bauchraum. Sie verfängt sich nicht in einem ausleiernden Hängebauch, sondern wird – als physikalischer Faktor von größter physiologischer Bedeutung – von den muskulären Mit- und Gegenspielern des costo-diaphragmalen Mechanismus, den Bauchdecken und dem Beckenboden, unter tonischen Reaktionen entgegengenommen.

Für die Wechselbeziehungen zwischen den physikalischen Auswirkungen der Atembewegung und den hinteren Anteilen der Kleinbeckenorgane liegen ebenfalls um so günstigere Verhältnisse vor, je mehr diese in den Bereich

---

[15] H. Egenolf 1983, S. 30

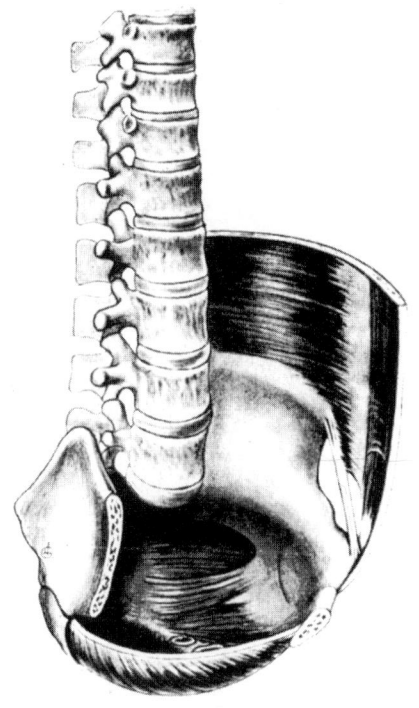

Abb. 19: Lendenwirbelsäule in gerader Haltung und kleines Becken

der direkten Atemdruckwelle gelangen. Die möglichst gleichmäßige Verteilung der Atemdruckwelle auf alle Abschnitte des kleinen Beckens bedeutet eine Entlastung der vorderen und eine unentbehrliche Anregung der hinteren Kleinbeckenpartien.

3.3 Die Wirbelsäule

Die Wirbelsäule gliedert sich in fünf Abschnitte:
- Halswirbelsäule mit sieben gegeneinander beweglichen Halswirbeln;
- Brustwirbelsäule mit zwölf gegeneinander beweglichen Brustwirbeln;
- Lendenwirbelsäule mit fünf gegeneinander beweglichen Lendenwirbeln;
- Kreuzbein mit fünf miteinander verwachsenen Kreuzwirbeln;
- Steißbein mit drei bis fünf zurückgebildeten miteinander verwachsenen Steißwirbeln.

Jeder Wirbel besteht aus:
- dem Wirbelkörper,
- dem Wirbelbogen mit sieben Fortsätzen:

I. Atemschulung nach J. Parow und M. Scheufele-Osenberg

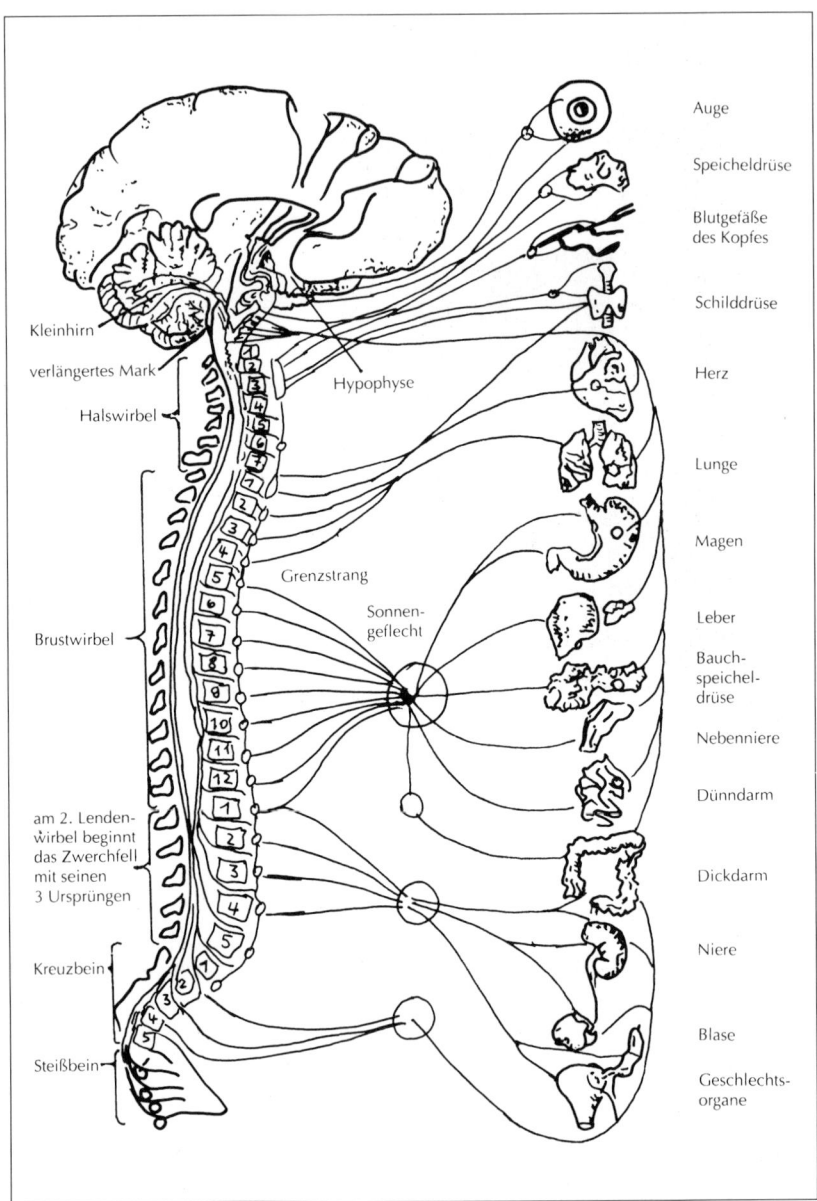

Abb. 20: Wirbelsäule und Nervensystem

3. An der Atmung beteiligte Organsysteme und Muskeln

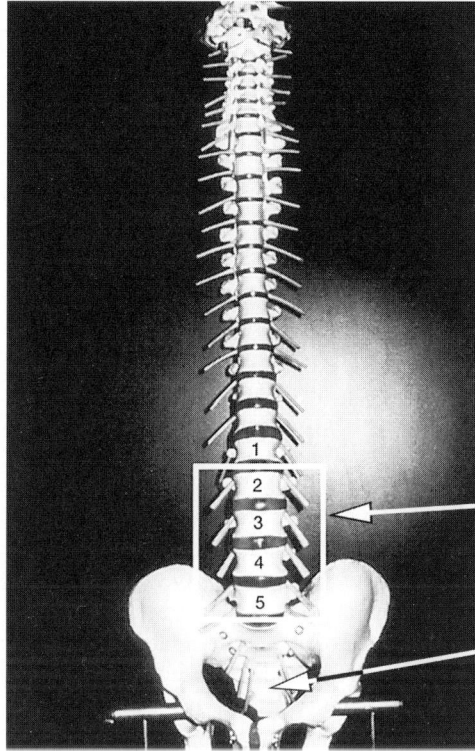

Abb. 21: Wirbelsäule

- zwei obere Gelenkfortsätze, zwei untere Gelenkfortsätze,
- zwei Querfortsätze, ein Dornfortsatz,
• dem Wirbelloch. (Die Wirbellöcher aller Wirbel bilden zusammen den Wirbelkanal.)
Ausnahmen bilden lediglich der erste und zweite Halswirbel.
 Jeder Wirbel ist gegen den nächsten in allen Richtungen beweglich durch das dazwischen gelagerte Wasserkissen, die Bandscheibe. Aus diesem Grund ist prinzipiell jede Haltung oder Fehlhaltung möglich, dem Willen unterworfen, aber bedingt durch die Schwerkraft. Die Beweglichkeit der Wirbelsäule wird begrenzt durch ein durchlaufendes Längsband vor und hinter den Wirbelkörpern sowie durch den Steuerungsmechanismus der Wirbelgelenke. Diese Gelenke befinden sich am Wirbelbogen.

Als physiologische Krümmungen der Wirbelsäule sind zu nennen:
- Halslordose,
- Brustkyphose,
- Lendenlordose,
- Kreuzbein-Steißbeinkyphose.

Die Hauptaufgaben der Wirbelsäule sind:
- Stützfunktion,
- Schutzfunktion,
- Federungs- und Bewegungsfunktion.

Wenn wir ein Bein anheben, kippt das Becken nach dieser Seite, weil die Unterstützung wegfällt. Die Wirbelsäule gleicht diese Kippung des Beckens durch eine s-förmige Verbiegung – und zwar gesetzmäßig – aus. Diese Kippung und Schwingung der Wirbelsäule vollzieht sich bei jedem Schrittpaar symmetrisch und mit harmonischer Schwingungskurve. Dieses verformbare statische Gerüst balanciert obenauf noch den Kopf mit einem Gewicht von über 3 kg.

Die Idealform der Haltung ist abhängig von der Stellung des Kreuzbeins. Die aufrechte Haltung ist das Resultat einer möglichst gestreckten Wirbelsäule bis in die Halswirbelsäule hinein bei Aufrichtung des Beckens. Die Basis- und Haltearbeit für die aufrechte Haltung setzt im Becken an. »Haltung« kommt von »halten« und »gehalten werden«. Dieses Halten findet nur im Beckenbereich durch Aufrichten des Kreuzbeins statt, und damit endet schon die Anstrengung. Die Basis ist verantwortlich für die mühelose (eutone) Aufrichtung der Wirbelsäule.

Abbildung 22 zeigt drei verschiedene Haltungsformen:
a) auf dem After sitzender Mensch mit krummem Rücken; Magen und Sonnengeflecht eingedrückt; Erschlaffung, Unbeteiligtsein, Erschöpfung, Niedergeschlagenheit.
b) innerlich aufgeregter, brustatmender Mensch, übermäßig gestreckt; Anspannung, Willkürhaltung, Hochmut.
c) richtige Sitzhaltung, auf dem Sitzdreieck, After frei. (Erlangen der eutonischen Sitzhaltung s. S. 66)

Die Haltung des Buddhas (s. Abb. 23) kann als Vorbild dienen. Buddha sitzt aufrecht, ohne Bauchfalte mit einer geraden Wirbelsäule. Sein Kinn neigt sich ein wenig zur Brust. Diese leichte Neigung rückt den Kopf in den rechten Winkel, d. h., die Haltung und somit auch die Atmung bieten eine gute Voraussetzung dafür, die Welt »unter dem richtigen Blickwinkel« zu sehen.

3. An der Atmung beteiligte Organsysteme und Muskeln

Abb. 22

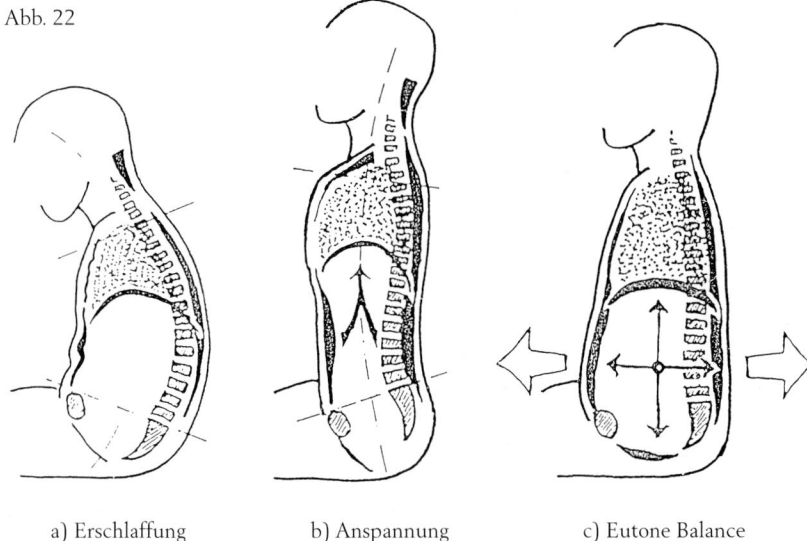

a) Erschlaffung   b) Anspannung   c) Eutone Balance

Durch Arbeit am Körper bzw. am Leib können wir vieles erreichen:
- den aufrechten, geerdeten Menschen,
- den gelösten aufmerksamen, bewußten Menschen,
- den gelassenen, auf sich selbst vertrauenden Menschen – außen wie innen, innen wie außen.

Abb. 23 (links und Mitte): Buddha; Abb. 24 (rechts): Richtige Haltung eines Sportlers

3.4 Die Lungen

3.4.1 Anatomie

Die Lungen haben etwa die Form eines Zuckerhutes und liegen mit der Basis auf dem Zwerchfell. Die Lungenspitze ragt in die obere Thoraxöffnung und steht höher als das erste Rippenbrustbeingelenk.

Entsprechend der Gliederung des Bronchialbaumes (s. Abb. 26) ergibt sich die Gliederung der Lungen in Lappen, Segmente und Läppchen.

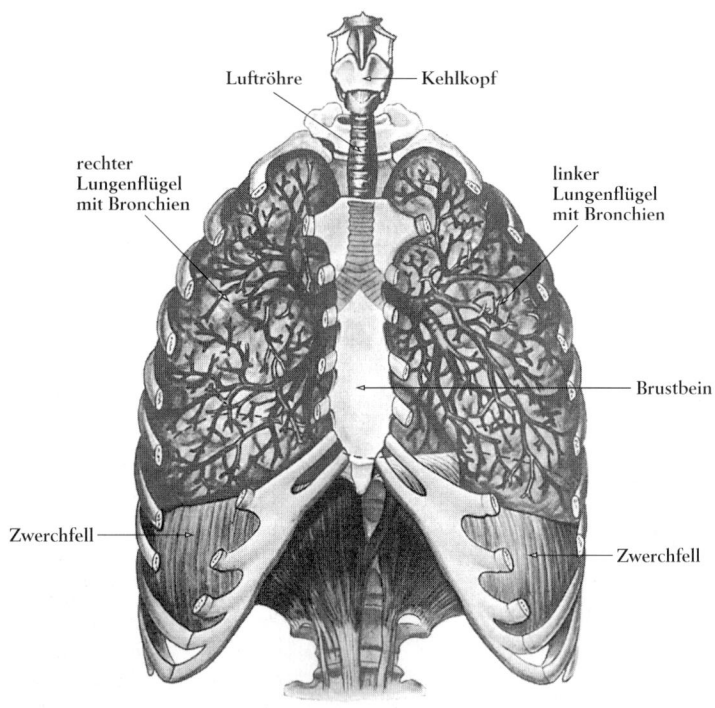

Abb. 25: Lungen

Der rechte Lungenflügel ist in drei Lappen eingeteilt, der linke nur in zwei, da sich der Mittellappen beim linken Lungenflügel aufgrund der Verdrängung durch das Herz nicht entwickeln konnte.

Ein Lappen wird von mehreren Segmenten gebildet. Ein Segment hat wiederum mehrere Lungenläppchen. Ein Lungenläppchen besteht aus mehreren Lungenbläschen (Alveolen). Die Gesamtoberfläche aller Alveolen beträgt 70 bis 100 m^2.

Die Lungen sind vom Brustfell umgeben. Das innere Blatt des Brustfells – das Lungenfell – umschließt unmittelbar das Lungengewebe. Beim Hilus schlägt sich das Fell um und bildet ein äußeres Blatt – das Rippenfell.

Dazwischen liegt der Brustfellspalt – Pleuraspalt – mit wenig seröser Flüssigkeit, welche ein Aneinanderreiben der beiden Felle verhindert. In dieser luftdichten Spalte herrscht ein Unterdruck.

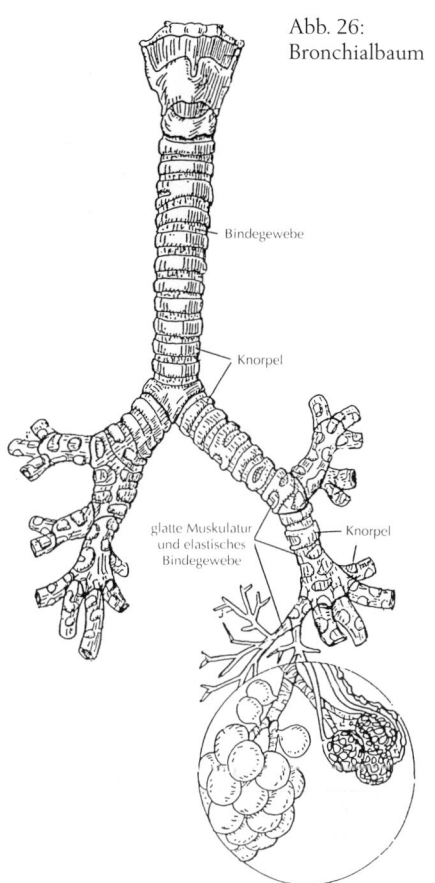

Abb. 26: Bronchialbaum

3.4.2 Gasaustausch

Die zentrale Aufgabe der Atmung ist der Gasaustausch. Es werden Sauerstoff und Kohlendioxid ausgetauscht. Die Zellen des Körpers benötigen für ihren Stoffwechsel den Sauerstoff. Das Abfallprodukt dieses Stoffwechselvorgangs ist die Kohlensäure. In der Einatmung gelangt der Sauerstoff durch ein »Leitungsnetz« der Lungen – die Bronchien – in die Lungenbläschen (Alveolen). Zwischen den Alveolen und den Blutkapillaren (feinste Blutgefäße) findet der Gasaustausch aufgrund eines bestehenden Gefälles zwischen Blutgaskonzentration und Alveolarluftgaskonzentration statt. Sauerstoff diffundiert von den Alveolen in die Kapillaren, Kohlendioxid von den Kapillaren in die Alveolen (= Arterialisierung des Blutes). Die 70 bis 100 m^2 Lungenoberfläche werden pro Tag mit etwa 7 000 bis 8 000 Liter Blut

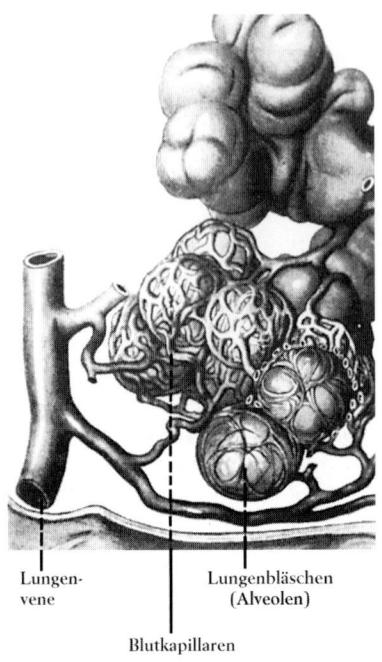

Lungen-
vene

Lungenbläschen
(Alveolen)

Blutkapillaren

Abb. 27

umspült. (Beispiel: 70 kg Körpergewicht; Blutmenge: ca. 7 % bis 8 % des Körpergewichtes; ca. 5 l pro Minute = 300 l pro Stunde; 300 l x 24 Std. = 7 200 l pro Tag.)

In den Kapillaren wird der Sauerstoff, der durch die Wände der Alveolen dringt, von dem Blutfarbstoff des Blutes aufgenommen und zu den Zellen transportiert. Hier findet nun an den Zellen der Gasaustausch statt. Der Blutkreislauf ist somit entscheidend an der Sauerstoffversorgung des Organismus beteiligt. Bei einer natürlichen Atmung ist eine optimale Durchblutung der Kapillaren bzw. ein optimaler Gasaustausch gewährleistet.

Da die Kapillaren sehr druckempfindlich sind, führt jede Veränderung der Druckverhältnisse an den Kapillaren zu einer Einschränkung der Durchblutung bzw. des Gasaustausches. Die Druckverhältnisse verändern sich mit jeder nicht ihrer Funktion entsprechenden Bewegung der an der Atmung beteiligten Muskeln. Veränderte Druckverhältnisse treten bei jeder Fehlatmung auf.

Das gesamte Atemgeschehen ist ein komplexer Vorgang, in dem die an ihm beteiligten Einheiten in einer Abhängigkeit zueinander stehen. Eine Schwachstelle reicht aus, um dieses komplexe Zusammenwirken zu beeinträchtigen.

3.4.3 Atemmechanik

Der Gaswechsel wird durch eine Vergrößerung und Verkleinerung des Brustraumes erreicht. Bei der Einatmung ziehen sich das Zwerchfell und die äußeren Zwischenrippenmuskeln zusammen. Dadurch wird das Lungengewebe gedehnt, die Lungen werden vom Zwerchfell bauchwärts gezogen und insgesamt der Lungeninnenraum vergrößert.

Die äußeren Zwischenrippenmuskeln erweitern das Brustkorbskelett vor allem nach hinten, seitlich und nach vorne und vergrößern den Brustumfang. Im oberen Brustkorbanteil wird vor allem der Tiefendurchmesser, im unteren der seitliche Durchmesser vergrößert.
Die Ausatmung ist weitgehend passiv und resultiert aus der Erschlaffung des Zwerchfells und der äußeren Zwischenrippenmuskeln, dem Druck der Bauchorgane und der elastischen Rückstellkräfte der gesamten Bauchmuskulatur. Die inneren Zwischenrippenmuskeln sind erst bei forcierter Ausatmung bedeutsam.

3.4.4 Atemvolumina

Die Atemvolumina schwanken von Mensch zu Mensch je nach Alter, Geschlecht, Körpergröße, Konstitution, Trainingszustand und Haltung.
- Atemzugvolumen = das pro Atemzug ein- bzw. wieder ausgeatmete Luftvolumen (ca. 500 ml);
- Inspiratorisches Reservevolumen = Luftmenge, die am Ende einer normalen Einatmung noch zusätzlich eingeatmet werden kann (ca. 2 000 ml);
- Exspiratorisches Reservevolumen = Luftmenge, die nach normaler Ausatmung zusätzlich ausgeatmet werden kann (ca. 1 500 ml);
- Vitalkapazität = Luftmenge, die nach maximaler Inspiration maximal ausgeatmet werden kann (ca. 4 000 ml): Atemzugvolumen + inspiratorisches + exspiratorisches Reservevolumen;
- Residualvolumen = Luftmenge, die nach stärkster Ausatmung noch in den Lungen verbleibt (ca. 1 000 bis 1 200 ml);
- Totalkapazität = Vitalkapazität + Residualvolumen;
- Totraumvolumen = Luftmenge, die bei Einatmung im gasleitenden System (Nase, Bronchiolen) bleibt und – ohne am Gasaustausch teilgenommen zu haben – wieder ausgeatmet wird (ca. 150 ml);
  – Funktioneller Totraum = Luftmenge, die sich in Alveolen befindet, in denen kein Gasaustausch stattfindet;
  – Anatomischer Totraum = Luftmenge in den luftzuleitenden Atemwegen (Nase, Bronchiolen), die nicht am Gasaustausch teilnimmt.
- Atemminutenvolumen = das Volumen, das in einer Minute gewechselt wird, also Atemzugvolumen (ca. 500 ml) x Anzahl der Atemzüge in dieser Zeit (ca. 16 bis 20 pro Minute) [ca. 8 000–10 000 ml].

I. Atemschulung nach J. Parow und M. Scheufele-Osenberg

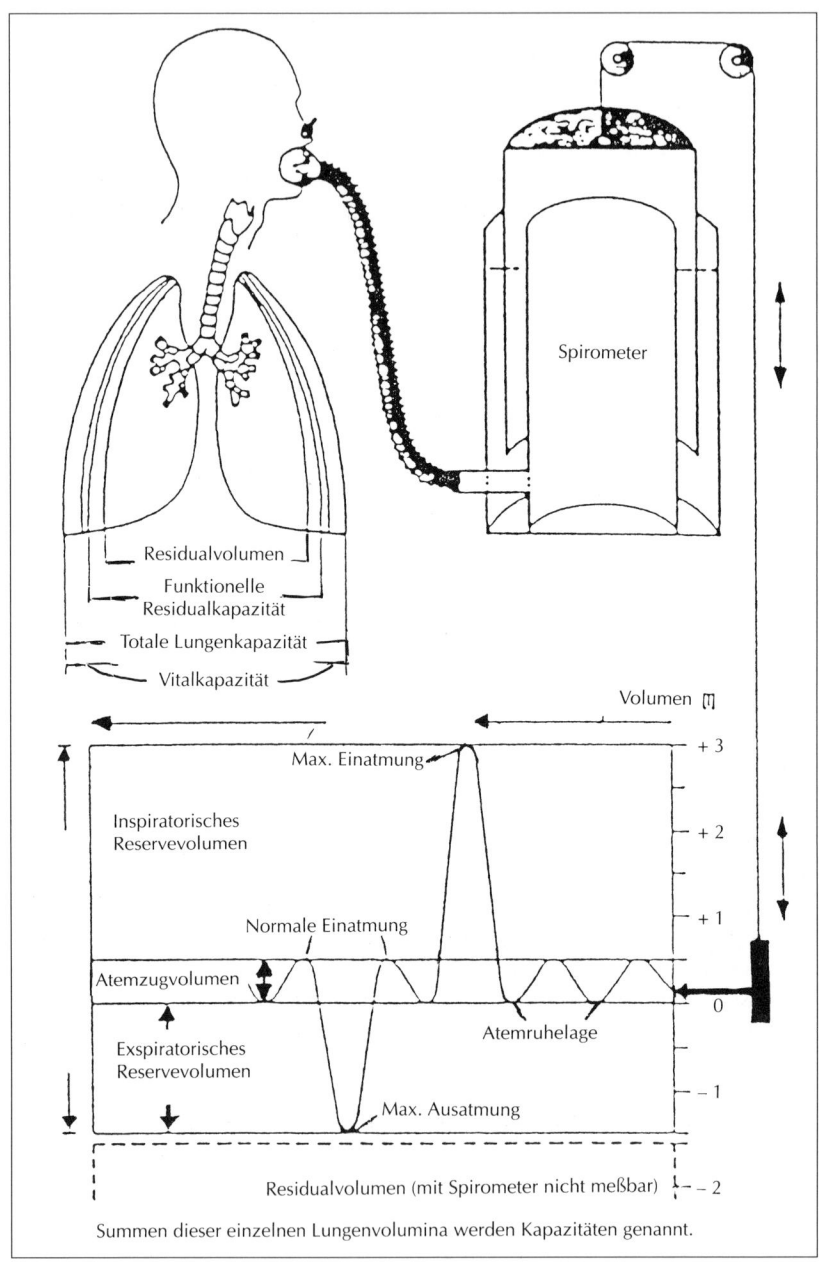

◄ Abb. 28: Lungenvolumina und ihre Messung mit Hilfe des Spirometers

3.5 Der Brustkorb

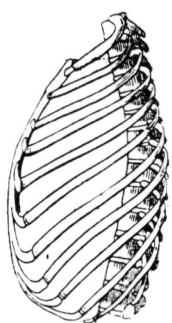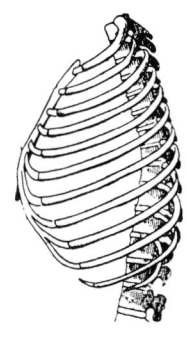

Abb. 29: Brustkorb bei Ausatmung (a) und Einatmung (b), bezogen auf die Rippenstellung

▼ Abb. 30: Ausatmung (a) und Einatmung (b). Die Streckung der Wirbelsäule hebt das Rippenköpfchen und gleichzeitig den ganzen vorderen Rippenbogen mit dem Brustbein (c).

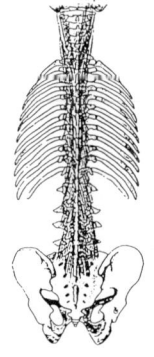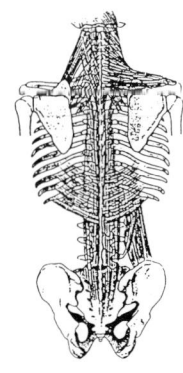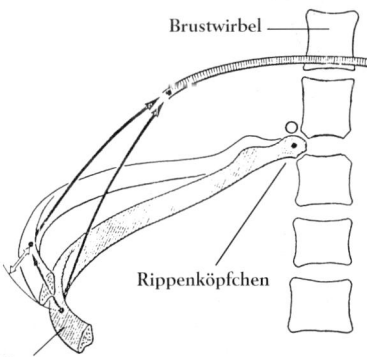

Die Beweglichkeit des Brustkorbs kommt zustande mit Hilfe
- der äußeren Zwischenrippenmuskeln, die das Brustkorbskelett vor allem seitlich und nach vorne erweitern und den Brustumfang vergrößern (Querspannung);
- der gelenkigen Verbindung der Rippen mit den Brustwirbeln;

- des Brustwirbelkörpers und Rippenkopfes (Rippenkopfgelenk);
- des Brustwirbelquerfortsatzes und Rippenfortsatzes (Rippenquerfortsatzgelenk);
- des Brustbeins und Rippenknorpels.

3.6 Die Atemmuskeln

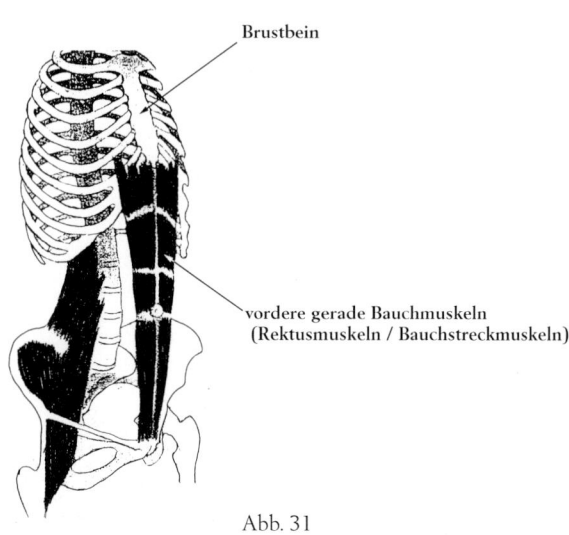

Abb. 31

Die Abdominalmuskeln (Bauchmuskeln) haben bei der Ein- und Ausatmung folgende Bedeutung:
- Die vorderen geraden Bauchmuskeln ermöglichen bzw. begünstigen – wenn sie trainiert sind – die vertikalen Abwärtsbewegungen des Zwerchfells bei der Einatmung. Sie verhindern eine »Vorderbauch-Akrobatik« und somit eine Abweichung der Zwerchfellbewegung, insbesondere bei Hohlkreuz.
- Der Tonus der schrägen äußeren und geraden Bauchmuskeln drückt unter Mitwirkung des »Baucheingeweide-Paketes« das Zwerchfell nach oben in seine kuppelförmige Lage (Ausatmung).
- Die schrägen Bauchmuskeln verkleinern die Mitte.
- Ziehharmonika-Prinzip: Der Brustkorb wird gleichzeitig mit dem Atem in horizontaler Richtung erweitert und wieder verengt.

3. An der Atmung beteiligte Organsysteme und Muskeln

Die »Hilfsmuskeln« (Flanken-, Rücken-, Zwischenrippen- und Bauchmuskeln) sind bedeutsam für das Ausmaß der Zwerchfellbewegung, d. h. für Tiefe, Weite und Bewegungsbreite des Zwerchfells. Die »Stütze« bzw. »elastische Spannhalte« (s. S. 90) ist ohne den richtigen Einsatz der Hilfsmuskeln unmöglich. Diese können durch ein individuelles Training (nach J. Parow) trainiert werden.

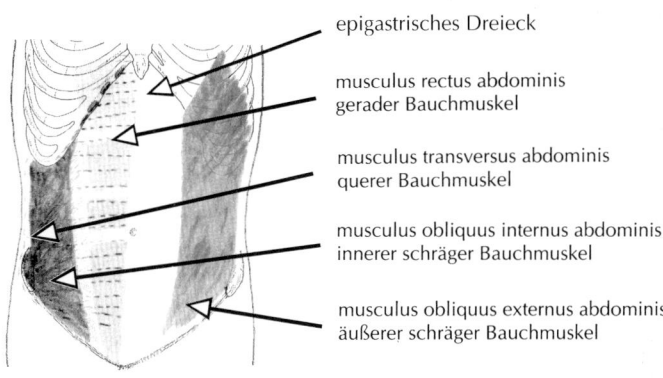

epigastrisches Dreieck

musculus rectus abdominis
gerader Bauchmuskel

musculus transversus abdominis
querer Bauchmuskel

musculus obliquus internus abdominis
innerer schräger Bauchmuskel

musculus obliquus externus abdominis
äußerer schräger Bauchmuskel

Abb. 32: Überblick über die Bauchwandmuskeln

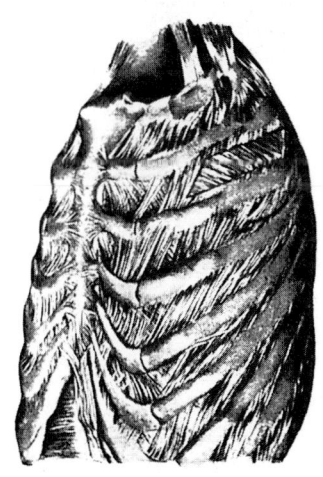

Die Beweglichkeit der seitlichen Rippenbögen ist u. a. abhängig von der Beweglichkeit der Bauchmuskulatur. Die Atmung kann nur gelingen, wenn die Bauchwand, insbesondere die seitliche Bauchwand, flexibel nachgibt. Die äußeren Zwischenrippenmuskeln verlaufen von oben hinten nach vorne unten = Inspirationsmuskeln. Die inneren Zwischenrippenmuskeln verlaufen von unten hinten nach vorne oben = Exspirationsmuskeln.

Von großer Bedeutung ist auch die Rückenmuskulatur. Die berühmte Gesangspädagogin F. Martienssen-Lohmann weist ausdrücklich auf die Ansicht von J. Parow hin, daß der Rücken dem Menschen bewußtgemacht werden muß; denn die vielen Muskeln (s. Abb. 34) beweisen, welche enorme Haltekraft der Rücken von Natur aus hat.

Abb. 33: Brustkorb mit Zwischenrippenmuskeln

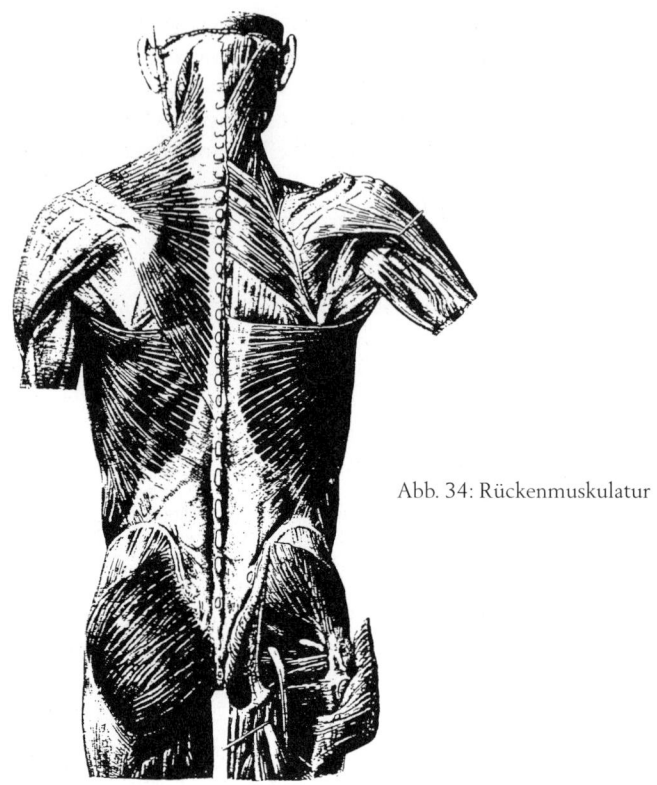

Abb. 34: Rückenmuskulatur

4. Fehlatmungs- und Fehlhaltungsformen

4.1 Entstehung von Fehlatmung und Fehlhaltung

Nachdem zunächst die gesunde Zwerchfellatmung vorgestellt wurde, werden nun die Fehlatmungs- und Fehlhaltungsformen erläutert.

Hier stellt sich die Frage, wie und wodurch sich Fehlatmungsformen bilden können. Sie entstehen aufgrund der verbreiteten Meinung: »Ich atme doch, das genügt. Wo und wie ich atme, beschäftigt mich nicht.« – Dies genügt aber nicht!

Der Einatmungsschwerpunkt der meisten zivilisierten Menschen hat sich im Laufe der Entwicklung des einzelnen meist ausschließlich auf die Brust ver-

lagert. Begünstigt wird diese Entwicklung durch die völlig irrige Meinung, daß ein breiter Brustkorb, hinter dem [...] möglichst große Lungen mit großem Luftfassungsvermögen lagern, ein Zeichen besonderer Gesundheit und deswegen erstrebenswert sei. Durch diese Einstellung wird der Brustkasten [im Sport und Bodybuilding] *breit gezüchtet und im Laufe der Jahre immer mehr fixiert. Es entsteht jener dem faßförmigen Thorax des Asthmatikers außerordentlich ähnliche, auseinandergetriebene, kataleptisch starre Brustkasten mit dahinterliegenden, immer mehr und mehr sich vergrößernden Lungen. Dieses führt in den meisten Fällen zur stärkeren Verkrampfung – zur ständigen Atemnot. Aber Atemnot haben heißt zuviel und nicht zuwenig Luft haben. [...] ein solcher Heldenthorax* [kann] *nur durch die gesteigerte Ausatmung und durch eine mäßige Einatmung* [mittels Hereinlassen der Luft sowie mit Hilfe der Zwerchfellatmung verändert werden.] *– Diese Menschen bezeichnen wir als Hochatmer.*[16]

Erinnern wir uns an die durch Turnvater Jahn geprägte und von Adolf Hitler als Ideal dargestellte und favorisierte Haltung »Brust raus – Bauch rein« (vgl. Abb. 4, Statue von A. Breker). Das bedeutet, daß sich bei der Einatmung der Brustkorb hebt und bei der Ausatmung wieder senkt. Dabei stürzt der schwere Brustkorb auf Herz, Lunge und das nach oben strebende Zwerchfell, das somit wieder in die Einatmungsstellung zurückgepreßt wird. Alle gesundheitsfördernden Aspekte des Zwerchfells als Druck- und Saugpumpe fallen beim Hochatmer weg.

Diese für das Zwerchfell fehlerhafte Atembewegung macht sich auch bemerkbar, wenn bei sogenannten »Atemübungen« bei der Einatmung die Arme gehoben werden – ein Vorgang, der zu vermeiden ist; denn dabei hebt sich die Brust bei gleichzeitigem Einziehen des Bauches, und bei der Ausatmung kippt der Körper wie ein Taschenmesser vor.

Auch durch die Hohlkreuzstellung wird eine Brusthochatmung hervorgerufen, d. h., die Brust wird beim Einatmen angehoben und bei der Ausatmung gesenkt. Bei schwachem Brustkorb und Hohlkreuz ist die Folge: Einatmung – Bauch heraus; Ausatmung – Bauch herein. Hierbei besteht eine Inkongruenz von Beckenboden und Zwerchfell, die Stoßkraft des Zwerchfells geht nicht senkrecht nach unten, sondern schräg nach vorne auf den geraden Bauchmuskel. Dieser wird dadurch überdehnt und erschlafft (Beispiele s. S. 51f., 54).

Auch Vorderfrontatmung (Fehlatmung) ist üblich: Vorderbauch- und Brustatmung vollziehen sich gleichzeitig.

---

[16] H. Egenolf 1983, S. 24

Fehlatmung entsteht ferner durch Rundrücken und vorgeneigte Körperhaltung (auch von den Schultern her) mit zwangsläufig vorgewölbtem Bauch. Hierbei hat das Zwerchfell nicht genügend Beweglichkeit. Da das Herz mit seinem Beutel fest auf dem Zwerchfell sitzt, muß es den venösen Rückstrom allein hochziehen, ein Vorgang, der sonst durch die Bewegung des Zwerchfells als Druck- und Saugpumpe massiv unterstützt wird.

Eine kurze Hoch-, Brust- oder einatmungsbetonte Atmung kann auch umweltbedingt entstehen, z. B. durch Streß, Bedrängnis, Hektik oder Angst.

Zu den Gründen, die zu einer Atemfehlform führen, gehören – erstaunlicherweise – auch Vorkommnisse in der frühesten Kindheit. Wenn das Kind Maßregelungen als ungerecht empfindet, reagiert es über den Atem, indem es z. B. vor Wut den Atem anhält. Nun kann es passieren, daß im späteren Leben bei ähnlichen Anlässen diese Atemreaktion immer noch auftritt und zu einer falschen Gewohnheit (Fehlatmung) wird. Um diese Situation zu verbessern und eine Änderung herbeizuführen, müssen Anlaß und Reaktion bewußtgemacht werden.

Die Fehlatmung stellt demnach die Folge einer fehlerhaften psychischen Verhaltensweise dar. Es scheint naheliegend, die psychische Fehlhaltung zu korrigieren, womit – so meint man – sich die Fehlatmung von selbst ändert. Das hört sich sehr einfach an, stimmt aber in der Praxis nicht oder nur selten. Der Mensch haftet sehr an seinen Gewohnheiten, auch Atemgewohnheiten. Es ist daher notwendig, die Fehler und falschen Gewohnheiten abzustellen und das Richtige auszuführen. Es ist eine überraschende Tatsache, daß man aufhören kann, etwas falsch zu machen, und es statt dessen richtig machen kann – einfach dadurch, daß man es richtig denkt und will und nun weiß.

Ein Aspekt ist noch hervorzuheben: Die Atemkorrektur und Atemtherapie über Bewußtsein und Willen führt in relativ kurzer Zeit zu sehr positiven Ergebnissen. Bei unserer Atemtherapie des bewußt geführten Atems werden dem Schüler seine Fehler bewußtgemacht, und es wird ihm geholfen, diese zu unterlassen. Darüber hinaus werden durch bewußte Übung die Abschnitte mobilisiert, die bisher nur ungenügend am Atemablauf teilnahmen. J. Parow erkannte, daß wir die Möglichkeit haben, mit den willentlich zu betätigenden Muskeln eine Veränderung der Muskelbewegungen für die richtigen Zwerchfellabläufe zu erreichen, also über eine systematische Atemkorrektur.

Auf der Abbildung 36 ist gut zu erkennen, daß durch sehr enge Gürtel und Hosen, die im Stehen anprobiert werden, die Körpermitte eng gehalten wird. Diese eingeengte Mitte des Körpers läßt sich nur durch aktives Muskeltraining für die nötige Zwerchfelldehnung in Rücken und Seiten verbessern.

4. Fehlatmungs- und Fehlhaltungsformen

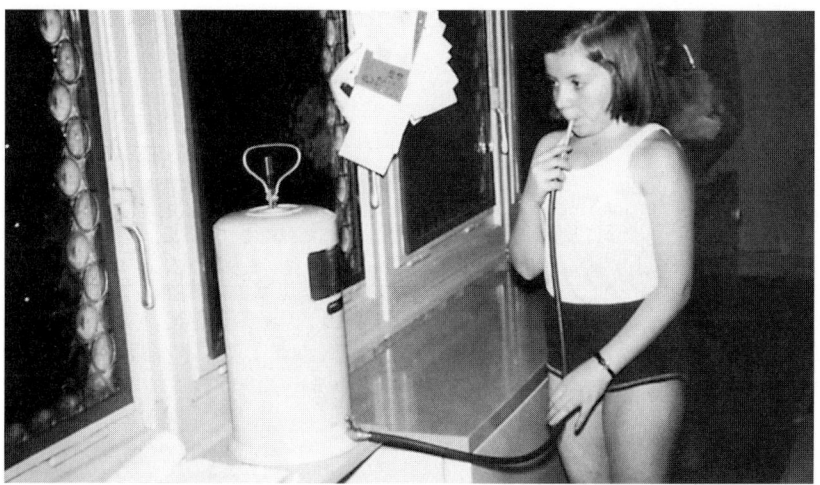

Abb. 35: Hochatmung am Spirometer bei Aufforderung zum Einatmen

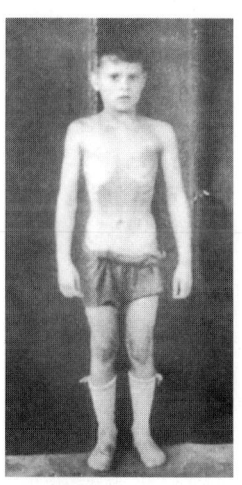

Abb. 36: Hochatmung bei Aufforderung zum Einatmen

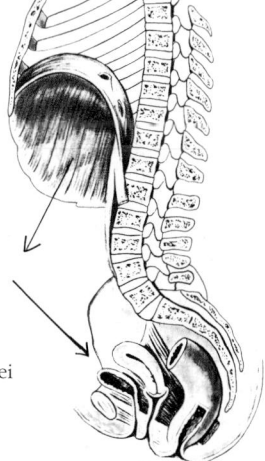

Abb. 37: Beziehung zwischen Zwerchfell und Beckenboden bei falscher Haltung (Hohlkreuz)

Bei Hohlkreuzstellung kann das Zwerchfell sich nicht absenken; die Kraftrichtung geht nach vorne statt senkrecht nach unten (s. Abb. 15). Es findet also eine einseitige Ausdehnung nach vorne und keine Ausdehnung des unteren Raumes (Lendenwirbelbereich) statt. Dies bedeutet, daß die so wichti-

I. Atemschulung nach J. Parow und M. Scheufele-Osenberg

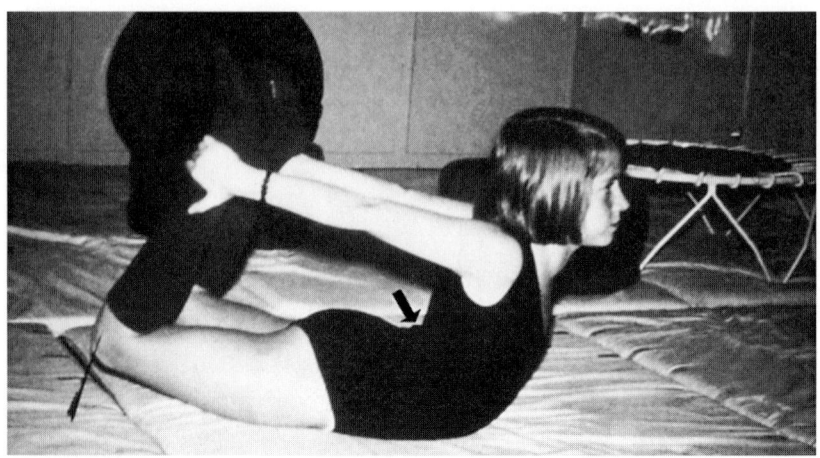

Abb. 38: Hohlkreuzstellung: Die Abknickung verursacht einseitige extreme Belastung der Bandscheiben.

Abb. 39: Fehlhaltung

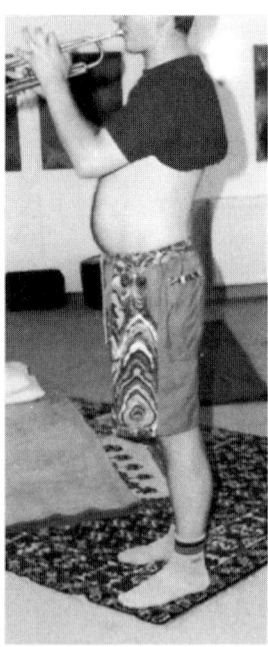

Abb. 40: Fehlhaltung, Fehlatmung

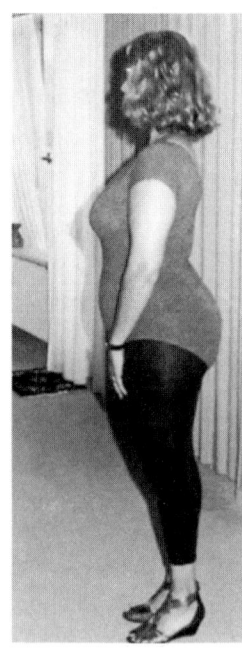

Abb. 41: Hohlkreuzstellung

ge Druckwirkung auf die Bauchorgane bis in den Beckenboden verringert oder gar nicht vorhanden ist und nur eine verminderte Ventilation der unteren hinteren Partien der Lungen erfolgt.

Abbildung 39 zeigt mehrere Aspekte falscher Haltung:
- »Schwanenhals«,
- Rundrücken,
- Hohlkreuz,
- Hängebauch,
- eingefallener Brustkorb,
- reduzierte Querspannung.

Abbildung 40 zeigt Fehlhaltung, Fehlatmung, falsche »Stütze«:
- Hohlkreuzstellung,
- schwache Bauchdecke,
- Rundrücken,
- Brustkorbstellung (Rippen zeigen nach unten),
- Beine durchgedrückt.

Die Folgen sind:
- Zwerchfellatmung ist erschwert;
- Atemräume lassen sich kaum bzw. nur einseitig dehnen;
- fehlende Weitung der Mitte, fehlende Querspannung;
- Belüftung der hinteren unteren Lungenbezirke vermindert;
- unphysiologische Kompression der Lungen von vorne nach hinten durch verminderten Durchmesser des Brustkorbraumes (Bronchialverengung, intrapulmonaler Druck).

Abbildung 41 zeigt Hohlkreuzstellung bei Adipositas (Fettleibigkeit):
- Zwerchfellbewegung ist vermindert durch Abnahme der Dehnbarkeit des Thorax;
- mechanische Atembehinderung durch Fettgewebe:
  - Atemfrequenz erhöht sich,
  - Atemzugvolumen vermindert sich.

Abbildung 42a zeigt Fehlatmung wie bei dem Trompeter (s. Abb. 40) mit Hohlkreuz und Bauchstütze. Hinzu kommt die Schwanenhalsstellung und ein eingesunkener Brustkorb, wodurch die Haltekraft der Brust fehlt. Abbildung 42b zeigt die richtige Haltung. Der Brustkorb ist aber noch schwach und abgesunken.

I. Atemschulung nach J. Parow und M. Scheufele-Osenberg

Abb. 42: a) Fehlhaltung, Fehlatmung   b) richtige Haltung

4.2 Paradoxe Atmung

Mit der Einatmungsluft hebt sich – fälschlicherweise – der Brustkorb, vom Rücken beginnend, über die Seiten nach vorne bis zum Brustbein. Es sollte immer bedacht werden, daß die Zwischenrippenmuskeln durch eigene Bewegungskraft die Rippen heben und senken – wie Flügel, die sich ausbreiten. Folglich sollte der Brustkorb nie zum Kinn hochgehoben werden, da sich sonst die Schulterblätter zueinanderziehen und bei der Ausatmung wieder nach unten abfallen. Die Druckwirkung auf das im Ausatmen sich hebende Zwerchfell mit aufliegendem Herzen ist bei diesem Vorgang verheerend. Außerdem werden beim Herunterdrücken des Brustbeins die Rippen weit auseinandergezogen, und das Zwerchfell wird im Ausatmungsprozeß (also im Hochsteigen) heruntergedrückt (natürlicherweise bedeutet das Senken des Zwerchfells aber Einatmung!). Die Schwierigkeit entsteht beim Herunterfallen des oberen Brustkorbes. Denn die breit auseinandergezogenen Rippen halten das Zwerchfell fest, und es wird paradoxerweise nach unten gedrückt, statt sich durch Engerwerden der Rippen nach oben bewegen zu können. Dadurch tritt beim Sprechen und Singen sowie beim Spielen von Blasinstrumenten eine Behinderung auf, die zu gesundheitlichen Schäden führt.

4.3 Pseudoparadoxe Atmung

Bei der pseudoparadoxen Atmung senkt sich – zunächst völlig richtig – zu Beginn der Einatmung das Zwerchfell durch Erweiterung der Rippen ab. Bei der Ausatmung bleiben die Rippen im breit gestellten Zustand. Dadurch wird das Zwerchfell am Hochsteigen gehindert und durch zusätzliches Absenken des Brustkorbes hinuntergedrückt.

Abb. 43: a) Arbeit einer bekannten Gymnastikschule vor der Atemschulung der Mädchen. Hier wird fälschlicherweise bei der Dehnung des Körpers eingeatmet und zwar mit der Brust. Man sieht hier: Gestaute Beine, verkrampfte Muskulatur des Bauchs, der Atmung, des Nackens, unfreie, unsaubere Gesamthaltung.

b) Vergleichsaufnahme aus der gleichen Schule nach richtiger Atemausbildung. Hier wird bei der Dehnung des Körpers ausgeatmet und die Zwerchfellatmung angewandt. Nun zeigen die Mädchen: schlanke Beine mit gut durchgebildetem, durchlüftetem Rumpf, lange Flanken, entspannte Nacken und gelöste, disziplinierte Gesamthaltung.

5. Wie übe ich mit diesem Programm?

5.1 Grundlegende Gedanken

- Nichts ist stärker als eine Idee, für die die Zeit gekommen ist.
- Die Fehlatmung ist weit verbreitet. Sie kann krankhafte Störungen funktioneller Art, aber auch wesentliche organische Veränderungen nach sich ziehen. Die Symptomatik der Fehlatmung ist vielgestaltig.
- Teilatmungen (bei sogenannten »Brust-, Bauch- und Flankenatmern«), bei denen das Zwerchfell nicht ausschwingen kann, sind Fehlatmungen.
- Die Schulung des bewußt geführten Atems macht Ihnen die Fehlatmung bewußt und mobilisiert die am Atemgeschehen nicht genügend beteiligten Körperteile.
- Der mechanisch richtige Ablauf der Atembewegung kann eingeübt werden. Das »Haus« – der Körper, die äußere Form zum Atemgeschehen – wird lebendiger und freier. Der Naturatem kann wieder in seiner tiefen Form, Geschwindigkeit und seinem persönlichen Rhythmus auf Leistungsansprüche, Sinnesreize von außen, auf Veränderungen des »innerleiblichen Milieus« und auf Gefühle, Ängste, Wünsche, kurz auf Bewußtseins- (und Unterbewußtseins-)vorgänge reagieren, denn seelische Lebendigkeit ist an die Ansprechbarkeit des leiblichen Instruments gebunden.
- Nach einer vorübergehenden Phase der Irritation, in der die alten Gewohnheiten mit dem neu Erkannten, Erlebten und Erlernten in Widerstreit stehen, kommt es bald zu dem freudig bejahenden Erfassen des neu Erlernten.
- Das Neue kann nur automatisiert werden, wenn Sie damit leben, sich also im täglichen Leben beobachten und korrigieren. Dieser korrigierte Körper steht uns dann beim Musizieren zur Verfügung.
- Für Instrumentalisten und Sänger ist es wichtig, auch ohne Instrument zu üben.

5.2 Selbstdiagnose

Die folgenden Tests bilden die Grundlage für Ihr persönliches Übungsprogramm. Sie bieten Ihnen die Möglichkeit, Fehlatmungs- und Fehlhaltungsformen, unterentwickelte Muskelgruppen des Rumpfes und falsche Atemmuster zu erkennen und sich anhand dieser Feststellungen ein gezieltes Übungsprogramm von wenigstens zwölf Stunden zusammenzustellen, um zu der normalen Zwerchfellatmung zu gelangen. Für Sänger und Instrumentalisten ist diese Atmung eine unabdingbare Grundlage für die richtige Stütztechnik.

Zunächst stellen Sie sich bitte vor einen Spiegel, mit einem zweiten Spiegel in der Hand. Wenn möglich stellen Sie sich zwischen zwei Spiegel (diese sollen nicht parallel, sondern in einem gewissen Winkel zueinander stehen).

- Prüfen Sie zuerst Ihre Körperhaltung.

Ihr Rücken:
- Ist Ihr Rücken gerade, oder haben Sie ein Hohlkreuz oder einen Rundrücken?
- Befindet sich eine senkrechte Rille in der Streckmuskulatur neben der Wirbelsäule? (Die Rille ist immer ein Zeichen für eine verkrampfte, unbewegliche Rückenmuskulatur.)

Ihr Stand:
- Wie ist Ihr Gewicht auf die Füße verteilt?
- Wie stehen Ihre Füße: schräg oder parallel?
- Stehen Ihre Beine sehr eng zusammen oder sehr weit auseinander?
- Sind Ihre Knie durchgedrückt oder locker?
- Sind Ihre Schultern nach vorne gezogen, hochgezogen, verschieden oder gleich hoch? Sind sie locker?

Der richtige Stand ist in Kapitel 7.5 beschrieben (s. S. 68).

Ihre Kopfhaltung:
- Ist Ihr Hals bzw. Ihr Nackenband gestreckt? (richtig)
- Ist Ihr Kopf nach vorne geneigt (»Schwanenhals«)? (falsch)

Ihre Atmung:
- Wo sehen und fühlen Sie die Bewegungen des Atems: am Brustkorb, am Bauch, am Rücken, an den Rippen?

Schreiben Sie Ihre Erkenntnisse auf.

- Nun werden Sie sportlich aktiv und beobachten Ihre Atmung. Laufen Sie z. B. einmal den Gang oder das Treppenhaus hinauf und hinunter, oder machen Sie Kniebeugen, so daß Sie außer Atem kommen! Legen

I. Atemschulung nach J. Parow und M. Scheufele-Osenberg

Sie sich anschließend auf den Rücken und achten Sie auf Ihre Atmung. Oder besser: Lassen Sie Ihre Atmung von einer zweiten Person beobachten. In welchem Bereich des Rumpfes findet nun die größte Atembewegung statt?

- Als nächster Testpunkt erfolgen die Messungen und das Erkennen von Fehlformen.

Dafür benötigen Sie ein bewegliches Bandmaß, mit dem z.B. Schneider arbeiten. Ihr Körperumfang wird an drei verschiedenen Stellen des Rumpfes gemessen:
1. am oberen Brustkorbbereich unter den Achseln,
2. auf den unteren Rippenbögen auf der Höhe des Magens,
3. am Bauchbereich zwischen Hüfte und Brustkorb, auf der Höhe des Bauchnabels.

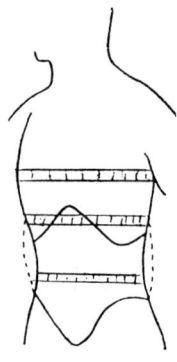

Abb. 44: Messung des Körperumfangs

Legen Sie das Bandmaß nacheinander um die drei oben beschriebenen Stellen des Rumpfes, und messen Sie wie folgt: Zunächst den Umfang bei ruhigem Stand (Messung am oberen Brustkorbbereich, Bsp. 80 cm). Dann atmen Sie so stark wie möglich aus (Bsp. 77 cm) und anschließend so stark wie möglich wieder ein (Bsp. 85 cm). Die Differenz dieser extremen Ein- und Ausatmung schreiben Sie bitte auf (in unserem Fall beträgt sie 8 cm). Meßwerte wie hier in Klammern angegeben, werden bei schlechter Haltung z. B. Hohlkreuz oder Rundrücken erzielt. – An dem Ergebnis der Messungen können Sie erkennen, wo Ihr Atmungsschwerpunkt liegt. Wenn jemand eine übermäßige Brustatmung vornimmt, dann ist die Messungsdifferenz im Brustbereich gegenüber der Differenz in der Mitte und im Bauchbereich sehr ausgeprägt (Bsp. Brust 10 cm, Mitte 5 cm, Bauch 4 cm). Beim »Bauchatmer« zeigt sich die größte Messungsdifferenz am Bauchraum. (Modellhafte Übungsprogramme für »Brusthochatmer« und »Bauchatmer« sind in Kapitel 7.14 und 7.15 zusammengestellt.) – Nach einigen Monaten werden die Messungen wiederholt, nachdem die Körperabschnitte trainiert worden sind, die bisher am Atemablauf nicht teilgenommen haben, z. B. Rücken und Lendenwirbelbereich. Wenn man die richtige Atmung erreicht hat, ist bei der Messung die größte Differenz zwischen Ein- und Ausatmungswert auf den unteren Rippenbögen auf Höhe des Magens festzustellen.

Zwei weitere Fehlformen, auf die Sie bei der Selbstdiagnose aufmerksam werden können, sind die engstehende Taille und der Tonnenbrustkorb.

Engstehende Taille (Abb. 45): Diese Deformation entsteht oft schon in der Kindheit, verursacht u.a. durch schlechte Sitzhaltung auf zu niedrigen oder zu hohen Stühlen in der Schule. Natürlich kann eine Deformation des Brustkorbes auch angeboren sein.

Eine engstehende Taille kann sich auch beim Stehen mit vor dem Körper angewinkelten Armen entwickeln. Der Brustkorb wird ausgerechnet in der Höhe des Herzens eingedrückt, und der untere Teil der Rippenbögen wölbt sich nach außen.

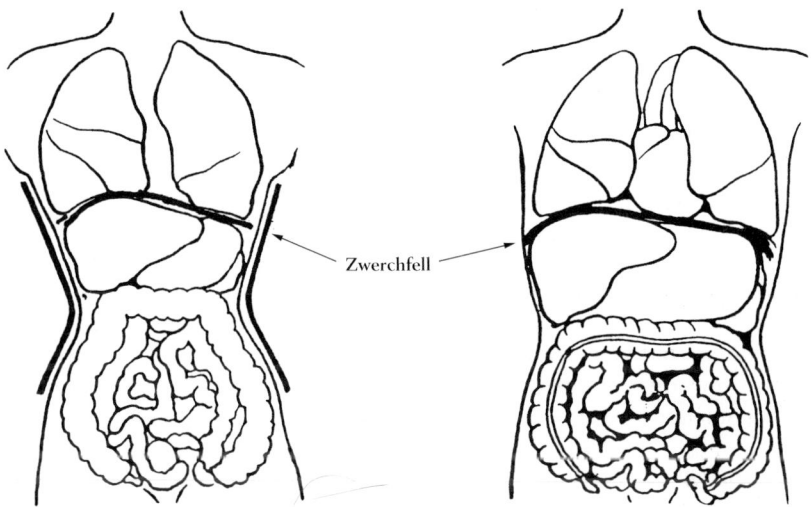

Abb. 45: Engstehende Taille   Abb. 46: Tonnenbrustkorb

Tonnenbrustkorb (Abb. 46): Finden wir einen harten, breitstehenden Brustkorb vor, dessen Rippen – und vor allen Dingen dessen Rippenrahmen – unbeweglich breit stehen bzw. steht, sprechen wir von einem Tonnenbrustkorb. Schon bei jungen Leuten ist er festzustellen – überwiegend bei Männern, die durch sitzende Tätigkeit in vorgeneigter Haltung, oft bei großer Körperlänge, ihre Mitte, d. h. den Rippenkorb und insbesondere die Rippenbögen, ständig weit halten. Hier sind Unterschiede am Körperumfang bei Ein- und Ausatmung nicht mehr festzustellen, denn der Rippenkorb ist vollkommen unbeweglich geworden.

Der Tonnenbrustkorb ist auch bei Emphysematikern (Lungenblähung), Bronchitikern und Asthmatikern zu finden. Sie heben den Brustkorb beim

Einatmen, mühsam die Luft einziehend, und senken ihn beim Ausatmen nur noch unter Stöhnen. Oft werden dabei auch die Schultern mit hochgezogen und gesenkt. Diese Menschen sind zeitlebens Brust- und Hochatmer gewesen und haben durch ständiges, übermäßiges Einatmen und geringes Ausatmen diese starre Position des Brustkorbes erworben.

Übungen für Tonnenbrustkorb und engstehende Taille finden Sie bei den Muskeltrainingsübungen nach Parow, siehe S. 79f.

- Röntgenbilder

Auf die Beweglichkeit und Dehnungsmöglichkeit der Körpermitte wird großer Wert gelegt, da wir das Zwerchfell als Mittelpunkt unserer Atembewegungen betrachten. Das sich bei der Einatmung absenkende Zwerchfell soll dabei die Mitte mit den Rippenbögen 8 bis 10 cm erweitern können – und das hauptsächlich im Rücken. Zieht es sich bei der Ausatmung hoch wie ein Hut, holt es den Rippenrahmen, an dem es angewachsen ist, an sich heran. Die Atemtiefe und -kraft, die vor allem beim Instrumentalspiel, Singen und Sprechen nötig ist, hängt allein von dieser Bewegungsbreite ab.

Durch breit oder zu eng stehende Rippen ist die Zwerchfellbewegung nach oben im Ausatmen und nach unten im Einatmen stark eingeschränkt und beträgt oft nur 1 bis 2 cm gegenüber dem Mittelwert von 5 cm und dem sehr guten Wert von 9–9,5 cm.

Um nun die Verschiebbarkeit des eigenen Zwerchfells zu kennen und davon ableiten zu können, an welchen Muskeln besonders stark gearbeitet werden muß, empfehle ich Ihnen, zwei Röntgenaufnahmen von der Seite oder vom Rücken her machen zu lassen, einmal nach stärkster Ausatmung und zum anderen nach stärkster Einatmung (s. Abb. 9, 10).

5.3 Kleidung

Was die Kleidung beim Üben betrifft, empfehle ich Ihnen, keine engen Jeans oder Hosen zu tragen und besonders auf Gürtel zu verzichten (selbst wenn sie locker um die Taille gebunden sind), denn bei unseren Muskeltrainings- und Atemübungen e r w e i t e r t sich die Mitte des Körpers um einige Zentimeter im Durchmesser. Die Situation ändert sich also völlig im Vergleich zu Ihrer gewohnten Hoch-, Brust- oder Bauchatmung, bei der die Taille im Einatmen enger wird. Tragen Sie, wenn möglich, eine im Bund nachgebende elastische Hose (ohne Schlitz).

5.4 Methodisches

Wenn Sie mit diesem Buch alleine arbeiten, schlage ich vor, den Text der einzelnen Übungen auf eine Kassette zu sprechen. Im Vorspann sollten Sie erklären, was Sie üben wollen. Eventuell ist es auch ratsam, vor dem Übungstext die im Buch angegebenen anatomischen und physiologischen Zusammenhänge auf Band zu sprechen.

Sie sollten sich vor dem Üben über die Ihnen zur Verfügung stehende Übungsdauer im klaren sein, um nicht plötzlich aufspringen und das Programm beenden zu müssen. Ein solches Verhalten kann den Kreislauf sehr belasten.

5.5 Nichts erzwingen

Ist eine Übung zu Anfang auch schwierig, erzwingen Sie nichts. Haben Sie Geduld, und seien Sie nachsichtig mit sich selbst. Es ist sinnvoller, erst einmal weiterzugehen und später von neuem zu beginnen.

Alles, was Sie tun, sollte Ihnen bewußt sein, auch wenn manche Übungen einfach und leicht erscheinen.

Wichtig ist auch, daß Sie kleine Pausen einlegen, um nachzuspüren und wirklich wahrzunehmen. Das Erlebte wird in Ihnen nachschwingen und so zu einer bewußten-unbewußten Erfahrung werden (sich verinnerlichen). Karlfried Graf Dürckheim schreibt: »Es atmet der Mensch – nicht nur das Zwerchfell, nicht nur die Lunge, nicht der Bauch. Es atmet der Mensch!«

Wenden Sie neu Gelerntes auf keinen Fall gleich bei Ihrer nächsten Gesangs- und Instrumentalarbeit oder vielleicht sogar beim Vor- und Mitspielen an.

Ich versichere Ihnen, daß sich durch fleißiges Üben die falschen Muskelbewegungen nach einiger Zeit zugunsten der neu erlernten und richtigen verändern und verbessern werden. Üben Sie kontinuierlich, denn wie Sie wissen, müssen Muskeln ständig in Bewegung gehalten werden, sonst erschlaffen sie wieder.

6. Das Vorprogramm

6.1 Zusammenstellung vorbereitender Übungen

Bevor Sie mit dem eigentlichen Üben beginnen, sollten Sie sich darauf einstellen: mit einer Atemübung, einer Wachmachübung oder einer Kräftigungsübung (wenn zeitlich möglich nicht nur vor dem Üben, sondern auch im Anschluß daran ausführen).

Auf Ihre augenblickliche Situation eingehend – in freudiger oder ärgerlicher Stimmung oder oft auch in der Lage, eilig üben zu müssen (also auch vor einem Bühnenauftritt oder vor einem Vorspieltermin) –, nehmen Sie sich ein Rahmenprogramm (Vorprogramm) vor. Der dafür notwendige zeitliche Aufwand beträgt zwei bis fünf Minuten.

Dazu wählen Sie aus:
- eine Atem-Entspannungsübung;
- ein Recken und Dehnen im Stehen, Sitzen oder Liegen;
- Übungen zum Lösen von Panzerungen (siehe 6.2):
- »Der Bär«,
- »Das Pferd« usw.
- aktivierende und wachmachende Übungen:
- Bewegen der Kopfhaut mit den Händen bzw. Fingern;
- Massieren der Knochen hinter den Ohren;
- Zusammendrücken der Ohrläppchen und lösen (6- bis 8mal);
- Schulter-Nackenmassage: Rechte Hand auf linke Schulter legen, tief einhaken; Haut bzw. Muskulatur von hinten nach vorne ziehen; 3mal wiederholen; linke Hand auf rechte Schulter legen usw. Anschließend: Schultern schlagen;
- Schlagen von Schultern und Oberschenkeln;
- Massage an den Augen: Beide Zeigefinger an die Nasenwurzel zwischen die Augen legen; langsam nach oben zur Stirn schieben (3mal). Dann mit Zeige- und Mittelfinger unterhalb und oberhalb der Augenbrauen massieren und die Haut dehnen.

6.2 Übungen zum Lösen von Panzerungen

Alle nachfolgenden Übungen, die noch vor Beginn des eigentlichen Übens auszuführen sind, lösen Panzerungen.
- Der Bär: Fester Stand, Knie locker. Sie werfen die Arme mit geballten Fäusten hoch und brüllen: *uooaah*. Achtung: Die Stimme bleibt oben und darf sich am Schluß nicht senken. Sie kommt aus der Tiefe des Leibes.
- Das Pferd: Bevor Sie diese Übung ausführen, sollten Sie immer eine Hals-Nackenmassage ausgeführt haben. Den Kopf nach hinten bzw. hin und her werfen und nach vorne mit Nase und Mund ausschnauben auf *brrr*.
- Der Vogel: Sie imitieren einen Vogel, der die eine Flügel- bzw. Beinseite de-e-e-hnt und dann die andere Flügel- bzw. Beinseite de-e-e-hnt, ohne Ton oder auf *schuuuhh*.
- Der Löwe: Im Vierfüßlerstand zunächst mit dem Gesäß auf den Fersen absitzen, die Hände vor sich auf den Boden legen. Dann das Gesäß hebend mit lautem Löwengebrüll vorschnellen.

7. Das Übungsprogramm

7.1 Entspannung

- Meditation über die Hände

Gruppenübung: Wir fassen uns bei den Händen, die Augen sind geschlossen. Folgender Text wird von jedem Teilnehmer »innerlich« oder vom Kursleiter laut vorgesprochen:
– Die Hände sind die Verlängerung der Seele.
– Wenn man etwas in sie hineinlegt, können sie empfinden, ob es kalt, warm, weich, hart, lebendig usw. ist.
– Hände können sich ballen und Wut ausdrücken.
– Hände können streicheln.
– Hände können schlagen.
– Hände können kratzen.
– Hände können segnen.
– Hände können bitten.
– Hände können betteln.
An der Art, wie ein Mensch einem anderen die Hand gibt, kann der andere Ablehnung, Zurückhaltung, Freundlichkeit empfinden.

Ende der Meditation: Hände loslassen und zur Faust ballen. Arme kräftig anbeugen, d. h. Fäuste an die Schultern werfen. Arme gelöst fallen lassen. 3mal wiederholen, Augen öffnen. Sich recken, rekeln, gähnen. Hierzu Luft einsaugen wie Wasser. Auf *u, o* und *a* ausatmen und gähnen.

- Gesichtsmeditation

Wir werden uns bewußt, daß sich unser Gesicht – während der übrige Körper bekleidet ist – nackt zeigt und somit unsere Art, uns den Dingen und Menschen zu stellen oder uns vor ihnen zurückzuziehen, sehr deutlich ausdrückt.

Durch Überwinden eines mimischen Ausdrucks der Zurückgezogenheit erlangen wir die Freiheit eines freundlichen, verständnisvollen Ausdrucks, ohne diesen jedoch zu einer Maske verarmen zu lassen. Dies ist ein wichtiger Schritt zur Persönlichkeitsbildung.

- Meditation über die Füße (nach Thorwald Dethlefsen)

Über die Hände werden wir handlungsfähig. Über die Füße, die uns das ganze Leben hindurch tragen müssen, werden wir standfest. Wir erfahren bei längerem Sitzen durch den Kontakt der Fußsohlen mit dem Boden die Kräfte – sogar Anziehungskräfte – der Erde.

Wir sind aber nicht fest verwurzelt wie ein Baum, der an einer Stelle stehen muß. Wir können auf den Füßen einen Raum durchschreiten, auf unseren Füßen sozusagen die Welt erobern.

Haben wir die Beine nach hinten unter den Stuhlsitz geschlagen, wird dadurch nicht nur das Becken in seiner Stellung verändert (es kippt nach vorn), sondern unsere Wirbelsäule wird müde und anlehnungsbedürftig gegen eine Stuhllehne. Auch die Kräfte der Erde, die uns durchströmen, werden vermindert.

Abschließend: Hände zur Faust ballen, Arme stark anbeugen, Arme entspannt fallen lassen. 3mal wiederholen.

Zu diesem Themenbereich sind zwei Bücher zu empfehlen: K. Graf Dürckheim *Übung des Leibes* (1981) sowie *Hara – Die Erdmitte des Menschen* (1983) und die darin enthaltenen Erklärungen der wichtigen Hara-Kraft, die sich drei Finger breit unter dem Nabel befindet (auch ki-Kraft, »Universalkraft«, Anschluß an kosmische oder göttliche Kräfte). Bei Wartespannung – besonders im Sitzen – gibt die Hara-Kraft die nötige Durchhaltekraft (eutonisches Verhalten). Hierdurch vermeiden wir eine Anspannung und anschließende Erschlaffung, die auch in der Körperhaltung sichtbar wird.

7. Das Übungsprogramm

- Javanerin I
Wir knien uns auf den Boden, Stellung »Javanerin« und bleiben in dieser Stellung während der ganzen Übung. Die ganze Wirbelsäule wie eine Gerte vom Kreuzbein bis zur Halswirbelsäule langsam geradeziehen und, wieder vom Kreuzbein ausgehend, wie eine Gerte vorsichtig nach außen bis zur Halswirbelsäule gleichmäßig durch Dehnen herauswölben. Sehr langsam 6- bis 10mal ausführen.

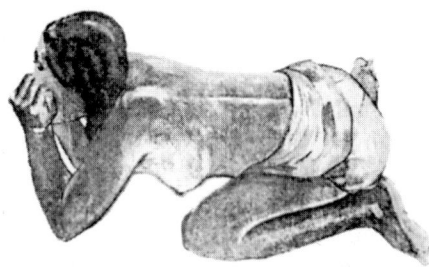

Abb. 47: Javanerin
(nach einem Bild von Paul Gauguin)

Wenn nötig die Kreuzbeingegend vorher mit den Knöcheln der eigenen Faust weich massieren. Dies ist enorm durchblutungsfördernd und für die Nerven im Kreuzbeinbereich von größter Wichtigkeit, besonders wenn der Mensch sich im Hohlkreuz hält bzw. im oberen Wirbelsäulenbereich einen Rundrücken hat und diese Stellung beim Sitzen (z. B. im Auto oder auf einem Sessel) durch ein Kissen im Kreuz festhält.

- Javanerin II
Ausgangstellung »Javanerin«. In langsamen Bewegungen heben und senken wir das Gesäß. Die unteren Lendenwirbel werden dabei bis zum vierten Wirbel langsam eingezogen – leichtes Hohlkreuz. Das Gesäß ist nach oben geöffnet. Dann ziehen wir das Gesäß langsam unter (nicht eng ziehen) wie ein Hund, der Angst hat. Dabei heben sich die Lendenwirbel. Es dürfen hierbei keine unnötigen Muskeln – z. B. am Bauch – mit eingezogen werden.

7.2 Wachübungen

- Gesichtsmassage
Mit hohlen Händen das Gesicht abklopfen. Mit gestreckten Fingern – Handrücken nach oben – vom Kinn aufwärts über den Kopf hinaus ein freundliches Gesicht »zaubern«.

- Kopfmassage
Die fünf Finger der Hände auf den Kopf aufstellen (wie zwei sich gegenüberstehende Regimenter). Kopfhaut seitlich ziehen. Kopfhaut aufeinander zu bewegen. Kopfhaut vor- und zurückschieben.
- Ohrmassage, Schultermassage, Oberschenkelschlagen (s. Vorprogramm)

7.3 Eutonische Sitzhaltung[17]

Setzen Sie sich auf einen Holzhocker oder auf einen Stuhl mit möglichst harter Sitzfläche. Legen Sie beide Handinnenflächen unter die Höcker Ihres Beckens. Wenn Sie diese gut spüren, können Sie die Hände wieder wegziehen. Die Füße müssen guten Kontakt zum Boden halten.

Nun kippen Sie ganz langsam mit dem Becken nach hinten – Bauch- und Gesäßmuskeln dürfen nicht angespannt werden –, bis der After ganz bedeckt ist. Wenn Sie diese Übung vor dem Spiegel ausführen, werden Sie sehen, daß der Rücken rund und die Körperhaltung schlaff wird.

Jetzt kippen Sie das Becken ganz nach vorne, so daß sich im Lendenbereich ein Hohlkreuz bildet. Der Oberkörper ist überdehnt.

Schließlich suchen Sie die Mitte zwischen diesen beiden Extremen: Sie spüren die beiden Sitzhöcker Ihres Beckens, der After ist nicht ganz bedeckt, und der Rücken ist im Lendenbereich gerade. Diese Haltung ist die **eutonische Sitzhaltung**.

Den Begriff »Eutonie« hat Gerda Alexander geprägt. Er stammt aus dem Griechischen und heißt übersetzt: »die wohle, gute Spannung«.

Bei dieser richtigen Sitzhaltung darf nie ein Kissen ins Kreuz gelegt werden. Sollte die Rückenlehne des Stuhles nach hinten geneigt sein, wird ein Kissen in Höhe der Schulterblätter gelegt, um den Oberkörper senkrecht und die Lendenwirbel beweglicher zu halten.

7.4 Richtige Beckenstellung

Zwischen den parallel stehenden Füßen muß der Abstand so weit sein wie zwischen den Hüftknochen. Dies garantiert eine gute Standfestigkeit und ist

---

[17] siehe auch S. 39

7. Das Übungsprogramm

die Grundstellung für den »Sockelaufbau« (wie eine Büste auf einem festen Sockel) nach K. Graf Dürckheim. Übungsfolge:
1. Wir stellen einen Stuhl vor uns und legen die Hände auf die Lehne. Rechtes Bein mit wenig angebeugtem Knie in die Hüfte senkrecht hochziehen, dann Hüfte und Bein senken, starke Berührung mit dem Boden. Nun linkes Bein mit leicht angebeugtem Knie und lockerer Hüfte senkrecht hochziehen (also nicht seitlich abknicken), danach Hüfte und Bein senken, Fuß abstellen bei lockeren Knien.
2. Jetzt drehen wir uns seitlich und legen die linke Hand auf die Stuhllehne. Linkes Knie stark anbeugen, rechtes Bein in die Hüfte hochziehen, anbeugen und den Fuß in die linke Kniekehle legen. Mit der freien Hand fühle ich, ob sich das Hohlkreuz geradegestellt hat; eventuell die Kreuzgegend noch etwas mehr herauswölben (als wollte man sich setzen). Fuß wieder abstellen und Fußabstand korrigieren.
3. Dann drehen wir uns und halten uns mit der rechten Hand an der Lehne fest. Füße in die richtige Stellung bringen. Linkes Bein in die Hüfte kürzen (d. h. gerade hochziehen) und wieder abstellen. Rechtes Bein in die Hüfte kürzen und wieder abstellen. Die Füße empfinden die Standfestigkeit.
4. Nun rechtes Knie stark beugen, linkes Bein in die Hüfte hochziehen, anbeugen, Fuß in die rechte Kniekehle legen. Darauf achten, daß das Becken geradebleibt, nicht seitlich abkippen. Fuß wieder abstellen.
5. Rückenlage einnehmen, Kissen unter den Kopf, Beinabstand wie oben beschrieben. Fingerspitzen unter das Hohlkreuz legen. Das gestreckte rechte Bein bleibt auf der Unterlage und wird etwas in die Hüfte hochgezogen. Wir spüren die Bewegung im Hohlkreuz. Das Becken so weit nach unten drücken, daß das Hohlkreuz verschwindet. Bein wieder strecken und Vorgang wiederholen.
6. Linkes Bein in die Hüfte hochziehen und dann wieder strecken. Nun wieder in die Hüfte hochziehen und spüren, wie sich das Hohlkreuz abflacht. Bein wieder strecken. Hände wegnehmen.
7. Die Arme liegen am Körper entlang ausgestreckt auf dem Boden. Die Hände anbeugen und die Fußspitzen hochstellen. In die Fersen und in die Hände spüren. Kopf langsam anheben, Kinn an die Brust, Brust heben, Fersen und Hände strecken. Das Hohlkreuz verschwindet. Langsam zurückkommen. Hände wieder auf die Unterlage legen.
8. Rückenlage einnehmen, ein Brett unter Gesäß und Rücken legen. Fußspitzen und Hände hochstellen, langsam Kinn an die Brust nehmen, Rücken nähert sich dem Brett. Langsam wieder zurückkommen.

7.5 Richtiges Stehen

Der Abstand zwischen den Füßen muß dem Abstand zwischen den Hüftknochen entsprechen; diese sind deutlich zu fühlen. Der Abstand ist nötig, um eine richtige Verteilung des Körpergewichtes auf die verhältnismäßig kleinen Standflächen der Füße zu gewährleisten. Die Knie müssen ein wenig gelockert sein, denn bei durchgedrückten Knien verändert sich die Stellung des Beckens – es kippt vor.

Von der richtigen Stellung des Beckens hängt die gesamte Standfestigkeit der Wirbelsäule und des Körpers ab (s. Abb. 14). Für die Aufrichtung des Beckens sind die Beckenkipp- und -hebemuskeln – der Psoas und der Iliacus – verantwortlich, d. h. weder Bauch- noch Gesäßmuskeln dürfen angespannt werden; sie bleiben locker und entspannt.

- Übung zum Aufrichten des Beckens

Die rechte Hand faßt den Hosenstoff neben dem Reißverschluß, die linke Hand liegt auf dem Gesäß. Die rechte Hand zieht das Becken, d. h. die Hose, vorne hoch. Die linke Hand drückt das Becken hinten nach unten. Die Knie bleiben locker. Der Oberkörper ist hierbei aufgerichtet, und die Schultern sind locker. Der Kopf wird hochgehalten, vergleichbar einer Marionette, die am Scheitelpunkt aufgehängt ist. Das Nackenband ist gestreckt.

Besonders im Alltag ist es ratsam – im Zuge vieler unbewußt ablaufender Gewohnheiten (beim Stehen an der Haltestelle, beim Treppensteigen usw.) – auf diese Haltungsrichtlinien zu achten, besonders also auf das aufgerichtete Becken.

Es kann vorkommen, daß Sie anfangs große Spannungen in den Oberschenkeln spüren. Dies ist darin begründet, daß Ihr Körpergewicht nun nicht mehr auf den Knien lastet, sondern von den Oberschenkeln getragen wird.

- Übung zur Stärkung der Oberschenkelmuskulatur

Die Übung wird mit einem Partner (an den Händen angefaßt) oder am Waschbecken ausgeführt.

Beine weit auseinander stellen. Steißbein (Gesäß) unterziehen und langsam in die Hocke gehen, wobei die Fußflächen den Kontakt zum Boden nicht verlieren dürfen. Etwas wippen und anschließend äußerst langsam wieder hochkommen. Vorsicht: beim Hochkommen nicht ins Hohlkreuz gehen.

7. Das Übungsprogramm

7.6 Richtiges Gehen

Der Unterschied zwischen falschem und richtigem Gehen liegt in der Bewegung des Beckens. Während beim falschen Gehen das Becken seitlich gekippt wird oder unbeweglich ist und der Bewegungsimpuls von den Knien ausgeht, lernen Sie nun das Gehen aus dem Becken heraus. Das heißt: Durch das Bewegen des Beckens nach vorne und nach hinten – wir nennen dies den »Kamelgang« (s. Abb. 48) – entsteht der Bewegungsimpuls für die Beine.

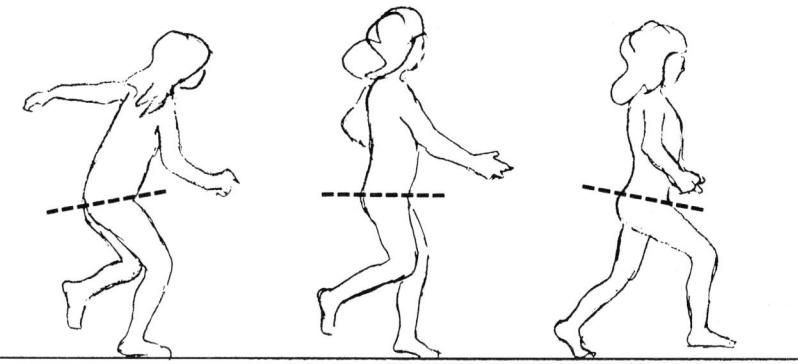

Abb. 48: »Kamelgang«

- Vorübung I

Legen Sie sich in Rückenlage auf eine Decke, Beine ausgestreckt. Lernen Sie zuerst im Liegen aus der Hüfte eine Gehbewegung zu beginnen, indem Sie ein gestrecktes Bein – ruhig am Boden liegen lassend – in die Hüfte gerade hochziehen (also nicht seitlich). Dabei wird das gesamte Becken nach hinten gekippt, d. h. das Hohlkreuz in Berührung mit der Unterlage gebracht. Eventuell können Sie als Test die Fingerspitzen unter das Hohlkreuz legen. Dann strecken Sie das Bein wieder lang nach unten aus, wobei das Becken wieder zum Hohlkreuz vorkippt. Nun führen sie dasselbe mit dem anderen Bein aus.

- Vorübung II

Diese Übung erfolgt im Stehen und verdeutlicht, daß der Schwung zum Gehen nicht – wie nach alter Gewohnheit – durch die Bewegung der Knie erzeugt wird, sondern aus der Hüfte kommt.

Sie stellen sich hin und lassen die Knie locker. Nun verlagern Sie das Gewicht auf ein Bein und heben das andere etwas an. Mit den Händen können Sie die seitlichen Bauchmuskeln umfassen. Nun bewegen Sie das Becken nach hinten und vorne, wobei beim Nach-hinten-Kippen des Beckens das angehobene Bein nach vorne geworfen wird. Sobald das Becken wieder nach vorne kippt, schwingt das Bein nach hinten. Wichtig: Der Bewegungsimpuls muß aus dem Becken kommen. Haben Sie dies gut erfahren, können Sie das Standbein wechseln.

- Kurze Abfolge des richtigen Gehens:
  – Sie stehen in richtiger Haltung: Beine hüftbreit, Füße fest auf dem Boden, Knie weich, Steiß untergezogen, Wirbelsäule aufgerichtet, Schultern aus dem Brustkorb nach hinten nehmen und locker lassen, Nackenband aufrichten, der Kopf wird wie von unsichtbaren Fäden hochgehalten.
  – Jetzt kürzen Sie das rechte Bein in die Hüfte.
  – Kippen Sie das Becken nach hinten.
  – Setzen Sie nun den rechten Fuß schräg vor den linken Fuß.
  – Verlagern Sie das Gewicht, und gehen Sie dabei ein wenig ins Hohlkreuz.
  – Anschließend wiederholen Sie den Vorgang mit dem linken Bein.
  – Wichtig ist es, auf einen geraden Oberkörper zu achten. Die Bewegungen finden nur im Bein-Becken-Bereich statt. Eventuell können Sie zur Kontrolle ein Sandsäckchen auf den Kopf legen.

7.7 Die Zwerchfellatmung

Nachdem nun die Grundvoraussetzungen geschaffen wurden – nämlich Lockerung, Entspannung, richtige Haltung – kommen wir zurück zum Zwerchfell bzw. zur Zwerchfellatmung.

Zu Beginn haben Sie schon erfahren, daß die fehlerhafte Brusthochatmung völlig umgestellt werden muß und die Atemlehre von J. Parow, H. Egenolf und F. Husler in diametralem Gegensatz zu vielen gängigen Atemlehren steht, bei denen sich beim Einatmen der Brustkorb hebt und der Bauch einzieht und beim Ausatmen der Brustkorb senkt und der Bauch vorwölbt.

Es gilt nun, die richtige Zwerchfellatmung zu erlernen, bei der die Muskelbewegungen genau umgekehrt verlaufen, und zwar durch Orientierung an den Zwerchfellbewegungen.

- Übung zur Zwerchfellatmung

Wir beginnen mit der Ausatmung. Beim Ausatmen wölbt sich das Zwerchfell mit dem daraufliegenden Herzen in den Brustkorb hoch, wobei sich der

Brustkorb hebt, jedoch nicht der Schultergürtel. Zum Einatmen senkt sich das Zwerchfell, flacht sich ab, drückt die Bauchorgane senkrecht zusammen in den Beckenraum hinein, und der Brustkorb senkt sich minimal. Der Rumpf erweitert sich seitlich und hinten bei der Einatmung und verengt sich seitlich und hinten bei der Ausatmung, dabei leichte Streckung.

Beim Einatmen und Senken des Zwerchfells wird die Luft hereingelassen und nicht – wie bei der Brustatmung – aktiv hereingeholt. Das bei der Brustatmung gewohnte Selbsteinatmen in den Brustkorb muß also völlig abgestellt werden.

Bei der Zwerchfellatmung erweitert sich der Bauch ellipsenförmig durch das Absenken des Zwerchfells und den damit verbundenen Druck auf die Bauchorgane, der sich bis hinab in den Beckenboden fortsetzt, welcher sich dem Druck entgegenstemmt. Darum reden wir von einem antagonistischen Geschehen (Zwerchfell drückt von oben nach unten, Beckenboden von unten nach oben).

Die asiatischen Völker haben kaum Geburts- und Sexualschwierigkeiten, da sie mit ihren Sitzhaltungen, ob in Hocke oder Joga-Sitz, dem antagonistischen Geschehen Zwerchfell – Beckenboden nicht entgegenwirken (s. Abb. 23). Hinzuweisen ist in diesem Zusammenhang auf die Übung zur Haltekraft des Fundaments und die »Liegende Triangel« (s. S. 86f.).

7.8 Die drei Körperräume

Um die Arbeit in den einzelnen Rumpfbereichen besser beschreiben zu können, nannte ich sie in meinen Büchern bisher die drei »Ellipsen«, ausgehend von der ovalen Form des Beckens. Ich möchte mich noch anschaulicher ausdrücken und von jetzt an von den drei »Räumen« sprechen. Diese Arbeit ist die Grundlage zur Erreichung der »elastischen Spannhalte« (»Stütze«) mit ihrem Fundament.

Der erste oder untere Raum beinhaltet den Beckenboden, d. h. die Muskulatur der unteren Ausgänge, das knöcherne Becken und die schrägen inneren Bauchmuskeln, die sich verjüngend zur Wirbelsäule zwischen Beckenkamm und unterem Rippenkorb befinden. Der untere Raum bzw. das Fundament beherbergt auch den Schwerpunkt des Menschen, der zwischen Ober- und Unterkörper liegt.

Unter dem zweiten oder mittleren Raum verstehen wir den mittleren Rumpfbereich mit sechs der zwölf Rippenpaare, die im Rücken eine besondere Hebe- und Senktechnik haben. Die vorderen Rippenbögen sollten sich mit den Rippen im Rückenbereich bis zu 8 cm ziehharmonikaartig erwei-

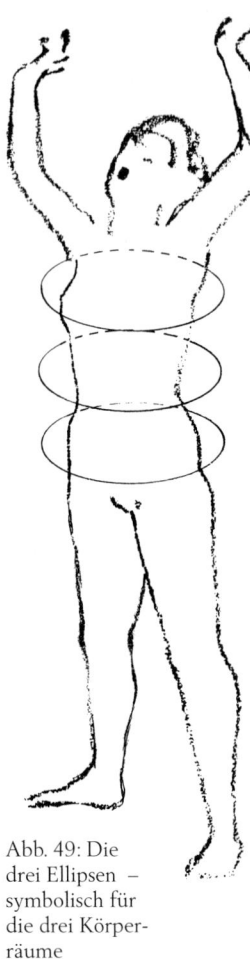

Abb. 49: Die drei Ellipsen – symbolisch für die drei Körperräume

tern und verengen lassen können. Dieser zweite Raum bedarf einer besonderen Beobachtung und Diagnose, da in der alltäglichen Bewegungsmotorik bei Rechts- und Linkshändern unterschiedliche Schwierigkeiten auftreten, die bei der Behandlung berücksichtigt werden müssen. Dieser mittlere Bereich muß von den Muskeln her eine große, gleichmäßige Beweglichkeitsbreite haben. Er ist auch das Symbol für die Mitte des Menschen.

Der dritte oder obere Raum umfaßt den oberen Brustkorb und den Schultergürtel. Von der Stellung der Brust- und Lendenwirbelsäule hängt ganz wesentlich die Atemkapazität ab, weil ein zusammengedrückter Brustkorb keine hinreichenden Rippenbewegungen zuläßt. Nur die aufrecht gehaltene Brust- und Lendenwirbelsäule läßt ein Heben und Senken des Brustkorbes mit gleichzeitiger Erweiterung – sowohl nach vorne und hinten als auch zur Seite – zu. Dazu üben wir besonders das Halten des oberen Brustkorbes, das wir für das Singen und Sprechen – also Ausatmen – brauchen. Dies ist sehr wichtig, weil bisher – fälschlicherweise – der obere Brustkorb beim Ausatmen (besonders beim Singen, Sprechen und Instrumentalspiel) abgesenkt wurde. (Übungen für den oberen Brustkorb s. S. 83f.).

7.8.1 Muskel- und Atemarbeit im unteren Raum (Fundament)

- Bewußtmachen des Beckenbodens I

Eutonische Sitzhaltung auf zwei im Abstand von ca. 10 cm nebeneinanderstehenden Hockern. Stellen Sie sich vor, Sie würden Luft oder Wasser in die Unterleibsorgane bis in Nabelhöhe hochsaugen, wobei das Becken etwas

7. Das Übungsprogramm

nach hinten kippt und innen die Oberschenkel etwas straffer werden. Dabei wird ein saugendes Mundgeräusch erzeugt.

Sie können dadurch erfühlen lernen, daß sich der Beckenboden nach oben strafft. Im Rumpf senkt sich das Zwerchfell bei der Einatmung. Auf diese Weise werden die Bauchorgane durch das sich abflachende Zwerchfell und den nach oben kommenden Beckenboden zusammengedrückt.

Stellen Sie sich weiter vor, daß sich beim Lösen des Beckenbodens das Wasser entfernen würde und sich der Beckenboden wieder senkt. Die Innenseiten der Oberschenkel werden wieder lockerer. Nach dieser Übung wird der Beckenboden als gelockert und gelöst empfunden. – Vorsicht: Die Bauch- und Gesäßmuskeln dürfen nicht mitarbeiten!

- Bewußtmachen des Beckenbodens II

Rückenlage einnehmen, Kissen unter Kopf und Steiß. Die Beine sind angewinkelt, die Arme liegen seitlich neben dem Körper, die Fingerspitzen berühren den Boden.

Spannen Sie in Zeitlupe den Ringmuskel des Afters an, und lösen Sie ihn wieder. Spannen Sie ihn bitte nicht so kräftig an, daß Bauch- und Gesäßmuskeln mit eingezogen werden, und halten Sie nicht die Luft an.

Nun wird die Muskulatur der Scheiden- bzw. Blasengegend angespannt und gelöst. Anschließend atmen Sie aus und ziehen dabei nacheinander die After-, Scheiden- und Blasenmuskulatur zusammen. In der Atempause lösen Sie die Beckenbodenmuskulatur und lassen den Atem wieder kommen, wie er will. – Vorsicht: Keine Bauch- oder Gesäßmuskeln anspannen! Eine leichte Spannung ist allerdings in den Oberschenkeln spürbar. (s. auch Übung »Liegende Triangel« S. 87.)

- Steiß-Kreuzbein-Übung

Sowohl in Bauchlage als auch in Seitenlage durchführbar. Bauchlage: zwei Kissen unter den Bauch legen, damit Becken und Gesäß locker liegen, der Bauch weggedrückt und das Hohlkreuz gehoben wird. Leichte Seitenlage: gleiche Lage wie vorher, aber ein Bein anbeugen.

In der Ausatmungsphase wird das Becken nach vorne gekippt, bis ein Hohlkreuz entsteht. Dabei weiten Sie die After- und die gesamte Gesäßmuskulatur. Nun richten Sie das Becken wieder auf und ziehen den Steiß dabei unter wie ein Hund, der seinen Schwanz zwischen die Beine nimmt. Dabei heben Sie den unteren Lendenwirbelbereich heraus zu einem kleinen unteren »Katzenbuckel«. Diese Bewegung üben Sie langsam 4- bis 6mal.

Nach diesen muskulär getätigten Dehn- und Erweiterungsübungen – Becken aufstellen, mit Steiß und Lendenwirbelsäule einen unteren »Kat-

I. Atemschulung nach J. Parow und M. Scheufele-Osenberg

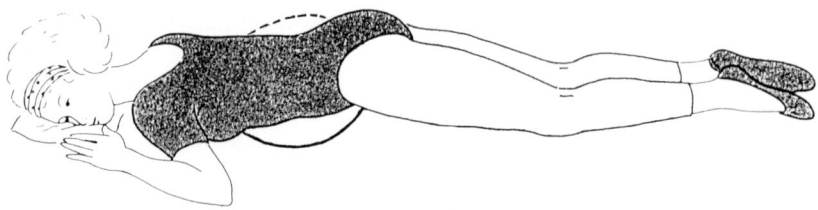

Abb. 50 Steiß-Kreuzbein-Übung, Bauchlage

zenbuckel« bilden – können Sie die Luft in diesen Raum sozusagen »hereinfallen« lassen. Es darf aber nicht umgekehrt sein, d. h., Sie dürfen nicht mit der Einatmungsluft die Räume erweitern. So beginnen Sie zu lernen, die Luft vom unteren über den mittleren bis in den oberen Raum hereinkommen zu lassen.

- Hilfsmuskeltraining

Rückenlage einnehmen, Kissen unter den Kopf legen. Beine anwinkeln, Arme liegen neben dem Körper, Fingerspitzen in Berührung mit dem Boden.

Vorübungen: Der Afterschließmuskel wird im Ausatmen leicht eingezogen und danach – vor der nächsten Einatmung – gelöst und geweitet. Dies wird einige Male geübt. Achten Sie bitte darauf, daß der Gesäßmuskel nicht wesentlich mit angespannt wird. Als nächstes können Frauen die Scheidenmuskeln anspannen und lösen. Bei dem anschließenden Anspannen der Muskeln um die Blasengegend spüren Sie eine leichte Spannung in den Oberschenkeln. Als letztes erfolgt das Anspannen bzw. Einziehen und Lösen der seitlichen Bauchmuskulatur.

Nachdem Sie nun alle Bereiche getrennt geübt haben, vollziehen Sie den Prozeß nacheinander und stellen sich vor, daß alle diese Unterleibsorgane an Fäden aufgehängt, gebündelt und zur Lendenwirbelsäule gezogen werden. Dadurch richtet sich das Becken leicht auf, und es entsteht eine mittlere Spannung unterhalb des Nabels. Auch wenn Sie nun in Ihrer Vorstellung den Zug dieser Bänder wieder lösen, sollte die leichte Spannung bleiben. Das Becken bleibt beim weiteren Üben aufrecht.

Nun atmen Sie mit weichem *schüüüü* oder *fuuuu* aus, wobei die Beckenbodenmuskulatur angespannt wird. Nach der Ausatmung wird diese Muskulatur wieder gelöst und der untere Rumpf anschließend muskulär geweitet, so daß die Luft allein wieder einfällt – also bitte nicht die Luft aktiv hereinziehen (s. auch »Liegende Triangel« S. 87).

Jetzt beginnen Sie erneut mit der Ausatmung auf *schüüü* oder *fuuuu*. Achten Sie darauf, daß sich die Brust nicht senkt.

Bei der nun folgenden Einatmung muß zuerst eine Weitung des Leibraumes, d. h. ein Dehnen nach außen (wie beim Stuhldruck) erfolgen, entweder von unten zur Mitte oder von der Mitte nach unten, wodurch die Luft hereingelassen, also nicht eingesogen wird. Diese Übung wiederholen Sie bitte mehrmals.

Um die untere Lendenwirbelsäule – also den unteren »Katzenbuckel« – bewußter und beweglicher zu machen, sind die beiden nachfolgenden Übungen außerordentlich wichtig.

- Abrollen

Auf dem Boden sitzen, Knie angebeugt, die Füße vom Boden abheben, mit der rechten Hand die Hose im Schritt fassen, die linke Hand auf die linke Gesäßbacke legen.

Die rechte Hand zieht nun an der Hose, die linke drückt das Gesäß hinunter. Dadurch wird automatisch das Becken nach hinten gekippt. Sehr langsam balancierend, bringen Sie nun Wirbel um Wirbel mit dem Boden in Berührung und rollen sich schließlich nach hinten ab – wenn möglich nicht ganz. Im leicht schwungvollen Hochkommen versuchen Sie wieder, Wirbel um Wirbel abzurollen von der Mitte nach unten.

Diese Übung führen Sie bitte täglich auf möglichst hartem Boden aus. – Daß Sie die Hose anfassen und sich damit auch ausbalancieren, hat den Grund, daß Sie nicht unnötigerweise Bauch- und Gesäßmuskeln betätigen.

- Vierfüßlerstand

Im Vierfüßlerstand machen Sie wie gewohnt den oberen Katzenbuckel. Nun senken Sie Ihre Schultern und flachen den Katzenbuckel ab. Konzentrieren Sie sich jetzt auf den Bereich der Lendenwirbelsäule, und beginnen Sie, vom Steiß aus Wirbel um Wirbel abzusenken zum sogenannten vorgekippten Becken im Hohlkreuz. Den Bauch dabei locker lassen. Nun drücken Sie mit einer Hand das Gesäß nach unten und heben Lendenwirbel um Lendenwirbel wieder zum kleinen unteren Katzenbuckel hoch, d. h. nur bis zur Mitte. Dann senken Sie wieder von der Mitte aus Wirbel um Wirbel bis zum Steiß. Alle diese Bewegungen dürfen nicht mit Hilfe der Gesäß- und Bauchmuskeln ausgeführt werden.

Die beiden folgenden Übungen sind Übungen ohne bewußtes Atmen. Die Ausatmung findet in der Bewegung statt.

- Übung für die Rektusmuskeln (Bauchstreckmuskeln)
Wir haben zwei nebeneinanderliegende Bauchstreckmuskeln (s. Abb. 31) mit jeweils vier Abschnitten (von unten nach oben):
1. Schambeingegend,
2. Nabelgegend,
3. Magengegend,
4. Brustbeingegend.
Der vierte Teil ist der breiteste dieser Streckmuskeln, die sich in Längsrichtung trennen können, um z. B. während der Schwangerschaft dem Uterus Platz zu machen.

Übungsablauf: Zuerst wird der untere Abschnitt von innen muskulär eingezogen, dann werden beide Fäuste hineingedrückt und anschließend durch den herausschnellenden Muskelabschnitt weggedrückt.

Wenn jeder Abschnitt auf diese Weise einzeln geübt worden ist, von unten nach oben nacheinander im Ausatmen die Bauchstreckmuskulatur bis zum Brustbein hoch einziehen. Nun ein kleines Hohlkreuz herstellen und von oben nach unten die Bauchstreckmuskulatur herauswölben. Dies nennt man »Bauchrollen«. Beim Einziehen von unten nach oben geht der Rücken nach außen, beim Vorwölben wird absichtlich ein Hohlkreuz gemacht. Diese Bewegungen sind nur muskuläre Arbeit für Rücken und Bauch und haben nichts mit dem Atemgeschehen zu tun.

Anschließend dieselbe Übung in Kniebeuge ausführen, Fersen bleiben am Boden, Füße weit auseinander. (Am besten morgens am Waschbecken üben.) Dann dasselbe in halber Beugestellung der Knie ausführen. Danach das Gesäß bis zum Boden senken, Knie weit auseinander, Fersen bleiben auf dem Boden. Wippbewegungen machen, um die Gesäßmuskeln zu trainieren. Hochkommen mit Vorschnellen des Gesäßes, und die Oberschenkelmuskulatur dabei straffen (nicht mit herausgestrecktem Gesäß hochkommen).

Dieser Übungsbereich darf nicht mit der seitlichen Arbeit an den schrägen Bauchmuskeln verbunden werden.

- Übung zur Stärkung der schrägen Bauchmuskeln (s. Abb. 18/51)
Eutonische Sitzhaltung einnehmen. Die Hände umfassen die seitlichen Bauchmuskeln zwischen Rippenkorb und Becken. Die Daumen reichen fast bis zur Wirbelsäule.

Spannen Sie die seitlichen Bauchmuskeln an (dieser Vorgang ist jedem Menschen vom Druck beim Stuhlgang vertraut). Dabei werden die Hände weggedrückt, und die seitlichen Bauchmuskeln gehen nach außen. Nun lösen Sie die Anspannung und ziehen diese Muskeln wieder nach innen. Versuchen Sie jetzt, die seitlichen Bauchmuskeln im Ausatmen muskulär noch weiter einzuziehen. Anschließend wieder lösen, erweitern und die Luft hereinfallen lassen. Das Becken ist dabei leicht nach hinten gekippt, ohne auf dem After abzusitzen.

Diese Übung langsam und oft hintereinander ausführen. Vorsicht: Die Luft nicht anhalten, sondern den Atem richtig fließen lassen.

- Übung für die richtige Bauchatmung – im Sitzen

Sie sitzen auf einem Hocker. Sie legen beide Hände vorne flach auf die großen Anteile der schrägen Bauchmuskeln und die Daumen nach hinten auf die schmalen Anteile dieser Muskeln bis zur Wirbelsäule (s. Abb. 51). Voraussetzung für diese Übung ist es, nicht im Hohlkreuz zu sitzen.

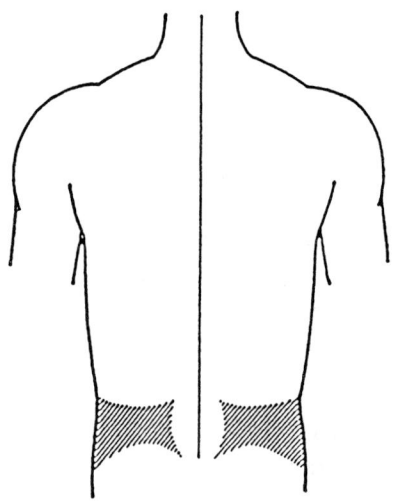

Abb. 51: Rückwärtige Anteile der schrägen Bauchmuskeln (schraffierter Bereich)

Die Hände spüren nun die »Atembewegung« dieser Muskeln. Beim Ausatmen drücken Sie die Hände, also auch die Daumen, in die schrägen Bauchmuskeln. Zum Reinlassen der Luft drücken Sie – von innen erweiternd – die Muskeln heraus. Dabei erweitert sich der untere Raum ellipsenförmig, und der Bauch dehnt sich nur wenig nach vorne, aber mehr zur Seite.

Dies wird einige Male wiederholt. Die Übung ist im Sitzen einfacher, aber auch im Liegen mit aufgestellten Beinen sehr gut durchführbar. Wichtig ist, daß die Finger vorne wirklich flach auf den größeren Anteilen der schrägen Bauchmuskeln liegenbleiben. Diese beginnen an den Rektusmuskeln (s. S. 46) in der Mitte des Vorderbauches und verjüngen sich zum Rücken hin, wo der Daumen liegt.

Nun atmen Sie ganz bewußt, indem Sie in der Ausatmung beginnen, die schrägen Bauchmuskeln engzuziehen; dann weit machen und die Luft mit dem Gedanken »Ach wie schön« hereinlassen. Der Atem kommt also durch den Mund herein. Dann auf *fff* weich ausatmen, wobei sich die Muskeln vielleicht schon von alleine engziehen. Kleine Pause. Sie erweitern nun wieder gegen den Händedruck die Muskeln, und die Luft wird mit *haha* in die S e i t e n hereingenommen – nicht in Brust, Vorderbauch oder oberen Rücken.

I. Atemschulung nach J. Parow und M. Scheufele-Osenberg

Dies ist die richtige Bauchatmung und keine Vorderbauchbewegung, die dem Rücken und den dortigen Lungenanteilen sowie dem Zwerchfell keine Möglichkeiten zur Mitarbeit gibt.

- Übung für die richtige Bauchatmung – im Liegen

Bauchlage einnehmen mit leichter Neigung zur Seite und ein oder zwei Kissen unter dem Bauch. Bei Neigung zur rechten Seite wird das rechte Bein gestreckt und das linke angebeugt. Der Unterleib sollte locker sein.

Zunächst ruhig liegen und den unteren Bauchraum mit der Begrenzung durch Beckenboden und schräge Bauchmuskeln mit ihren verjüngten Teilen zur Wirbelsäule hin erspüren. Erfühlen, ob sich diese Muskeln mit einer leichten Bauchdehnung seitlich erweitern (daher »Ellipse«) und durch seitliches Einziehen verengen (Ausatmung). Soll dies nicht mehr bewußt gemacht werden, kann man durch Ausatmung auf *sss* – summendes *s* – merken, daß sich die schrägen Bauchmuskeln allein einziehen. Sie werden die Empfindung dafür bekommen, daß sich die »Bauchatmung« (im Gegensatz zur Vorderbauchatmung oder »Vorderbauch-Akrobatik«) vom Rücken her zur Seite und dann zum Vorderbauch hin im Dehnen und Zusammenziehen ellipsenförmig entwickelt (allerdings nur wenig).

Wenn Sie diese Bauchatmung ausführen wollen, ist es wichtig, auf verschiedene »Längen« zu atmen. Beispiel: Bei der Ausatmung (Mund) zählen Sie bis 5 – 6 ist »Pause« (d. h. Atem auslaufen lassen); bei der Einatmung (Mund) zählen Sie bis 3. Bei der Ausatmung auf 5 (auf *sss* oder *fff*) – 6 ist Pause – ziehen sich die Muskeln schon allein ein. Dann erfolgt wieder Einatmung mit Zählen bis 3 durch »Öffnen« der Muskeln.

Nun versuchen Sie, beim Ausatmen bis 7 zu zählen (z. B. auf *fff*), 8 ist Pause. Jetzt beim Einatmen – sofort schnell weit machen – bis 4 zählen; wieder bis 7 ausatmen – dosieren; danach eine Pause machen (Dreierrhythmus, jetzt künstlich hergestellt); weit machen und bis 4 zählen, 5 ist Pause. Das Einatmen ist immer kurz. Um so mehr müssen Sie die Muskeln erweitern und den Raum öffnen, damit die Luft schnell und leicht hereinkommt.

Anschließend dasselbe noch einmal, aber 3 »aus«, 4 Pause, 1 »ein« – und zwar mit dem Mund. Die Lippen etwas vorwölben, so als hätte man den Daumen im Mund gehabt. 3 »aus«, 1 kurz »ein«. Dann 5 »aus«, 6 Pause, 3 »ein«. Alles spielt sich im unteren Raum ab. Auf keinen Fall die Atmung bis in den mittleren oder oberen Raum führen. Versuchen Sie, mit dem Atemgeschehen im unteren Raum zu bleiben.

Sie merken bei größeren Längen wie 10 »aus« und 5–6 »ein«, daß sich der mittlere Raum mitbewegt. Dieser wird also im Stehen, Liegen, Sitzen wie eine Ziehharmonika erweitert und verengt. Achtung: Ein zusätzliches Heben des Brustkorbs darf nicht erfolgen (alte Gewohnheiten schleichen sich leider immer wieder ein).

Diese Atmung auf verschiedene Längen wurde jetzt mit »Mund aus – Mund ein« ausgeführt, kann aber auch mit »Mund aus – Nase ein« (lautlos wie an einer Blume riechend) oder »Nase aus – Nase ein« erfolgen. Die Nasenatmung müßte vorher geübt werden. Da die Ausatmung durch die Nase schlechter hörbar ist, muß die sogenannte »Pause« länger sein. Statt auf 1 lassen Sie die Ausatmung bis 3/4 auslaufen bei bewußter Entspannung des Körpers.

Nun gönnen Sie sich etwas Ruhe. – Langsam auf den Rücken rollen, sich recken, strecken, dehnen und gähnen.

- Die richtige Bauchatmung

Sie sitzen auf einem Hocker – 1 bis 2 cm hinter den Sitzhöckern, also zur Hälfte auf dem After – und lassen in den Schultern los. Sie fühlen sich am Kopf wie eine Marionette hochgezogen und »lassen sich nieder« im Becken. Die Augen sind geschlossen. Sie konzentrieren sich auf die schrägen Bauchmuskeln, ohne sie mit den Händen zu umfassen, und auf die schmaleren Teile dieser Muskeln zur Wirbelsäule hin, wo bei anderen Übungen der Daumen lag. Bei leicht geneigtem Kopf erspüren Sie die Ein- und Ausatmungsbewegung im Bauch-Beckenbereich.

Nun konzentrieren Sie sich auf die Nasenatmung. Durch die Nasengänge ergibt sich ein Einatmungswiderstand, durch den im Zusammenspiel mit der Zwerchfellbewegung der Unterdruck im Brustkorb verstärkt wird und die Luft einfällt. Das Zwerchfell hat sich abgesenkt, drückt die Bauchorgane zusammen nach unten in den Beckenboden, wobei sich das Beckenzwerchfell hebt – gegen den Druck von oben. Dies zu wissen, ist außerordentlich wichtig, denn Sie haben nun von der Naseneinatmung über das Zwerchfell bis in den Beckenboden das Gefühl, als würden Sie die Luft von den oberen Nasengängen bis in das Beckenzwerchfell, in die tiefsten Räume des Bauches füllen.

7.8.2 Muskel- und Atemarbeit im mittleren Raum

- Seitliches Rippenspreizen I

Seitenlage einnehmen, Kissen unter den Kopf und eine Rolle unter den Rippenbogen legen, Beine etwas anwinkeln.

Der obere Arm wird angebeugt, das Handgelenk angewinkelt und die Handfläche so auf die Seite der unteren Rippen gelegt, daß die Finger nach vorne zeigen.

Nun wird durch leichte Druck- und Lösungsbewegungen der Handfläche der Rippenbogen gelockert.

Bei jedem Druck der Hand wird jetzt der Rippenbogen nach unten innen gedrückt, 3- bis 4mal, wobei immer etwas Luft entweicht. Dann spreizen Sie die Rippen, d. h., Sie heben sie muskulär, so daß sich der Raum seitlich wieder weitet und die Luft hereinströmen kann.

- Seitliches Rippenspreizen II (Variante)

Nach jedem Engdrücken des Rippenbogens wird auf *sch* ausgeatmet. Beim kurzen Lockern der Hand (minimales Heben des Rippenbogens) wird eine ganz geringe Luftmenge hereingelassen. Das *sch* und das geringe Zwischenheben des Rippenbogens wird 3- bis 4mal ausgeführt.

Bei diesem Rippenspreizen als Elastizitätsübung ist auf eine unterschiedliche Handhabung je nach Form des Brustkorbes zu achten. Bei breit bleibendem Brustkorbrand (s. Abb. 46) – bei Männern öfters der Fall – muß mehr Gewicht auf das Verengen beim Ausatmen und weniger auf das Erweitern beim Reinlassen der Luft gelegt werden. Bei eng und steif bleibendem Brustkorbrand (s. Abb. 45) – was häufiger bei Frauen vorkommt – muß sehr stark muskulär an der Erweiterung des ganzen zweiten Raumes (schon an der Wirbelsäule beginnend) gearbeitet werden.

Den Handrücken des oberen Armes schieben Sie ohne Handdruck zur Wirbelsäule hin auf den mittleren Rücken und fühlen, ob sich die Rippen – die an der Wirbelsäule Hebe- und Senkelemente haben – von selbst vom mittleren Rücken aus nach oben spreizen und nach unten senken können. Helfen Sie willkürlich mit.

- Übung für Menschen mit Tonnenbrustkorb und gesenktem Brustbein

Eutonische Sitzhaltung einnehmen. Deuser-Band[18] (oder Gürtel) um die unteren Rippenbögen legen, Schultern möglichst locker lassen.

Im Ausatmen ziehen Sie das Deuser-Band enger, folglich kommen die Rippenbögen näher an den Körper, wobei sich das Brustbein und der Brustkorb anheben müssen (das Zwerchfell steigt hoch), ohne daß der Rücken eingezogen wird. – Vorsicht: Bauch nicht einziehen!

- Rippenspreizen im Rücken

Sollten Sie ein Hohlkreuz haben, wird Ihnen die folgende Übung zunächst nicht gelingen. Sie müßten dann zuerst an Ihrem Hohlkreuz arbeiten, um es beweglicher zu machen (Übungen Abrollen, Vierfüßlerstand s. S. 75).

---

18 Das Deuser-Band ist ein ca. 5 cm breites Gummiband, erhältlich in Sportgeschäften.

7. Das Übungsprogramm

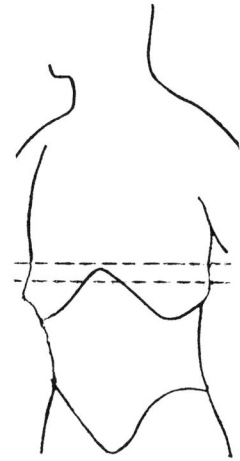

Abb. 52: Starker Brusthochatmer mit ständig weit stehendem Brustkorbrahmen beim Ein- und Ausatmen

Eutonische Sitzhaltung einnehmen. Handrücken beider Hände möglichst nah an die Wirbelsäule legen und andrücken. Schultern möglichst locker, Nackenband ist gestreckt.

Ziehen Sie die Rippen während der Ausatmung – vom Rücken ausgehend – zusammen. Senken Sie die Rippen dabei wie ein Vogel, der seine Flügel zusammenlegt, und spreizen Sie sie dann – beim Einatmen – wieder muskulär auf wie ein Vogel, der seine Flügel hebt (Abb. 30). Die Luft fällt nun in den sich erweiternden Innenraum hinein. Während dieser Spreiz-Hebe-Bewegung ziehen Sie den Steiß unter – wie in den vorigen Übungen gelernt (Vergleich: ein Hund, der den Schwanz zwischen die Beine nimmt) – und machen sich bewußt, daß die vier dicken Lendenwirbel, an denen die drei Ursprünge des Zwerchfells befestigt sind (s. Abb. 16), geradegehalten werden müssen. Diese Stelle darf beim Heben und Senken Ihrer »Flügel« auf keinen Fall mit eingezogen oder herausgedrückt werden.

Beim Üben zu zweit – eine Person sitzt auf dem Hocker, die andere kniet dahinter – drückt die kniende Person ihre Hände der sitzenden Person auf den mittleren Rücken. Für den späteren Stützvorgang trainieren Sie nun das Spreizen der Rippen in der Ausatmung (!), und nach dem Senken der »Flügel« lassen Sie die Einatmungsluft in andere Räume hereinkommen.

Zum Bewußtmachen und Erspüren des Lendenwirbelbereichs stellen Sie sich mit dem Rücken an eine Wand und drücken die Lendenwirbel dagegen, wobei der Oberkörper nicht angelehnt wird. – Das Zwerchfell selbst kann sich bis zu 9,5 cm in den Brustkorb hochwölben bzw. absenken. Wegen der vielen kleinen kurzen und schnellen Bewegungsabläufe, die das Zwerchfell neben einer ruhigen Atmung zusätzlich ausführen muß, braucht es einen festen Halt im Lendenwirbelbereich. Stellen Sie sich einen Drachen vor, der sich stark bewegt, und daß Sie – am Boden stehend – diese Bewegungen zügeln und den Drachen halten müssen.

Versuchen Sie einmal, mit einem Hohlkreuz das Heben und Senken der Flügel auszuführen. Sie werden feststellen, daß sich die Hebe- und Senkelemente an der Wirbelsäule nicht genug bewegen lassen; statt dessen werden oft fälschlicherweise die Schultern mit angehoben.

I. Atemschulung nach J. Parow und M. Scheufele-Osenberg

Die meisten Menschen sind gewöhnt, die Luft »einzufüllen«, und das gibt ihnen ein gewisses angenehmes Gefühl. Nun aber sollen sie die Luft h e r - e i n l a s s e n , was ihnen kaum diese Befriedigung verschafft. J. Parow sagt in seinem Buch *Stimmschulung*[19], daß es nur dem Sänger erlaubt ist, nach dem Herein l a s s e n der Luft noch etwas Luft zusätzlich hereinzu n e h m e n , wenn die nachfolgend zu singende Passage länger ist als die vorhergehende.

- Seitliches Rippenspreizen als »Pumpatmung«

Rückenlage, Knie angebeugt. Ein kleines Kissen unter das Gesäß legen, so daß der untere Rücken aufliegt.

Sie atmen auf *sch* aus, drücken Ihre Fäuste seitlich auf die Rippenbögen und lassen wieder locker. Durch das Erweitern von innen her strömt die Luft durch den Mund hinein. Dieser Vorgang wird mehrmals wiederholt. Das Einsaugen, Hineinpumpen, »Hineintun« der Luft ist gefährlich, weil es das Zwerchfell und die Kehle blockiert.

- Brust heben im Ausatmen

Eutonische Sitzhaltung oder »Sockelstellung«. Der Rücken – nicht der Kopf! – nimmt Kontakt mit der Wand auf und darf sich während der Übung nicht einziehen. Beide Fäuste auf die Brust neben das Brustbein legen, auf *sch* ausatmen und dabei bewußt die Brust heben. Anspannung wieder lösen und mehrfach wiederholen. Diese Übung dient der Kräftigung der Brustmuskulatur.

- Nasenfunktionstraining

Die Nasenfehlfunktion bei Asthma und chronischer Bronchitis wird teilweise verursacht durch die Unfähigkeit, durch die oberen Nasengänge zu atmen. Hier ist folgende Übung hilfreich:

In großen, kräftigen Schüben mit – eventuell manuell – verengten Nasenflügeln ausatmen. Hierbei verengt sich der mittlere Rumpf (Taille), und die Brust hebt sich.

Beim Einatmen wird sich der mittlere Rumpf automatisch weiten. Die Luft strömt lautlos durch die sechs Nasengänge ein – mit der Vorstellung, die Luft »bis unters Dach« hochzuholen (Alternativvorstellung: an einer Blume riechen).

---

[19] J. Parow 1975

7.8.3 Muskel- und Atemarbeit im oberen Raum

Nach Parow muß der Brustkorb entspannt und beweglich gemacht, seine Muskulatur in jedem Fall intensiv gekräftigt und seine Form unter Umständen verbessert werden. Bei den Übungen ist darauf zu achten, daß
- die Wirbelsäule völlig ruhig gehalten wird,
- der Atem nicht angehalten wird,
- der Brustkorb sich nach jedem Anspannen völlig entspannt,
- die äußere, auf dem Brustkorb gelegene Muskulatur des Schultergürtels sich nie mit anspannt und löst (s. Abb. 61).

Bei den folgenden Übungen werden Muskelgruppen unabhängig voneinander trainiert.

- Hecheln

Diese Hechelübung dient dazu, den Brustkorb im oberen Brustbeinbereich beweglicher zu machen. Sie ist eine der wenigen Übungen, bei denen – im Gegensatz zu dem bisher Gelernten – während der Einatmung die Brust gehoben wird.

Heben Sie den oberen Brustkorb – also ohne die Rippenbögen – beim Einatmen in zwei bis drei ganz kleinen Hebestufen hoch, und senken Sie schnell mit Ausatmen auf *ho* (auf 1) ab. Reißen Sie muskulär den Brustkorb wieder hoch, atmen Sie ein, und hecheln Sie nun wie ein Hund bei angespanntem Hochhalten des Brustkorbes. Mit diesen oberen starren Brustkorbanteilen atmen Sie: aus – ein – aus – ein – aus – ein und lassen den Brustkorb zum Abschluß wieder lösend und entspannend fallen.

Achten Sie bei der Ausführung der Übung darauf, den Rücken nicht mit zu bewegen. Auch die geraden Bauchmuskeln dürfen nicht mit hochgezogen und abwärts gedrückt werden. Das ist sehr schwierig, da sie am unteren Teil des Brustbeins in voller Breite beginnen und am Schambein enden.

Das Erlernen dieser Übung ist sehr wichtig, da sich sonst beim geringsten Brustheben im Ausatmen die Bauchmuskeln mit einziehen. Diese müssen jedoch frei bleiben, da dort, wo Zwerchfell-, Bauchwand- und innere Brustmuskulatur ineinandergreifen, die diffizilsten Prozesse beim Singen und Instrumentalspiel stattfinden.

- Durchmesserübung

Eutonische Sitzhaltung. Eine Faust auf das Brustbein und den Handrücken der anderen Hand zwischen die Schulterblätter legen.

Im Ausatmen auf *schuuuuh* oder *wwwwww* runden Sie erst die Wirbelsäule nach außen – stellen Sie sich vor, hinter Ihrem Handrücken einen Katzenbuckel zu machen –, und heben Sie dann vorne das Brustbein an. Dadurch vergrößert sich eine imaginäre Linie (der Durchmesser) zwischen beiden Händen. Bauch dabei nicht einziehen!

- Sagittaler Durchmesser

Eutonische Sitzhaltung. Der Steiß wird ohne Muskelanspannung untergezogen; unteren Katzenbuckel bilden. Die Muskulatur zwischen den Schulterblättern erweitern (Haltung im unteren Bereich nicht verändern!) und schließlich das Brustbein heben, ohne daß der Bauch eingezogen wird.

- Schräger Durchmesser

Eutonische Sitzhaltung. Von den Lendenwirbeln bis zum epigastrischen Dreieck (s. Abb. 32) wird wieder – vom Rücken ausgehend – unter Beibehaltung der Rückendehnung die Muskulatur des Brustkorbes vorgewölbt.

- Rippen-eng-Ziehen mit Brustbein-Heben

Rückenlage einnehmen. Ein Kissen unter den Steiß und ein Kissen unter den Kopf legen, die Beine aufstellen.

Beide Hände werden auf die vorderen Rippenbögen gelegt und drücken im Ausatmen die Rippen enger. Gleichzeitig heben Sie das Brustbein, ohne daß sich Bauchmuskeln und Rücken einziehen.

Achtung: Es sollten sich dabei die Schulterblätter leicht auf den Boden drücken und weiten.

7.8.4 Muskel- und Atemarbeit in allen drei Räumen gemeinsam – Vollatmung

Die Vollatmung führen Sie am besten in der Mittagspause aus, um frisch zu werden, oder am Abend, wenn Sie noch etwas vorhaben.

Die Arme entspannt neben dem Körper ablegen, die Hände nicht auf den Körper legen. Das Gesicht entspannen, Unterkiefer lösen, Zunge lockern. Der Mund bleibt geschlossen. Die Augen schließen, die Augäpfel entspannen, indem Sie sie »in den Kopf ablegen«. Nun versuchen Sie, sich selbst zu erfahren: Wo atmet es bei mir? Lasse ich den Atem walten, oder übernehme ich ihn selbst? Senkt sich immer noch meine Brust während der Ausatmung? Erweitert und verengt sich mein Rumpf seitlich und im Rücken wie eine Ziehharmonika? Oder hebt und senkt sich – nach alter Gewohnheit – nur die Brust oder der Bauch? Wenn letzteres der Fall ist, lenken Sie – denkend

7. Das Übungsprogramm

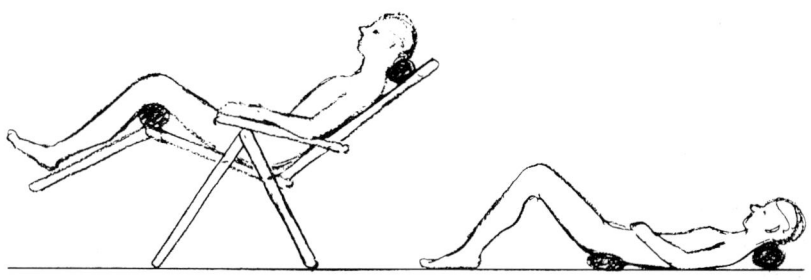

Abb. 53: Richtige Lagerung a) im Liegesessel b) im Bett oder auf dem Boden

– auf den richtigen Weg: Sie beginnen mit der Ausatmung und lassen dabei den Rumpf sich langsam verengen und die Brust leicht heben. Der Schultergürtel bleibt in der weiteren Folge ruhig stehen. Nun weiten Sie, wie im Muskeltraining gelernt, die Rumpfmuskulatur, um den Atem hereinzulassen bzw. dem Zwerchfell den Weg zu öffnen.

Inzwischen ist Ihr Wissen eine Hilfe, und Sie vergegenwärtigen sich nun, daß sich die zwölf Rippenpaare von der Wirbelsäule aus heben und senken können – wie Flügel – und daß sich der Brustkorb von weit unten hinten, über die Seiten bis hoch zum Brustbein erweitern muß wie ein Mantel, der Sie von hinten und seitlich umhüllt bis zum Brustbein, aber die Vorderpartie frei läßt.

Beim Atemvorgang spielen sich die Bewegungen des Zwerchfells in der Waagerechten ab, während die senkrechten Bauchmuskeln (Rektusmuskeln), die vom Brustbein bis zum Schambein verlaufen, keine eigene Atembewegung ausführen dürfen, sondern im Prinzip nur die Bauchorgane zurückhalten. Bewegungen im vorderen Bereich sind nur die Ausläufer der großen Bewegungen des Zwerchfells und der Muskulatur im Rücken und in den Seiten, z. B. bei Vibrationen.

Um nun die Vollatmung auszuführen, atmen Sie zuerst kurz aus. Dann ziehen Sie den Steiß unter bzw. richten das Becken auf und erweitern zur Einatmung langsam den unteren, den mittleren (seitlichen) und den oberen Raum, d. h., die Rippen werden langsam von unten nach oben aufgefächert bis unter das Schlüsselbein.

Haben Sie nun alles von unten nach oben erweitert, dann haben Sie bewußt dem Zwerchfell einen riesigen Raum, nämlich den ganzen Rumpf, geschaffen. Dieses Fühlen und Wissen läßt Sie den Durchmesser Brustbein/Wirbelsäule als letztes erweitern und – sehr wichtig – den Bauchraum weit erhalten, da das Zwerchfell beim Einatmen seinen Druck nach unten beibehalten muß.

Erst im schnellen oder langsamen Ausatmen – wobei sich das Zwerchfell in den Brustraum hebt – nehmen wir eine Verengung des gesamten Rumpfes und ein Heben des Brustkorbs vor. Die Bauchstreckmuskeln dürfen sich dabei nur wenig einziehen. Das Verengen geht wie mit und in einem rückwärtigen und seitlichen Korsett vor sich. Der vordere Bauch muß relativ locker bleiben.

Diese Vollatmung läßt sich auch von oben beginnen, d. h. vom oberen zum mittleren bis zum unteren Raum ausführen. Es können auch nur zwei Räume beatmet werden, und zwar von der Mitte zum Bauchraum oder vom Bauchraum zur Mitte.

Eine besondere Rolle fällt im allgemeinen und besonders bei dieser Übung dem D r e i e r r h y t h m u s (Ausatmung – Pause – Einatmung) zu. Hierbei ist es wichtig, daß die Pause nach der Ausatmung nicht geführt oder gewollt verlängert wird, sondern ein Spiegelbild der momentanen seelischen und körperlichen Situation ist. So kann es auch vorkommen, daß das Atemzentrum direkt nach einer ganz kurzen Ausatmungspause erneut zu einer Einatmung zwingt, bis wir innerlich ruhiger geworden sind.

Bei der oben beschriebenen Vollatmung wird »Nase aus – Nase ein« geatmet oder »Mund aus – Mund ein«, eventuell auch »Nase ein – Mund aus« mit Ton.

7.9 Vorübungen zur »Stütze« (elastische Spannhalte)

- Vorübung zur Haltekraft des Fundaments

Sie stellen sich mit dem Rücken an eine Wand. Die Knie sind locker, das Becken aufgerichtet (wenn das Gesäß dick ist, müssen die Knie erst einmal unnatürlich stark gebeugt werden). Die Lendenwirbelsäule wird gegen die Wand gedrückt, der obere Rumpf wird leicht demütig nach vorne geneigt ebenso wie der Kopf.

Diese Stellung macht eine Haltekraft deutlich vergleichbar einem Baumstamm mit seinen Wurzeln und einer sich stark bewegenden Krone. Zudem ist diese Stellung ideal für Menschen, die beim Singen oder Instrumentalspiel lange stehen oder sitzen müssen.

- »Liegende Triangel« (Urheber Pierre W. Feit)
Eine Vorübung für die Haltekraft des Fundaments ist die »liegende Triangel«. Diese Kraft kann entstehen, wenn Sie den untersten – und nur diesen! – Bereich des Bauchstreckmuskels (Rektusmuskel) dort, wo er am Schambein ansetzt, anspannen. Dadurch wird der Afterheber (Musculus levator ani), der vom Schambein zum Steißbein verläuft, aktiviert, d. h., er hebt sich. Dabei ist zu beachten, daß die Beckenkippe sowohl in stehender als auch in sitzender Position erhalten bleibt (s. S. 66ff.).

Unter »liegender Triangel« versteht man nun, daß der angespannte untere Anteil des Bauchstreckmuskels wie ein Haken wirkt, der die Stellung stabilisiert, so daß die seitlichen Bauchmuskeln und der Rücken sich nach außen dehnen können und durch das »Angehaktsein« im vorderen Bereich die Spannung und Dehnung in Seite und Rücken über die Dauer des gesamten Spielens, Singens oder Sprechens bestehen bleiben. Der Rumpf aber kann in seiner elastischen Spannhalte, ehemals »Stütze« genannt, beweglich sein.

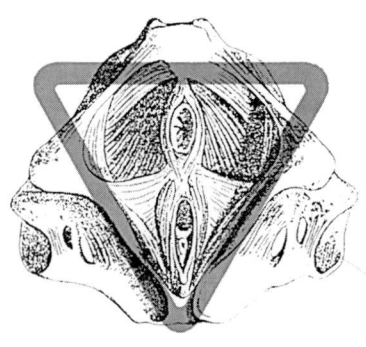

Abb. 54: »Liegende Triangel«

- Finden des Balancemuskels I
Sie stellen sich auf die Zehenspitzen. Eine zweite Person steht hinter Ihnen und stößt Sie kräftig an. Dabei ist zu beachten, daß der Körper beim Vorwärtsfallen aufgerichtet bleibt. Sie müssen sich dabei den Anteil der Bauchmuskulatur bewußtmachen, der sich in dem Bestreben, nicht umzukippen, anspannt.

- Finden des Balancemuskels II
Sie stellen sich auf ein Bein, legen den Fußrücken des anderen Beines bei weichem Standbein an die Ferse und atmen. Danach stellen Sie sich wieder auf beide Füße.
Es ist zu empfehlen, diese Übungsposition anfangs über längere Zeit beizubehalten, um bei schnellem Atmen die richtige Körperhaltung für die ausbalancierte Atemführung sicher zu finden.
Haben Sie bei diesen Übungen nur die geringste Hohlkreuzstellung, so kann die Kraftrichtung, vom Zwerchfell ausgehend, nur auf die schwächeren Stellen der Beckenbodenmuskulatur (s. Abb. 13b) wirken und bei zu star-

ker Belastung Inkontinenz hervorrufen. Stuhlinkontinenz kann auch als Folge der (falschen) Vorderbauchstütze auftreten, weil bei Anspannung der Vorderbauchmuskulatur wie bei der Bauchpresse der After unter dem Druck aufgehen kann.

Es folgen nun spezielle Übungen zur Lokalisierung der Muskelgruppen des Beckenbodens (s. S. 30f.). Sie sollen es ermöglichen, ein Gefühl für die Beckenbodenstruktur zu gewinnen und durch gezieltes Training eine systematische Kräftigung zu erreichen – eine wichtige Voraussetzung zur Erlangung der »Stütze«[20].

- Erfahrungsprobe mit dem Beckenboden
Die Anspannung und die Reaktion des Beckenbodens spiegeln sich in unserem Erscheinungsbild. Der Beckenboden ist ein Spiegelbild unseres Selbstwertgefühls. – Sie sitzen völlig entmutigt und in sich zusammengesunken auf einem Stuhl. Das Gesicht ist auf den Boden gerichtet. Jemand sagt: »Kopf hoch!« Sie heben zwar den Kopf, aber an Ihrem Allgemeinzustand wird sich herzlich wenig ändern. Verändern Sie nun zusätzlich die Haltung, z. B. hin zu einer eutonischen Sitzhaltung. Sie werden feststellen können, daß diese Veränderung auch Einfluß auf Ihre Stimmung hat.

- Anspannen der untersten Beckenbodenschicht
Nehmen Sie die eutonische Sitzhaltung ein. Versuchen Sie ganz zaghaft, die unterste (äußere) Muskelschicht zusammenzukneifen. Achten Sie darauf, daß die Oberschenkel- und Gesäßmuskulatur nicht angespannt wird. Sind Sie dabei erfolgreich, können Sie das Anspannen der Muskelschicht weiter steigern.

- Aktion und Reaktion zwischen Reflexpunkt und Muskel
Der Reflexpunkt für den Afterschließmuskel ist in der Kehle lokalisiert. Um die Aktion und Reaktion zwischen Reflexpunkt und Muskel zu erfahren, gehen Sie so vor: Sie sitzen auf einem Stuhl und atmen ruhig. Der Beckenboden ist weich und locker. Nun atmen Sie kurz ein, schließen den Rachen und sagen krächzend und mit Nachdruck *urrrr*. Der After schnürt sich zu. Nun öffnen Sie den Rachen und sprechen ein melodisches tiefes *ooohhh*. Der After löst sich und wird wieder weich.

---

[20] Ich danke Annabelle Bockamp für diese Übungen zur Beckenbodenmuskulatur.

7. Das Übungsprogramm

- Stimulation des Reflexpunktes – unterste Beckenbodenschicht
  (»Insgeheim«-Übung)
  Den Reflexpunkt für den U-Muskel und den Blasenschließmuskel finden Sie auf der Stirn zwischen den Augenbrauen. Die Übung dient der Stimulation dieses Punktes. – Sie setzen sich bequem auf einen Stuhl und atmen ruhig in den Rücken. Die Arme und Schultern werden beim Ausatmen gelockert. Sie ziehen die Augenbrauen zusammen und lockern sie wieder. »Insgeheim« spüren Sie eine Reaktion im Beckenboden. Nun kneifen Sie die Augen zusammen und lassen sie dann nur einen Spalt breit geöffnet. Sie sollten versuchen, mißtrauisch zu schauen. Spannen Sie den Beckenboden in Richtung des Schambeins an. Nun lösen Sie die Spannung im Gesicht, und »insgeheim« löst sich auch die Anspannung im Beckenboden. Falls diese Übung nicht sofort gelingt, sollten Sie etwas Geduld haben. Wahrscheinlich herrscht eine zu hohe Grundspannung im Beckenboden vor.

- Erfahren und Stärken der mittleren Beckenbodenschicht
  Nehmen Sie die eutonische Sitzhaltung ein, und spannen Sie zuerst die untere Beckenbodenschicht an. Wenn Sie jetzt eine noch größere Spannung in diese Muskelgruppe bringen, spüren Sie, wie sich die Sitzbeinhöcker aufeinander zu bewegen. Nun entspannen Sie wieder. Es ist darauf zu achten, daß die Übung langsam und geduldig durchgeführt wird.

- Stimulation des Reflexpunktes – mittlere Beckenbodenschicht
  Der Reflexpunkt für die mittlere Beckenbodenschicht liegt im Rücken zwischen den Schulterblättern. Um den Reflex an diesem Punkt erfahren zu können, bietet sich folgendes Vorgehen an: Sie nehmen wieder die eutonische Sitzhaltung ein und spannen die untere Beckenbodenschicht an. Nun schieben Sie die Sitzhöcker aufeinander zu und halten die so aufgebaute Spannung, während Sie ruhig weiteratmen. Aus dieser Position heraus versuchen Sie nun, zuerst das eine und anschließend das andere Bein zu heben. Achten Sie darauf, die Spannung beizubehalten. Drehen Sie dabei den Kopf langsam nach links und rechts. Bei dieser Übung muß der Rücken immer geradegehalten werden. Versuchen Sie nun einmal den Rücken zu krümmen. Sie werden feststellen, daß die Spannung sofort entweicht. Deshalb ist es besonders wichtig, beim Tragen von schweren Lasten, den Rücken geradezuhalten, da der Bauchraum so dem Druck standhalten kann.

- Stimulation des Reflexpunktes – innerste Beckenbodenschicht
  (Känguruh-Übung)
  Die Lokalisierung dieses Reflexpunktes befindet sich im Unterkiefer mit Zunge und Mund. Sie stellen sich vor, ein Känguruh zu sein. Sie stehen auf

einem Felsen und der Känguruh-Schwanz – vorzustellen als Verlängerung des Steißbeins – hängt auf der anderen Seite frei herunter. Dabei geben Sie mit der ganzen Körperhaltung nach. Das Becken kippt, die Schultern runden sich, der Kopf hängt, und Ihr Gesicht zeigt einen gelangweilten Ausdruck. Zur Erinnerung: Der Muskel der unteren Beckenbodenschicht verläuft entlang der Schwanzrichtung von vorne nach hinten. Der Beckenboden ist zur Zeit offen und locker. Nun versuchen Sie, den gelangweilten Ausdruck noch zu verstärken, und sagen dabei: »Wenn kalter Regen wieder fließt, die Nachtigall im Flieder niest.« Es entwickelt sich unwillkürlich ein Lachen, das automatisch von einer Veränderung der Körperhaltung begleitet wird. Das Känguruh hebt seinen Schwanz etwas höher. – Nun beginnen Sie nochmals mit der Ausgangssituation, nur lassen Sie den Schwanz jetzt noch viel tiefer fallen und spüren noch einmal nach, daß er wirklich schlapp herunterhängt. Diese offene Haltung macht Sie wehrlos, Sie sind körperlich und seelisch geöffnet. Nun lassen Sie den Schwanz ganz einfach locker nach rechts und links baumeln und halten ihn nach einiger Zeit in der Mitte wieder fest. Nun ist ein Anspannungsgefühl über dem Schambein und in den Leisten zu spüren.

Dieselbe Übung kann man auch umgekehrt durchführen, indem man den Schwanz hochhält und den Körper anspannt. So gelangen Sie in die »geschlossene Körperhaltung«. Sagen Sie wieder den Spruch auf, und spüren Sie nun, wie die Spannung sich löst.

7.10 Die »Stütze«

Dem Begriff der Stütze wird von J. Parow die ausgezeichnete Formulierung »elastische Spannhalte« entgegengesetzt. An diesem kräftigen Spannen sind – so Parow – sämtliche Elemente, die das Zwerchfell umgeben (Brustkorb, Rücken, Seiten und Vorderbauch), und – als Rückhalt für den Brustkorb – auch die Wirbelsäule gleichmäßig beteiligt.

Die minimale »Luftabgabe« bei der Tonerzeugung geschieht im Gegensatz zum gewöhnlichen Ausatmen nicht unter Nachlassen der Spannung, sondern im Gegenteil unter Haltung einer verstärkten Querspannung. Diese beginnt erst im mittleren Raum und setzt sich bis zum oberen fort.

Die vom Schambein ausgehenden, bis zum Brustbein laufenden Bauchstreckmuskeln (Rektusmuskeln) müssen oberhalb des Nabels locker bleiben; denn nach F. Husler *spielen sich vorne, wo Zwerchfell-, Bauchwand- und innere Brustmuskulatur ineinandergreifen, die subtilsten Vorgänge beim Singen* [und Instrumentalspiel] *ab*[21]. Als elastische Spannhalte des Rumpfes verbleiben

---

[21] Husler/Rodd-Marling 1978, S. 66

somit die starke Rückenmuskulatur, die kleinen inneren und die großen äußeren schrägen Bauchmuskeln, der Rippenrahmen, der vom Rücken über die Rippenbögen bis zum Brustbein reicht und an dem das Zwerchfell angewachsen ist, alle Rippen mit ihren Zwischenrippenmuskeln sowie die unteren Rektusmuskelanteile, die unmittelbar am Schambein ansetzen (s. »Triangel« S. 87). Alle diese Elemente müssen zur Unterstützung der Zwerchfellbewegungen elastisch sein, nachgeben und Halt geben können.

Das Zwerchfell hebt sich während der Ausatmung wie ein Hut hoch und zieht dabei da, wo es festgehalten wird (also am Rippenrahmen), besonders tief und stark im Rücken und an den Seiten die Wandungen an sich heran. Wenn das Zwerchfell den Impuls zum Einatmen bekommt und sich abflacht, wird der Rippenrahmen in voller Breite und Tiefe (sagittal) im Rücken vom Zwerchfell weggeschoben – ein wenig zur Seite und nach vorne bis zum Schwertfortsatz. Bei starker Senkung im Rücken und ins epigastrische Dreieck (s. Abb. 32) bildet das Zwerchfell eine Waagerechte. Auf dieser großen kreisförmigen Fläche können sich die rückwärtigen großen Lungen ausgiebig entfalten, wodurch eine große Atemkraft und Atemfülle entstehen kann.

Ich muß wohl nicht betonen, daß erst nach dem Reinlassen der Luft gleichzeitig mit dem Sprechen, Singen oder Instrumentalspiel die Spannhalte in ihrer Funktion beginnt.

Im Falle einer Zwischenatmung wird über den Rippenrahmen abgespannt, wodurch das Zwerchfell hochschnellt und sogar noch Luft hinausschiebt. Nun wird der Rippenrahmen wieder erweitert, wobei das Zwerchfell sich wieder waagerecht stellt und eine große Luftmenge ohne viel Mühe hereinholt. Beim Abspannen darf auf keinen Fall der gesamte Rumpf einfallen, auch nicht die Brust. Es ist vielleicht nur ein kleines Senken und Heben am Brustbein erkennbar.

Beim geringsten Kippen des Beckens zum Hohlkreuz sowie bei einer Zwischenatmung, die nach alter Gewohnheit über die Bauch- oder Brustatmung getätigt wird, wird die Atem- und Haltekraft enorm verringert.

- Übung zur elastischen Spannhalte I

Basteln Sie sich einen Übungsbogen aus einer Holzleiste und einem dicken Gummi (s. Abb. 55). Den unteren Teil des Holzstückes umwickeln, um eine Art Griff zu bekommen (Holzleiste: Länge: 80 cm; Breite: 3 cm; Dicke: 2,5 cm; Länge des Gummis: ca. 1,05 m).

Sie stehen in Schrittstellung, die Knie nicht ganz durchgedrückt. Sie haben den kleinen Holzbogen auf das linke (bei Rechtshändern) oder rechte Knie (bei Linkshändern) aufgestellt und schauen ruhig und entspannt geradeaus wie auf eine Zielscheibe.

I. Atemschulung nach J. Parow und M. Scheufele-Osenberg

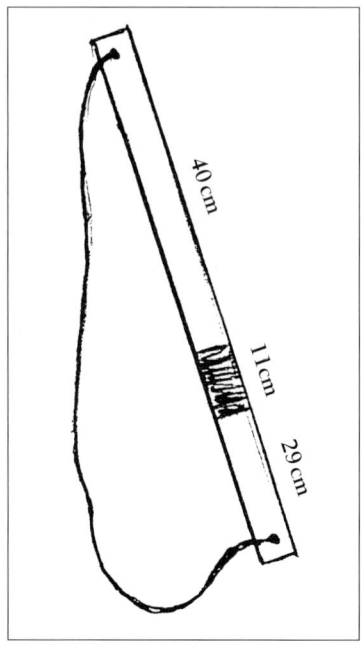

Abb. 55: Übungsbogen

Abb. 56: Zen-Mönch beim Bogenschießen

Sie atmen zu Beginn aus, werden dabei in den Lenden und seitlich langsam enger und heben – wie gelernt – langsam die Brust, damit sich das Zwerchfell mit aufliegendem Herzen hochwölben kann. Dann lösen Sie die leichte Anspannung im seitlichen Rumpf und an der Wirbelsäule in der Nachausatmungsphase (Dreierrhythmus). Nun erweitern Sie bewußt den Rumpf (Luft reinfallen lassen): zuerst im unteren, dann im mittleren Raum, wobei Sie das Becken leicht unterziehen, d. h. 1 bis 2 cm nach hinten kippen – im Sitzen bis auf die Hälfte des Afters!

Die starke Absenkung des Zwerchfells im Rücken und seitlich – wenig am Bauch – muß Ihnen in der Vorstellung bewußt sein, um die Atemmenge und -größe weniger in dem früheren genüßlichen Reinsaugen der Luft als vielmehr in einem Reinlassen der Luft in einen vergrößerten Raum (unteren und mittleren Rückenraum sowie seitlichen Raum) zu erleben. Das Zwerchfell zieht beim Absenken ebensoviel Luft herein, wie es vorher im Hochwölben herausbefördert hat.

7. Das Übungsprogramm

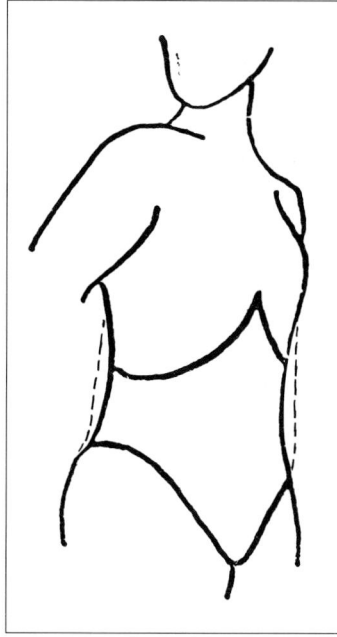

Abb. 57: Erweiterung des mittleren Rückenraumes und des seitlichen Raumes bei der Einatmung (gestrichelt)

Während dieses relativ schnellen Einatmens spannen Sie nun die angehobene Bogensehne bis unter das Kinn und weiter. (Rechtshänder haben den Bogen in der linken Hand auf dem linken Knie; die Sehne wird mit der rechten Hand gespannt.) Sie spüren den gesamten Rumpf in seiner Spannung von Beckenboden, Lenden, Rücken und Bauch. Sie schauen – den Kopf nach links drehend – auf die imaginäre Zielscheibe und lassen sich gleichzeitig inspirieren. Dabei spüren Sie ein noch stärkeres Erweitern – automatisch – ohne aktives Luft-dazu-Holen.

Jetzt führen Sie die gespannte Bogensehne langsam zu ihrer Ausgangsposition zurück und lassen ganz zuletzt los – mit dosiertem Ausblasen der Luft. Unsere Wahrnehmung von Geweitetsein und -bleiben und das langsame zügelnde Hergeben während einer Tonerzeugung (bei Sängern) ist nach J. Parow mit der Bezeichnung »elastische Spannhalte« funktionell richtig und besser als mit dem Begriff »Stütze« zu erklären; denn das Zwerchfell kann nicht gestützt werden, erst recht nicht durch Bauchmuskelaktivierung.

• Übung zur elastischen Spannhalte II (Variante)
Sie stehen wieder in Schrittstellung, atmen aus – Pause – atmen ein: Sie sehen geradeaus wie auf einen entfernten Punkt, heben den Übungsbogen vom Knie hoch und beginnen, die Bogensehne zu spannen bis unter die Nase und etwas weiter, aber dieses Mal mit Ausblasen der Luft oder Ausatmen über $u - o$. Abspannen des Endtones mit Nachgeben der Rumpfspannung. Dann läßt man die Atemluft sich wieder erneuern durch Erweitern des Rumpfes. Achtung: Dies geschieht nicht nur nach alter Gewohnheit vom Bauch aus, sondern als gesamtkörperliches Tun. Die Steuerung dieser großen Bewegung erfolgt von rückwärts her, wo sich die starken Ursprünge des

Zwerchfells und die Ursprünge der körperstreckenden Muskeln befinden. Vorne aber, wo Zwerchfell-, Bauchwand- und innere Brustmuskulatur ineinandergreifen, darf nicht angespannt werden.

7.11 Die Atempause

Warum ist die Ausatmung wichtiger als die Einatmung? – Es ist, so meine ich, keine Laune der Natur, daß wir unser Leben mit der Ausatmung beginnen. »Cum primo clamore« (»mit dem ersten Schrei«) wurde nach altem römischen Recht der Mensch Rechtssubjekt, und mit dem letzten Seufzer hauchen wir unsere Seele aus. Das sind die beiden Monumenta des Lebens, das Alpha und das Omega, manifestiert in der Ausatmung. Aber während wir durch das Leben gehen, ruft eine falsche Lehre den Menschen zu, sich möglichst vollzupumpen, möglichst viel einzuatmen, während man die Ausatmung völlig vergißt.

Daher dürfte es plausibel sein, daß wir der Ausatmung eine besondere Aufmerksamkeit schenken und sie wieder erlernen müssen. Ich sage deshalb »wieder«, weil wir das Ausatmen in frühester Kindheit gekonnt, aber dann vergessen haben.

Nach unserer Lehre ist die Atempause der konstante Ausdruck wirklicher innerer Entspannung; sie tritt nach der Ausatmung ein. Es ist dabei nicht notwendig, daß die Ausatmung gleich vollkommen ist (weil man die Ausatmung eben am Anfang noch nicht beherrscht). Schon ein geringes Ausatmen bewirkt im Körper eine bewußte Entspannung, der eine Pause folgen kann und oft auch folgt. Wie gut können wir das bei uns beobachten, wenn wir uns durch einen Seufzer (Ausatmung) erleichtert haben, woran anschließend eine wohltuende Ruhepause in Atmung und Körperbewegung eintritt. Diese Atempause ist in unserer heutigen pausenlosen, gehetzten Zeit eine wunderbare Medizin – als solche aber nicht oder nur wenig bekannt und vor allem nicht anerkannt, weil sie offenbar zu einfach ist.

Die Atempause hat zwei Komponenten. Die eine ist die tiefe innere Lockerung und die andere die aus dieser Gelöstheit in höchstem Maße entwicklungsfähige Konzentration. In dem Zustand der Pause überkommt den Menschen das herrliche Gefühl des In-sich-selbst-Ruhens, des Losgelöstseins von der Außenwelt, ja man kann sagen – ohne zu übertreiben – das unbewußte Gefühl, man sei völlig entmaterialisiert. In diesem Zustand nun, der durch bewußte Übung der Entspannung immer mehr vertieft und gesteigert werden kann, erhöht sich auch die Fähigkeit, sich im tiefsten Inneren zu konzentrieren, ich möchte sagen, innerste unbewußte Sinne zu wecken und zu steigern.

Immer da, wo wir unsere Sinne schärfen (z. B. auch wenn wir einen fliegenden Vogel oder ein Flugzeug scharf ins Auge fassen oder auf ein Geräusch, das uns interessiert, genau horchen), schaltet sich die Atmung automatisch ab, und der Mensch verharrt in einer sonst nie gekannten und gefühlten Atempause. Ansonsten ist für den angespannten Europäer die Atempause – zumindest in etwas längerer Dauer – unerreichbar und – wenn er sie erzwingen würde – qualvoll. Die Atempause gehört aber zur animalischen Atmungsfunktion, und das Tier – noch im unberührten Besitz dieses Vorgangs – zeigt uns dies deutlich.

Auch der Säugling befindet sich meist in einem Zustand der Pause, zumindest aber wiegen die Pausen, die er macht, die aktive Atmung auf. Jede Mutter kann bestätigen, daß das Kind plötzlich und schier unmotiviert mit dem Schreien beginnt, ebenso plötzlich aber wieder damit aufhört. Nun tritt sofort eine für uns unbegreiflich lange Pause ein, die das Baby mit der Bewegung der Ärmchen und Beinchen und auch des sonstigen Körpers ausfüllt. In dieser Atempause schafft sich das Kind die Muskulatur zum Sitzen, zum Stehen und Gehen. Das ist wahrlich eine schöpferische Pause, von der wohl viel geredet und geschrieben wird, die uns aber praktisch nur das Tier und der Säugling zeigen.

Es scheint, daß es auch im alten Rom zur beginnenden Kaiserzeit notwendig war, den Menschen die wirkliche Gelöstheit vor Augen zu führen. Cicero spricht in seinem Büchlein *De senectute* (*Über das Greisenalter*) von dem »homo relaxus« (dem »gelösten Menschen«). Er sagt wörtlich: »Der homo relaxus allein ist schöpferisch, ihm kommen die Gedanken wie Blitze.« Und ich möchte hinzufügen, daß andererseits aus dem verkrampften Menschen immer nur wieder Krampf kommen kann.

Eine selbstverständliche, aber doch sehr lehrreiche und interessante Feststellung ist es, daß der Schlaf in der Atempause kommt. Wer so verkrampft ist, daß er nicht einmal mehr unbewußt in den Zustand der Atempause gerät, ist ein schlechter Schläfer. Er ist der typische Schlafmittelkonsument.

Das Arbeiten an sich, wie es oft gefordert und gelehrt wird, muß wieder ein »Arbeiten in sich« werden. Zu diesem Arbeiten in sich gehört vor allem das Wiedererwecken der Hauptlebensfunktionen der Atmung und dabei das Erlebnis der Atempause.

Ist es nicht erstaunlich, daß ein Mensch, der in angespanntester Konzentration in den Motor seines Autos hineinhorcht, nicht in der Lage ist und auch gar nicht daran denkt, in sich selbst einmal mit der gleichen Intensität hineinzuhorchen und sich zu beobachten?

- Übungen zur Atempause
Für die Arbeit an der Atempause sind Za-Zen-Übungen zu empfehlen (vgl. Pater Lassalle 1983). Siehe auch 7.13 »Relaxierübungen und Zäsur«.

Da das Buch *Wunder des Atmens* von H. Egenolf (1983) seit vielen Jahren vergriffen ist, möchte ich wegen seiner Originalität und Einmaligkeit nachfolgende Absätze daraus »am Leben erhalten«[22].

7.12 Innervierungsübungen

Innervieren heißt anregen. Anregung des Zwerchfells durch stoßweises Ausatmen (das Zwerchfell mobilisieren). Wir wissen, daß das Zwerchfell bei der ruhigen Ausatmung höher und bei der stoßweisen Ausatmung paradox heruntergeht. Um diese Funktion rein reflektorisch zu erleben, genügt es, wenn wir – immer wieder zunächst nur liegend – die sogenannten »animalischen Reflexe« produzieren. Ohne besondere Einatmungsvorbereitungen versuchen wir, ein Licht auszublasen oder zu hüsteln (nicht husten) oder innerlich zu lachen (bei letzterem geht die Luft dann durch die Nase hinaus, und der Mund bleibt geschlossen). Wir fühlen sofort, daß bei diesen Übungen die seitlichen, inneren, schrägen Muskeln herausschnellen wie bei den Einatmungsübungen (Einschnüffeln), weil das Zwerchfell in diesem Falle in gleicher Weise herunterschlägt. Wenn wir diese Beobachtung gemacht haben, bringen wir das unbewußt Reflektorische in eine Norm, d. h., wir schnüffeln nunmehr zweimal ein – Brust dabei leicht hochhalten –, und dann folgt die stoßweise Ausatmungsübung auf *psch-psch* (Hühner wegjagen). Wir nennen dies »grobe Reflexe« [oder die seitliche Druckatmung].

Ähnlich sind die Übungen:
- *kss – kss* (Hund hetzen) oder
- *piff – puff* oder
- *Du – Schuft*.

Alle diese Übungen flüsternd ausführen mit guter Artikulation und kurz (aber nicht schnell). Jede Übung zunächst nur einmal: das heißt zweimal einschnüffeln und zwei Silben flüstern.

Diese groben Reflexe lösen wir dann ab durch sogenannte »feine Reflexe«. Wir schnüffeln also wieder zweimal ein und nun zweimal *pst – pst*. Hier sind die Zwerchfellbewegungen und die der Hilfsmuskeln zarter, d. h., bei

---

[22] Bei den Kapiteln 7.12 und 7.13 handelt es sich um Übernahmen aus H. Egenolf 1983, S. 26, 36f., 39f., 47f. Auslassungen bzw. Ergänzungen sind durch eckige Klammern gekennzeichnet.

den feinen Reflexen wird eben weniger Luft eingeatmet und ausgestoßen. Die Erfahrung hat gelehrt, daß sehr stark verkrampfte Menschen vor den groben Reflexen erst die feinen üben müssen, die sich anfangs nur zart andeuten, allmählich klarer herausbilden und dann in die groben Reflexe überführt werden können. Es ist immer wieder zu betonen, daß bei all diesen Übungen präziseste Lippenarbeit geleistet werden muß, d. h. volles Ausnutzen der Sprechwerkzeuge im Flüsterton.

Im Übungsschema (s. unten) ist eine Anzahl feiner Innervierungsübungen bzw. -silben aufgeführt. Auch hier werden die Silben allmählich zahlreicher und bei längerer Übung immer schneller ausgeführt. Es ist dann ganz deutlich eine stärkere oder schwächere Vibration der Bauchdecke zu beobachten. Zwischen den einzelnen innervierenden Silben oder auch Satzteilen soll dann immer eine Zäsur (s. S. 99) eingeschoben werden. Wir beobachten als Folge dieser Übungen dann, daß wir eine immer größere Silbenzahl feiner oder stärker hintereinander, ohne einzuatmen, innervieren können, so daß sich auch unsere stoßweise Ausatmung mehr und mehr verlängert. [...]

- Übungsschema zur Innervierung

Anregung des Zwerchfells durch stoßweises Ausatmen
(Das Zwerchfell hüpfen lassen.)

a) Animalische Reflexe
blasen, hüsteln, inneres Lachen

b) Grobe Reflexe
kss – kss! (Hund hetzen)
psch – psch! (Hühner jagen)
piff – puff!
Du – Schuft!

c) Feine Reflexe

Titus	Jede Silbe	Luftikus
pst – pst	spiegelt sich	Zitzewitz
tigge – tugge	im Zwerchfell	Missisippi
tikke – tukke	wider	Stieglitz zwitschert
Sixtus		Zittre Wicht
Pius		Still bist du Susi
Putbus		Du bist still Du Schuft
Stieglitz		Bitt für mich
Substitut		Der Priester flüstert: bitt für mich
Schulzefritz		
Einschnüffeln – Ausschnüffeln		

I. Atemschulung nach J. Parow und M. Scheufele-Osenberg

- Schnüffelübung

Eine in die Tiefe der Atmungsorgane einwirkende Übung ist noch das Ein- und Ausschnüffeln. Sie wird folgendermaßen gemacht: der Mund ist hermetisch geschlossen, und nur die Nase arbeitet. Zweimal einschnüffeln in den Rücken und in die Seiten, dann zweimal ausschnüffeln (ähnlich wie man sich die Nase putzt). – Fehler, die hierbei gemacht werden, sind meist derart, daß der Übende versucht, die Luft mit dem Kehlkopf (harter Glottisschlag) auszustoßen, so daß ein mehr oder weniger starkes Hüsteln entsteht. Die Luft muß frei durch den Kehlkopf hindurchgehen.

Beim »Schnüffeln« tritt ein Phänomen ein. Es verlegt sich nämlich der Atemschwerpunkt von einer Sekunde zur anderen vom Brustkorb, vulgär gesagt, hinunter zum Bauch, von »hoch« zu »tief«. Wir erleben schnüffelnd die wirkliche Tiefatmung. Bei diesem Vorgang wölbt sich zunächst äußerlich erkennbar und auch fühlbar die Bauchdecke vor. Indes können wir auch bei genauerer Beobachtung und etwas intensiverem Schnüffeln an unserem Körper wahrnehmen, daß sich gleichermaßen auch die Flanken herausdehnen, die Rückenmuskeln bewegt werden, daß die Wirkung sogar die Zwischenrippen erfaßt und zuletzt auch die Unterleibsmuskulatur angeregt wird.

Wenn wir nun dieses aufgetretene Phänomen näher beobachten, so ist folgendes dazu festzustellen: der äußere Vorgang der Anregung der verschiedenen soeben genannten Muskelgruppen hat seine Ursache in einem unerhörten Geschehen im Innern des Körpers. Alle diese Muskelgruppen werden nämlich in Erregung versetzt vom Zwerchfell. [...]

[Nach kürzerem Schnüffeln oder Sprechen ist eine Pause zwangsläufig die Vorstufe zum Wiedereinatmen. Die Pause gehört zum Dreierrhythmus. (Sch.-O.)]

Beim Üben der Pause wird sich der schlechte Atmer mit 2 bis 3 Sekunden Atemlosigkeit begnügen müssen und auch nicht mehr erreichen können. Es kann nicht genug betont werden, daß diese Übungen feinfühlig und ohne den geringsten Zwang ausgeführt werden müssen.

Nach Beendigung der jeweiligen Pause wird wieder, zweimal schnüffelnd, neu eingeatmet. Man kann für die Pause alle Relaxierübungen (Entspannungsübungen) verwenden, und es ist darauf zu achten, daß man nicht, um die Pause machen zu können, Ausatmungsluft noch bei sich behält, die man sonst noch ausgeatmet hätte.

Diese eben beschriebene Pause nennen wir die »Pause als Abschnitt«.

7.13 Relaxierübungen und Zäsur

relaxare = locker machen, entspannen
Lockerung durch Ausatmung

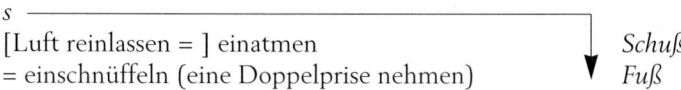

[Luft reinlassen =] einatmen
= einschnüffeln (eine Doppelprise nehmen)

Schuß
Fuß

[Der lange Pfeil stellt das lange Ausströmen des *s*-Tones dar, wobei am Ende z. B. noch ein kraftvolles, atemraubendes »Schluß« deutlich hörbar gesprochen werden muß. Achtung: Die Brust h e b t sich beim Ausatmen und Aussprechen.]

[Hintereinander zu sprechen:]
t(h)u – p(h)u
h – Luft hinaus
tu – pu – fu   3/4
ti – ti – tu – pu   4/4
ti – ti – tu – pu – fu   5/4
si – ti – ti – tu – pu – fu 6/4

Die Silben dehnen:
sisisi . . .
süsüsü . . .
sususu . . .

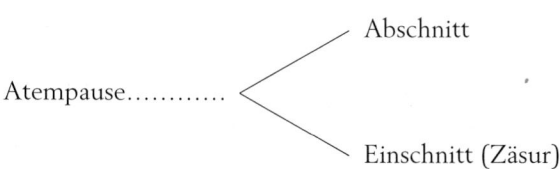

Atempause............ Abschnitt
                       Einschnitt (Zäsur)

Eine Erweiterung der Pause ist der sogenannte »Einschnitt« (Zäsur). Dieser Einschnitt wird genau so praktiziert wie der [...] Pausenabschnitt. Nur atmen wir dann nach der Pause nicht wieder neu ein wie beim Abschnitt, sondern versuchen, noch weiter auszuatmen unter Wiederholung der der Pause vorangehenden Relaxierübung. Hier ist besonders darauf zu achten, daß kein innerer Vorbehalt bei der Ausatmung gemacht wird, d.h. also, zu vermeiden ist folgende Erwägung: »Wenn ich nach der Pause noch weiter

I. Atemschulung nach J. Parow und M. Scheufele-Osenberg

ausatmen soll, dann atme ich eben bis zur Pause nicht alles aus und behalte eine Reserve.« Diese Einstellung kann im Anfang Geltung haben, um überhaupt sich an den ungewöhnlichen Vorgang zu gewöhnen, später aber muß danach getrachtet werden, tatsächlich bis zur Pause alles im Moment Verfügbare an Luft herauszugeben. Diese Zäsur bedeutet eine weitere Pause und damit eine Vertiefung der Entspannung. Nach längerer Übung können sogar mehrere Zäsuren gemacht werden. [...]

Nach dem in den vorigen Kapiteln Vorgetragenen wird nun der einfache, unkomplizierte Mensch fragen: »Ja, wie soll ich denn nun im täglichen Leben atmen, wenn ich spazierengehe oder sitze und arbeite oder sonst etwas tue? Ich kann doch nicht immer schnüffeln und sisisi flüstern!«

Nun, diese Frage hat ihre Berechtigung, sie beantwortet sich aber bei scharfem Nachdenken von selbst. Ich will aber auch hierzu eine allgemein verständliche Erklärung geben:

Wenn ich das Schnüffeln so sehr betont habe, so deshalb, weil, wie schon gesagt, der Tiefatemschwerpunkt sich rein reflektorisch mehr und mehr scharf markiert, d. h., wir fühlen den Beginn der Atmung stets »unten« tief. Immer mehr wird uns die Zwerchfellbewegung beim Einatmen zum M u s k e l g e f ü h l.

Ein vorzeitiges Hochziehen der Brust und Schultern wird nach einiger systematischer Übungszeit uns unangenehm, ja qualvoll, auf alle Fälle unnatürlich erscheinen. So wandelt sich allmählich das frühere Hochatmungsbedürfnis immer mehr zur natürlichen Tiefatmung.

Da ist es gleichgültig, ob ich gehe oder stehe oder sitze, ob ich arbeite, Auto fahre oder den Berg hinaufsteige. Immer wird das Tiefatmungs-Muskelgefühl uns beherrschen. [...]

So teilt sich dann die Zwerchfellbewegung der jeweiligen Muskulatur mit und bedient sich dieser als Hilfsmuskulaturen, so wie die Körperhaltung oder -lage es gerade erfordert. Wenn ich mich z. B. bücke, wird die Rückenpartie des Zwerchfells sich der außen ihm vorgelagerten Rückenmuskeln bedienen. Bei seitlicher Haltung wird die entsprechende Flankenmuskulatur vom Zwerchfell gesteuert. Und so kommen wir mehr und mehr zum p o s i t i v e n Gefühl der Zwerchfellbewegung, zu einem ganz neuen, elastischen Muskelbewußtsein. Ob ich dann die Luft »einschnüffele« oder »einziehe«, immer ist das Gefühl des Tiefatemschwerpunktes vorherrschend.

Es kann aber nicht genug betont werden, daß die Umkehrung des Atemschwerpunktes nach unten nur durch beharrliche und sachgemäße Übung, die in liegender Haltung beginnt und sich allmählich aufs Sitzen, Stehen und Gehen verlagert, erreicht werden kann. Das gilt vor allem auch für den

Sportler, dessen jeweiligen Körperbewegungen die Atmung sich bei bewußter Übung immer mehr anpaßt, und zwar in dem Sinne, wie wir es oben beschrieben haben [...].
Wirklich t i e f a t m e n d in jeder Lebenslage, fühlt der Mensch, wie der lebendige Atem seinen Körper von u n t e n n a c h o b e n wohlig durchflutet. [...]

Nachdem in den vergangenen Kapiteln wichtige Übungen vorgestellt wurden, sollen nun zwei modellhafte Übungsfolgen für die beiden häufigsten Fehlformen angeboten werden: für den »Brusthochatmer« und den »Bauchatmer«.

7.14 Modellhafte Übungsfolge für sogenannte »Brusthochatmer«

1. Der Brusthochatmer sieht sich zunächst die Abb. 4 an, die einen hoch atmenden Menschen darstellt. Da der Hochatmer zu richtigem Sitzen und Stehen »hinuntergeholt« werden muß:
   • Erlernen der eutonischen Sitzhaltung (s. S. 66).
2. Lockerung des Beckens als Vorarbeit zum festen Absitzen:
   • Übungen Beckenkreisen etc. (s. S. 106)
3. Arbeit am Beckenboden:
   • »Liegende Triangel« (s. S. 87)
   • Lokalisierung der Beckenbodenmuskeln und Übungen (s. S. 73 [II], 88ff.)
4. Der Brusthochatmer muß erkennen, daß er die Atmung diametral entgegengesetzt zu den richtigen Atembewegungen ausführt. Falsch: Senken des Brustkorbs während der Ausatmung. Richtig: Orientierung an den Bewegungen des Zwerchfells; dieses wölbt sich bei der Ausatmung hoch, d. h., auch der Brustkorb muß sich heben (s. S. 70f.); bei Einatmung: Zwerchfell senkt sich, und die Mitte des Körpers – Seiten und Rücken – müssen sich weiten. – Um die richtigen Bewegungen zu lernen, ist die Kräftigung der Brustkorbmuskulatur notwendig:
   • Brust heben im Ausatmen (s. S. 82)
5. • Muskel- und Atemarbeit im oberen Brustraum (s. S. 83)
6. Beim Brusthochatmer ist der Rippenrahmen, an dem das Zwerchfell angewachsen ist, starr und weit gehalten. Dieser muß wieder beweglich

gemacht werden, um dem Zwerchfell ein stärkeres Absenken und Hochwölben zu ermöglichen:
- Seitliches Rippenspreizen als »Pumpatmung« (s. S. 82)
7. • Rippenspreizen im Rücken (s. S. 80)
- Bewegen der zwölf Rippenpaare im Rücken (s. S. 106)
8. • Rippen-eng-Ziehen mit Brustbein-Heben (s. S. 84)
- Sagittaler Durchmesser (s. S. 84)
- Schräger Durchmesser (s. S. 84)
9. Bei vielen Brusthochatmern sind die Bauchmuskeln zu gespannt oder erschlafft:
- Schnüffelübung (s. S. 98) bei gespannten Muskeln
- Übung für die Rektusmuskeln (s. S. 76) bei erschlafften Muskeln
10. Trainieren der schrägen Bauchmuskeln, die den Körper bis zur Lendenwirbelsäule umfassen:
- Übung zur Stärkung der schrägen Bauchmuskeln (s. S. 76)
11. • Erlernen des richtigen Gehens (s. S. 69f.)
12. Wirbelsäulentraining mit Hilfe folgender Übungen:
- Javanerin I und Javanerin II (s. S. 65). Anschließend die »Gegenübung« ausführen, d. h., der Körper dehnt sich in entgegengesetzter Richtung.
13. • Arbeit mit der »Stütze« (s. S. 86f.)
14. • Nasenfunktionstraining (s. S. 82)

7.15 Modellhafte Übungsfolge für sogenannte »Bauchatmer«

1. Der Bauchatmer beginnt mit dem für ihn Wichtigsten: der Standfestigkeit und Wurzelkraft (Vorstellung) bezogen auf die Füße und das Becken.
   - Erlernen der eutonischen Sitzhaltung (s. S. 66).
2. Lockern des Beckens als Vorarbeit zum festen Absitzen:
   - Übung Beckenkreisen (s. S. 106)
3. Arbeit am Beckenboden:
   - »Liegende Triangel« (s. S. 87)
   - Lokalisierung der Beckenbodenmuskeln mit Übungen (s. S. 88ff.)
4. Der Hohlkreuzstellung des Bauchatmers muß entgegengearbeitet werden:

- Steiß-Kreuzbein-Übung (s. S. 73f.). Hinweis: Viele Kissen unter den Bauch legen, um das Hohlkreuz hochzuhalten, den Rücken besser erfahren zu können und die noch gewohnte Bauchatmung auszuschalten.
5. • In dieser Bauchlage nun auf verschiedene »Längen« atmen (s. S. 78).
6. Praktische Übungen, dem Hohlkreuz entgegenzuarbeiten:
   • Abrollen (s. S. 75)
   • Vierfüßlerstand (s. S. 75)
7. • Erlernen des richtigen Gehens (s. S. 69)
8. Da der Bauchatmer überdehnte Bauchmuskeln hat, müssen diese in eine elastische Spannhalte gebracht werden:
   • Übung für die Rektusmuskeln (s. S. 76)
9. Trainieren der schrägen Bauchmuskeln, die den Körper bis zur Lendenwirbelsäule umfassen:
   • Übung zur Stärkung der schrägen Bauchmuskeln (s. S. 76, 108 [8.3])
10. • Rippenspreizen im Rücken (s. S. 80)
    • Bewegen der zwölf Rippenpaare im Rücken (s. S. 108)
11. Wirbelsäulentraining mit Hilfe folgender Übungen:
    • Javanerin I und Javanerin II (s. S. 65). Anschließend die »Gegenübung« ausführen, d. h., der Körper dehnt sich in entgegengesetzter Richtung.
12. • Arbeit mit der »Stütze« (s. S. 86f.)
13. • Nasenfunktionstraining (s. S. 82)

8. Spezielle Hinweise zur Atmung beim Spielen von Blasinstrumenten

Bläser haben, ob Laie oder Profi, sehr intensiv mit Atmung zu tun. Die willentliche Steuerung der Atmung macht das Blasen erst möglich.

Die Interpretation eines Musikstückes verlangt nach musikalisch sinnvoller Gliederung, zu der die Atemführung genau überlegt sein will. Sich um das genaue »Wie« zu kümmern, ist eine unumgängliche Grundvoraussetzung jedes Blasens. Gewissermaßen hängt alles davon ab: Gefühl für Metrum, korrekten Rhythmus, Fingertechnik etc. Gerade auch der Umgang mit eigener Nervosität vor Unterricht, Prüfungen und Konzerten läßt sich über ein ruhiges Aus- und Einatmen »angehen«.

Hier einige kritische Anmerkungen von kompetenten Musikpädagogen: *Wie Sie wissen, denkt ein Bläser beim Üben und Vorbereiten eines Stückes weniger an die Ausatmung. Hört man sich oder den Lehrer nicht oft sagen: »Atme hier tief ein.« Oftmals wird alle Konzentration auf das Einatmen gelenkt, ja dieses »ein« steckt unbewußt in uns* (Andrea Elser, Flötistin).

Man sollte annehmen, daß das Thema »Atmung« in der Unterrichtsliteratur einen gewichtigen Raum einnimmt. Tatsächlich aber wurden Probleme der Atmung beim Spielen von Blasinstrumenten, insbesondere beim Oboespiel, kaum eingehender erörtert; selbst in den Bläserschulen jüngster Zeit wird auf das Thema eher peripher eingegangen. Ebenso steht eine gründlichere Beschreibung wie auch der Versuch einer Methodik für die Atmung beim Oboespiel bislang aus (Prof. Christian Schneider, Oboist).

Die richtige Zwerchfellatmung nach J. Parow kann erst erarbeitet werden, wenn die individuelle Fehlatmung anhand von Messungen, evtl. Röntgenaufnahmen, des Zwerchfells beim Ein- und Ausatmen sowie in Ruhestellung diagnostiziert ist (s. »Selbstdiagnose«, S. 57ff.). Wenn bei den Kapazitätsmessungen mit Spirometer Werte über das Sollmaß hinaus, also Werte wie bei einem Sportler angezeigt werden, kann dies gefährlich sein. Bei einseitiger Hochatmung oder Vorderbauchatmung, d. h. bei fehlender Benutzung der großen Lungenanteile im Rücken, wird eine Überblähung der Lungenbläschen in den oberen Lungenanteilen die Folge sein.

Erst wenn das Muskeltraining in den drei Räumen (vgl. S. 71ff.) individuell und intensiv durchgeführt wurde, kann durch tägliches Weiterüben der entsprechenden Muskelgruppen ein Körpergefühl erreicht werden, das das Körpergedächtnis immer wiederfinden wird.

8.1 Sitzen

Wenn ich mit der richtigen Sitzhaltung beginne, muß ich auch das leidige Thema »Stühle« ansprechen. Ich sah schon Konzertdiener mit Stuhlkissen durch die Reihen der Musiker gehen, um ihnen durch diese Kissen eine bessere Sitzhaltung zu ermöglichen. Dies ist sehr wichtig, da zu hohe oder zu niedrige Stühle dazu beitragen, eine Zwerchfellatmung im Rücken zu verhindern, weil man notgedrungen ein Hohlkreuz oder einen Rundrücken macht.

Gebeugte Knie mit überkreuzten Füßen sind bei langen Beinen möglich (im Gegensatz zu übereinandergeschlagenen Knien wie in Abb. 58a), wenn gleichzeitig der Oberkörper geradegehalten wird. Bei übereinandergeschlagenen Knien wird das bei der Zwerchfellatmung hervorgerufene antagonistische Geschehen (Zwerchfell drückt von oben nach unten, Beckenboden von unten nach oben) verhindert. Die Zwerchfellatmung weicht aus und wird zur einseitigen Brustatmung mit all ihren negativen Folgen.

8. Hinweise zur Atmung beim Spielen von Blasinstrumenten

 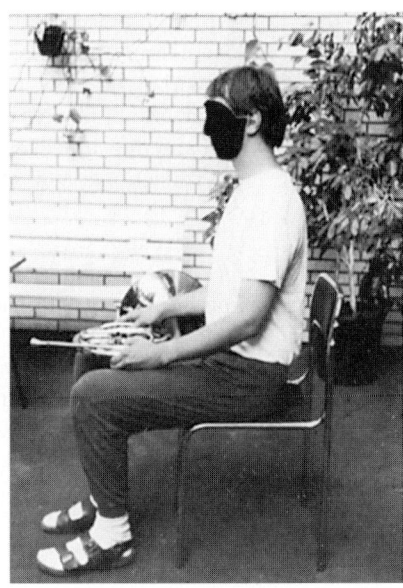

Abb. 58: Sitzhaltung a) falsch   b) richtig

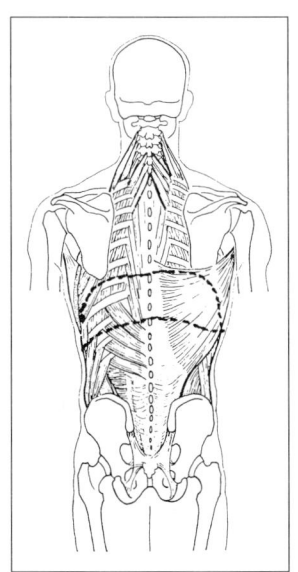

Das Zwerchfell beansprucht die richtige Sitzhaltung für seine Bewegungsbreite im Rücken (siehe Röntgenaufnahmen Abb. 9). Es kann sich – wie schon erwähnt – 9,5 cm nach oben und unten bewegen (s. Abb. 59) und im vorderen Teil des Brustkorbes am epigastrischen Dreieck (s. Abb. 32) nur wenige Zentimeter, bis es eine Waagerechte bildet (vgl. Abb. 7, Einatmung).

Abb. 59: Verschiebbarkeit des Zwerchfells im Rücken

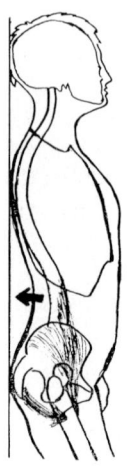

- Beckenkreisen – Beckenkippe – Lockerung
Das ständige innerliche und äußerliche Hochhalten der Lendenwirbelsäule bei aufgestelltem Becken können Sie zwischenzeitlich durch das bekannte langsame Beckenkreisen (auf einem Stuhl sitzend) auflockern. Ebenso empfiehlt sich ein vorsichtiges Vor- und über die Sitzhöcker Zurückkippen des Beckens. Der Oberkörper bleibt dabei aufgerichtet (Beckenkippe).

Wenn Sie über längere Zeit ruhig sitzen müssen, sollten Sie immer in Ihrem Fundament bei den fünf Lendenwirbeln und den drei Ursprüngen (= Haltemuskeln des Zwerchfells, s. Abb. 16) »anwesend sein«.

Die Abb. 60 zeigt eine extrem fixierte Hohlkreuzstellung, der durch Beckenkreisen und Beckenkippe entgegengewirkt werden soll.

Abb. 60

8.2 Der obere Brustkorb

Wir wenden uns der dritten großen Haltekraft zu: dem oberen Brustkorb und damit auch den dazugehörenden Brustmuskelübungen. (Die erste Haltekraft ist das Becken einschließlich der Lendenwirbelsäule als Fundament, die zweite ist der mittlere bewegliche Raum – gleich einer Ziehharmonika).

- Heben und Spreizen der Rippen

Beginnen Sie das Heben und Spreizen der Rippen an ihren Gelenken an der Wirbelsäule. Die Zwischenrippenmuskeln (s. Abb. 33) werden das Heben und Senken unterstützen. Dies gelingt willkürlich erst einmal ohne Hilfe der Einatmung. Dabei darf sich in keinem Falle der Bauch einziehen, zumindest nicht mehr nach längerem Brustkorbmuskeltraining (s. Übungen auf S. 83f.).

Die Abbildung 61 zeigt das Schlüsselbein. Ihm gegenüber befinden sich die Schulterblätter. Diese knöchernen Körperpartien sollten ständig ruhig bleiben, damit sich um so sicherer die Rippen des Brustkorbes – von der Wirbelsäule aus beginnend – aufspreizen und senken können.

- Bewegen der zwölf Rippenpaare im Rücken

Sie sitzen auf einem Hocker, hinter Ihnen kniet der Partner, der seine beiden Hände auf Ihren mittleren Rücken drückt (Hände senkrecht). Nun drücken

8. Hinweise zur Atmung beim Spielen von Blasinstrumenten

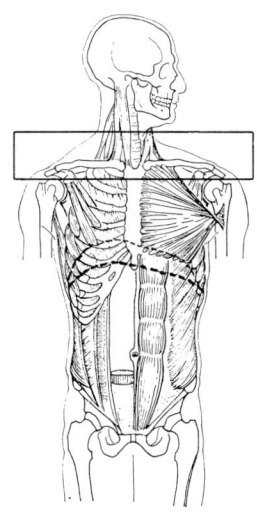

Abb. 61: Schlüsselbein

Sie mit leichter Rundung des Rückens – vom Steiß aus beginnend – die Wirbelsäule gegen die Hände des Partners. Dann erst erweitern Sie bewußt den Brustkorb von hinten bis zum Brustbein mittels der Zwischenrippenmuskulatur, und zwar zunächst ohne die Einatmung zur Hilfe zu nehmen. Außer den Rippenbögen darf sich der Bauchraum nur wenig vorwölben. Drücken Sie den Bauch nicht heraus! Die senkrechte Druckkraft des Zwerchfells (das Zwerchfell ist eine Druck- und Saugpumpe) würde durch das Vorwölben des Bauches um 50 % reduziert werden.

Um den Brustkorb auch beim Ausatmen gewölbt halten zu können, muß seine Muskulatur erst genügend gekräftigt werden. Hierzu eignet sich die folgende Übung aus dem Buch *Stimmschulung* von J. Parow:[23]

- Brustbein bewegen

Durch Strecken und Beugen der oberen Wirbelsäule wird »die Mitte des Brustbeins« nach vorne-oben herausgestreckt und wieder nach innen eingezogen (der obere Brustkorb wird dabei abwechselnd gewölbt und flach).

Bemühen Sie sich, ausschließlich die obere Wirbelsäule dabei zu benutzen und Kreuz wie Nacken so ruhig wie möglich zu halten. Die Schultern dürfen sich nicht anspannen oder gar nach hinten oder vorne gezogen werden. Sie werden nur vom Brustkorb etwas mitbewegt; beides ist leicht voneinander zu unterscheiden.

Beim Herausheben des Brustbeins soll mit einem weichen, kurzen *sch* etwas ausgeatmet werden (»ein Fingerhut voll«), genau umgekehrt wie allgemein üblich. Das Einatmen erfolgt automatisch. Bei richtiger Ausführung bewegt sich der Kopf kaum.

- Bewegen der Körpers beim Instrumentalspiel

Die mittlere und obere Wirbelsäule müssen miteinander arbeiten. Während des Spiels sollte der gesamte Rumpf – von den seitlichen und rückwärtigen schrägen Bauchmuskeln ausgehend – nach vorne und zur Seite in großen Schwingungen bewegt werden. Die Wirbelsäule wird beim Einatmen wie

---

[23] Parow 1975, S. 71f.

eine Gerte von unten bis zum Nackenband und Kopf leicht nach außen gewölbt und beim Ausatmen wieder von unten nach oben gestreckt. Der Körper darf auf gar keinen Fall in der Mitte abgeknickt werden, da sonst das Zwerchfell in seinen Bewegungen gestört wird.

Auch sollte der Kopf nicht in den Nacken geworfen oder zu stark vorgeneigt werden. Der Brustkorb darf nicht nach unten abstürzen und sich wieder beim Kinn heben; die Rippen werden rechts und links des Brustbeins a u f g e f ä c h e r t .

Beim Erweitern und Verengen des Brustkorbes darf auf keinen Fall der Bauch unbeobachtet bleiben, da dieser durch langjährige Brusthochatmung oder Vorderbauchatmung gerne in gewohnte Muskelabläufe zurückfällt.

8.3 Die zweite Inspirationsphase

Bei der zweiten Inspirationsphase handelt es sich um das Phänomen der »Druckatmung«, d. h. das Erweitern des unteren Bauchraumes während einer »starken« Ausatmung.

Wir wissen, daß das Zwerchfell beim ruhigen Ausatmen höhersteigt. Demgegenüber zeigt sich, daß das Zwerchfell beim stoßweisen Ausatmen paradoxerweise »hinuntergeht« wie beim Einatmen. Die seitlichen schrägen Bauchmuskeln werden nach außen gedrückt, und es ereignet sich ein Rückprall, der das Zwerchfell zum Tiefergehen zwingt. Das bei der stoßweisen Ausatmung hinuntergehende Zwerchfell übt verständlicherweise noch einen viel intensiveren Druck aus als bei der Einatmung, und man hat in dieser stoßweisen Ausatmung die größere Kraftentfaltungsmöglichkeit.

8.4 Abhängigkeit des Zusammenwirkens der Muskeln

Im Kapitel über die Lunge (Gasaustausch) haben wir erfahren, daß sich die Druckverhältnisse im Körper mit jeder nicht ihrer Funktion entsprechenden Bewegung der an der Atmung beteiligten Muskeln verändern und daß die am Atemgeschehen beteiligten Einheiten in einer Abhängigkeit zueinander stehen.

Bei einer Atmung, die eine erhöhte Belastung der Atemmuskeln zur Folge hat (z.B. beim Instrumentalspiel), wird diese Abhängigkeit des Zusammenwirkens der Muskeln noch schneller sichtbar (hörbar).

Werden alle beteiligten Muskeln ihrer Funktion entsprechend gleichmäßig mehr beansprucht, erhöht sich ihre Grundspannung (es liegt keine Verspannung vor). Nur dieses Gleichgewicht entspricht einer Spannung, die die Druckverhältnisse für eine ausreichende Durchblutung der Kapillare gewährleistet. Werden diese Zusammenhänge nicht beachtet und einzelne Muskeln oder Muskelgruppen bevorzugt beansprucht, ist ein Gasaustausch nur eingeschränkt möglich.

8.5 Anmerkungen für Oboisten und Querflötisten

Durch das Oboenmundstück wird nur minimal Luft abgegeben. Es gibt immer einen Rückstau, der aber ausbalanciert werden muß (kein Druck). Im Prinzip muß man eine Dehnung nach außen im Bereich des gesamten Rumpfes – auch der Rippen – erzeugen, um das Zwerchfell in Spannung zu halten. Es ist eine Gesamtdehnung erforderlich, durch die das Zwerchfell angespannt wird – vergleichbar einem Paukenfell, das durch Zug nach außen eine Spannung und Vibrationsmöglichkeit erhält; wenn das Paukenfell nach innen erschlafft, gibt es keine Vibration. Die Spannung fließt ab, indem sich der Körper verengt.

Im Gegensatz zum Ansatz des Rohrblattinstruments bietet der Querflötenansatz einen so geringen Luftwiderstand, daß damit die Voraussetzung für einen automatisch entstehenden Stützdruck im Körper nicht gegeben ist. Der Flötist muß diesen Druck innerhalb des Körpers aufbauen. Anderenfalls würde der Klang widerstandslos der Flöte entweichen und keine Tragfähigkeit besitzen[24].

Oft ist der Flötist in der Gefahr, durch unökonomisches Anspannen der Bauch- und Halsmuskeln oder durch Engstellen der Lippen und (oder) der Stimmlippen im Kehlkopf dem widerstandslosen Entweichen der Luft unbewußt eine Bremse einzubauen. Um einen tragfähigen, variablen Ton entstehen zu lassen, muß die Luft ungebremst, aber dosiert fließen können. Dies wird durch das elastische Zusammenspiel von Zwerchfell, Bauchmuskelschlauch, Beckenboden und Brustkorb erreicht.

---

[24] Die folgenden Anmerkungen für Querflötisten stellte freundlicherweise Annegret Lucke (Mühlheim), Atempädagogin nach Parow und Mitarbeiterin im Institut für Atemtherapie, zusammen.

Der Bauchmuskelschlauch hat dabei die Aufgabe, bei der Ausatmung während einer musikalischen Phrase der Hochwölbung des Zwerchfells dosierend entgegenzuwirken. Es entsteht ein elastisches Balancespiel zwischen beiden. Um das erreichen zu können, muß eine flexible Muskulatur mit hoher Grundspannung zur Verfügung stehen. Aus diesem Grund ist die Erarbeitung der Spannkraft der Muskulatur des unteren und mittleren Raums für den Flötisten von besonderer Bedeutung.

- Zwerchfellimpulse

Das Spielen von Zwerchfellimpulsen als Innervierungs- und Kräftigungsübung für Zwerchfell und Bauchmuskelschlauch ist u. a. ein Weg, Spannkraft zu erreichen, um den notwendigen Stützdruck aufbauen zu können.

Ohne Zungenartikulation werden dabei auf der Flöte mehrere kurze Klangakzente hintereinander ausschließlich mit Hilfe der Druckatmung hergestellt, d. h. mit einer stoßweisen Ausatmung, bei der die seitlichen schrägen Bauchmuskeln herausschnellen. In diesem Moment weitet sich der Bauch ellipsenförmig, da das Zwerchfell paradox nach unten schlägt (s. S. 96f.).

Wird der Impuls bei aufgestelltem Becken ohne Hohlkreuz gedanklich von den Lendenmuskeln aus gesteuert, so geschieht das ellipsenförmige Weiten der Bauchmuskulatur automatisch. Die Beckenbodenmuskulatur arbeitet dabei antagonistisch zum Zwerchfell. Dies ist der korrekte Bewegungsablauf beim Zwerchfellimpuls.

Um ein Gefühl für diesen Bewegungsablauf zu bekommen, ist zu empfehlen, zunächst ohne Instrument Tierlaute zu produzieren, z. B. Bellen oder Muhen. Kontrollierend wird dabei eine Hand auf den Flankenbereich einer Seite gelegt: Daumen zeigt nach vorn, Finger zeigen nach hinten. Auf der entgegengesetzten Seite liegt die andere Hand an der Stelle der schrägen inneren Bauchmuskeln so, als würde sie in der Hosentasche stecken. Sie spüren die ellipsenförmige Weitung. Dies gelingt nur bei aufgestelltem Becken. Um den Muskeltonus zu steigern, empfehle ich die Innervierungsübungen (s. S. 96f.).

Grundlegende Voraussetzung für die Ausführung der Impulse als Klangakzente auf der Flöte ist eine gut fokussierende Luftführung der Lippen und die elastische Spannkraft des Ansatzes.

Nach einigen innervierenden Impulsen ist sofort eine verbesserte Klangqualität als Aha-Erlebnis hörbar. Nach konsequentem Üben steht Ihnen die elastische Spannkraft der Muskeln des unteren und mittleren Raumes sicher zur Verfügung. Im Moment des Impulses sollten Sie ein sanftes Strecken der

Halswirbelsäule und gleichzeitig ein leichtes Unterziehen des Beckens spüren.

Als mögliche Fehlerquellen sind zu nennen:
- Der Impuls darf nicht vom Nabel aus gesteuert werden.
- Der Bauch darf weder nach innen eingezogen werden, noch kugelrund nach vorne kippen. In diesen Fällen würden die Rektusmuskeln aktiv betätigt. Das Einziehen und Anspannen der Rektusmuskeln wirkt wie ein Schlag gegen das Zwerchfell im Bereich des epigastrischen Dreiecks (s. Abb. 32). Außerdem wird die Brust in diesem Moment nach vorne oben geworfen. Gleichzeitig zieht sich der Rücken ein. Damit verkleinert sich der sagittale Durchmesser (s. S. 84). Die Halsmuskulatur erfährt eine Überspannung, was sich als Druck auf den Kehlkopf auswirkt. Nicht selten spricht dabei die Stimme an, und man stellt nach dem Üben eine leichte Heiserkeit fest.
- Schnellt der Bauch im Moment des Impulses vom Nabel aus kugelrund nach vorne, wird das Becken nach vorne ins Hohlkreuz gezogen. Es rutscht aus der »Triangel« (s. S. 87). Es muß beobachtet werden, ob sich evtl. die Arme oder sogar der ganze Rumpf während des Impulses mitbewegen. Auf diese Weise wird ein Pseudoakzent hergestellt.
- Die Lippen dürfen nicht aus ihrer fokussierenden Einstellung rutschen.

II. Julius Parow: »Stimmschulung« und »Die Heilung der Atmung«

Julius Parow (1901–1985) wurde durch seine Bücher *Funktionelle Atmungstherapie* und *Die Heilung der Atmung* sehr bekannt. Der von ihm aufgezeigte Unterschied zwischen Normalatmung und Fehlatmung war ein Novum. Zu seinen Lebzeiten waren es vorwiegend Künstler (wie z. B. die Sängerin Agnes Giebel), die sich persönlich an ihn wandten, da sie seine ausgezeichneten logischen Erklärungen und Darstellungen von Zwerchfell, Atemabläufen und Haltung dringend für ihre Schüler benötigten und sehr zu schätzen wußten. Diese Arbeit mit den Sängerinnen und Sängern brachte 1975 sein Buch *Stimmschulung* hervor.

Außer seinen damaligen Privatschülern gab es niemanden, der seine Erkenntnisse praktisch weitergeben wollte und konnte. Aufgrund meiner persönlichen Erfahrungen und der förderlichen Arbeit mit den Patienten in den Sanatorien von J. Parow sowie aufgrund seiner großen Erfolge im privaten Bereich mit Sängern und Gesangspädagogen entschloß ich mich – als ehemalige Schülerin –, mit Genehmigung der Familie Parow sein Lehrsystem nach seinem Tod weiterzuführen.

Parow vergleicht die Gesangsausbildung mit einem Baum, dessen Wurzeln und Stamm seine Grundschulung in Atemtechnik darstellen, während die Krone des Baumes von dem großen Feld der Gesangspädagogik gebildet wird. Er beabsichtigt, mit der *Stimmschulung* auf die maßgebliche Rolle der willentlich lenkbaren Muskeln ausdrücklich hinzuweisen. Es handelt sich in seiner »Elementarschule« der Stimme ausschließlich um die mechanischen, funktionell- anatomischen Vorgänge, durch die der Ton erzeugt und geformt wird.

Der folgende Teil ist eine Zusammenstellung aller für den Unterricht in Stimmschulung nötigen Bereiche: Atemführung, Klangerzeugung, Klangbildung, Lautformung, Gesichtsgymnastik, Übungen für Kiefer und Zunge und die Atemsteuerung im Rachen. Die Darlegungen stammen aus den Büchern *Stimmschulung* und *Heilung der Atmung*[25].

---

[25] J. Parow 1975, S. 8, 14–16, 28–38, 43–48, 55–65, 77, 88–99, 103–106; J. Parow 1981, S. 67–81. Die Texte sind wörtlich zitiert, aber neu zusammengestellt und mit veränderten Abbildungsziffern sowie Gliederungspunkten versehen. Der Abdruck erfolgt mit freundlicher Genehmigung von Anneliese Parow.

1. Das Stimmorgan

Am Singen und Sprechen sind zwei Organsysteme beteiligt:
- der A t m u n g s a p p a r a t in seinem ganzen Umfang, einschließlich der Stimmbänder, die aber beim eigentlichen Atmen nicht tätig sind; er bringt den Klang für die Vokale und die Geräusche für die Konsonanten hervor;
- der zum Verdauungsapparat gehörende M u n d, mit dem jene zu Lauten ausgeformt werden.

Beim Erzeugen des Klanges – dem wesentlichen Teil der Stimme – arbeitet das Atmungssystem in einer vom Atmen deutlich verschiedenen Weise und unter erhöhter Anspannung. Ähnlich arbeitet der Mund bei der Lautformung ganz anders als beim Kauen, nur daß dessen Muskeln sich dabei erheblich weniger anspannen.

Zum Atem-Stimm-Apparat gehören:
- die L u n g e n, die an der Luftröhre und deren oberem Abschlußstück, dem Kehlkopf, in die Brusthöhle hineinhängen und durch diese mit der Außenluft in Verbindung stehen (der »innere« Atemapparat),
- der B r u s t k o r b und das ihn unten – als nach oben gewölbter Boden – abschließende Zwerchfell, deren Muskulaturen, die »Atemmuskeln«, die Brusthöhle beim Atmen abwechselnd erweitern und verengen (der »äußere« Atemapparat),
- die B a u c h m u s k u l a t u r, die an den von Brustkorb und Zwerchfell ausgeführten Atembewegungen teilnimmt, ohne jedoch selber zur eigentlichen Arbeitsleistung der Atmung beizutragen,
- die vom Naseneingang bis zur Stimmritze reichenden o b e r e n L u f t w e g e mit ihren verschiedenen, kleinen Muskeln im Rachen, die an der Atemsteuerung (Regulierung der Atemströmung) beteiligt sind und in der Klangerzeugung eine maßgebliche Rolle spielen,
- die im Kehlkopf gelegenen S t i m m b ä n d e r mit ihrer Muskulatur, die – beim Atmen in Ruhestellung – nur beim Klang ihre spezielle, komplizierte Tätigkeit entfalten.

Indirekt beteiligt an diesem System sind die für die Länge des Rumpfes maßgeblichen Muskeln der W i r b e l s ä u l e, welche die Grundform und -stellung des Brustkorbes, und die v o r d e r e n H a l s m u s k e l n, welche die Grundstellung der Kehle bestimmen.

Mittelbar spielt dabei auch die B e i n m u s k u l a t u r mit, die dem Becken und damit der Wirbelsäule Halt gibt.

Bei der Lautformung mit dem Mund sind ausschließlich die Kiefer-, Zungen- und Wangenmuskeln tätig. Sie geben der Mundhöhle jeweils die den verschiedenen Lauten entsprechende Form.

Klangbildung und Lautformung erfolgen beim Sprechen und Singen zwar gleichzeitig, normalerweise aber völlig unabhängig voneinander und sind deutlich gegeneinander abzugrenzen. Die betreffenden Muskelgruppen stehen aber in enger direkter oder indirekter Verbindung miteinander und können sich gegenseitig beeinflussen resp. beeinträchtigen. [...]

Der K l a n g der Stimme wird vom Atmungsapparat hervorgebracht. Dessen oberer Teil dient dabei als Musikinstrument, das, etwa einer Schalmei vergleichbar, von unten her von den Lungen angeblasen wird. Dieses Instrument kann wie jedes andere sowohl korrekt als auch fehlerhaft gehandhabt werden. D a e s a b e r a u s l e b e n d e m G e w e b e b e s t e h t u n d den K l a n g m i t H i l f e v o n M u s k e l n z u s t a n d e b r i n g t, unterliegt sein Spiel nicht nur den dafür geltenden mechanischen Gesetzen, [sondern hängt auch von einer entspannten und gelösten Gesichtsmuskulatur ab.] [...]

2. Vorbereitende Übungen

2.1 Gesichtsbehandlung

Die Verspannung der mit der Haut eng verbundenen, nicht verschiebbaren Gesichtsmuskulatur wird durch Massage (Dehnung) und Gymnastik (Bewegungsübungen) beseitigt. Es ist dann nicht mehr schwierig, deren normale Spannung und Einstellung [...] zu bewahren, resp. jederzeit schnell wieder herzustellen. [...]

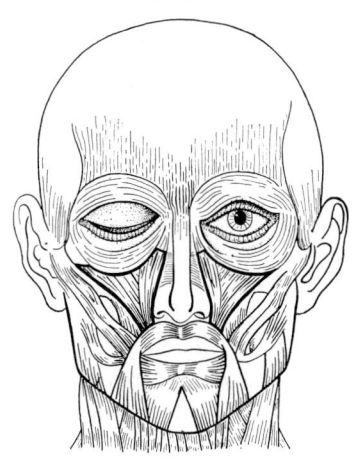

- Gesichtsmassage

Sie besteht in sechs Griffen, mit denen die Weichteile des Gesichts – Haut, Muskeln und Bindegewebe – gedehnt werden. Bei 1 und 2 werden sie unter so wenig Druck wie möglich auf dem darunterliegenden Knochen in der Längsrichtung der Muskeln geschoben, bei 3–5 in die Länge gezogen.

Die Bewegungen sind langsam und weich-elastisch und mit so wenig Druck oder Kraftaufwand wie überhaupt mög-

Abb. 62: Die zu dehnenden Muskeln umrandet

lich auszuführen. Die Finger müssen dauernd der Haut fest aufliegen, ohne im geringsten abzugleiten. Die Atmung muß unabhängig davon automatisch weiterlaufen.

Die Massage mißglückt durch
- gleichzeitiges Anspannen des Gesichts,
- übermäßige allgemeine Anspannung überhaupt,
- Anhalten des Atems oder gar – unwillkürliches – vorheriges Luftholen,
- ruckartiges Zerren,
- Abgleiten der Finger,
- Ziehen in falscher Richtung.

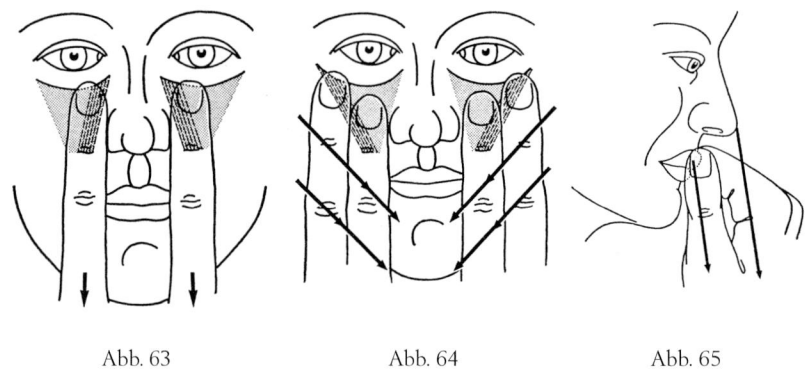

Abb. 63   Abb. 64   Abb. 65

- Abb. 63: Handgelenk und Finger sind gestreckt; die beiden genau senkrecht gehaltenen vierten Finger werden, jeweils mit ihrer oberen Hälfte, unmittelbar neben der Nase angelegt, dürfen diese jedoch nicht im geringsten zusammendrücken.

Die Weichteile des Gesichts werden mit den Fingern abwechselnd genau senkrecht nach unten gezogen und, nachgebend, wieder »losgelassen«, dürfen aber auf keinen Fall etwa zurückgeschoben werden. Ebensowenig dürfen die Finger von der Haut abgehoben werden.

Handgelenke und Finger müssen dauernd steif gestreckt bleiben; sie werden nur aus dem Schultergelenk heraus bewegt.

- Abb. 64: Die gestreckten dritten und vierten Finger werden wie bei Abb. 63 angelegt und die Weichteile wie dort, bei steifen Handgelenken »aus den Schultern heraus« in der Pfeilrichtung geschoben und gedehnt und wieder losgelassen. Da sie bei ersterem gleichzeitig zur Mitte zusammengeschoben werden, wölbt sich die Oberlippe dabei etwas vor.

- Abb. 65: Die Oberlippe wird an der Spitze angefaßt und parallel zur Verlängerung des Nasenrückens l a n g s a m   –   n i c h t e t w a r u c k a r t i g – weit nach unten und etwas von den Zähnen ab nach vorne gezogen; sie wird dabei »rüsselförmig« gedehnt. Anschließend läßt man sie wieder in ihre Ruhelage zurückgehen.

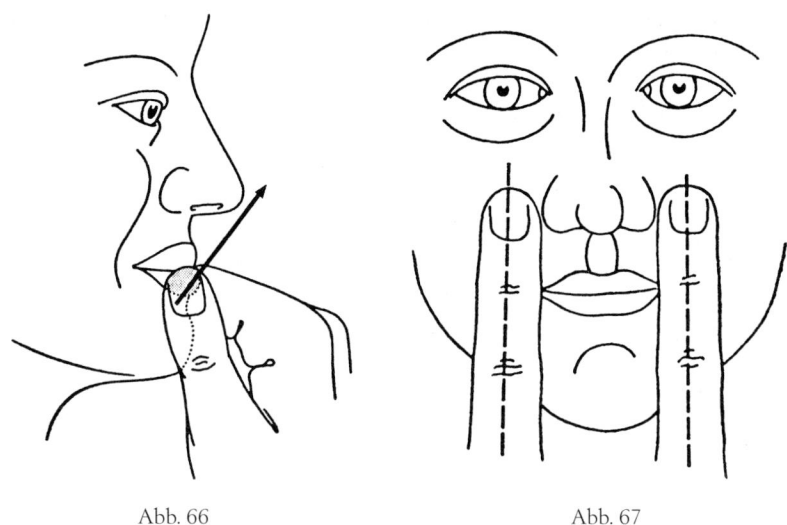

Abb. 66   Abb. 67

- Abb. 66: Die Unterlippe wird etwa 5 mm unterhalb des Lippenrandes gefaßt und, von den Zähnen fort, schräg nach vorne-oben gezogen. Das Kinn muß nachgeben und mit nach oben gezogen werden.
- Abb. 67: Dehnen des Bindegewebes der Nase: Die Kuppen der senkrecht stehenden Finger werden neben den Nasenflügeln in das obere Ende der von der Nase zum Mund verlaufenden Falte fest angelegt. Sodann werden die Finger so u m   i h r e   e i g e n e   A c h s e   g e d r e h t, daß sie die Weichteile, mit denen die Nase mit dem darunterliegenden Knochen verbunden ist, von diesem ab und nach vorne dehnen, als ob die Nase dort, wo sie an die Oberlippe grenzt, vom Knochen abgelöst werden solle.

Die Finger müssen dabei in ihrer ursprünglichen Richtung liegenbleiben. Man muß sich vorstellen, mit dem Drehen der Finger möglichst weit » h i n t e r   d i e   N a s e « kommen zu wollen; ein gewisser Druck ist dabei erforderlich.

– Kneten der Nasenflügel: Die bei fehlerhaftem Atmen meist steifen und verdickten Nasenflügel, der bewegliche Teil der Nase unterhalb des deutlich tastbaren knöchernen Nasenbeines, werden mit den Fingerkuppen gegen die in der Mitte zwischen ihnen liegende Nasenscheidewand gedrückt und geknetet. Es macht sie beweglich und elastisch und massiert gleichzeitig die Schleimhaut in der Nase.

Anfangs werden die Nasenflügel mit je einer Fingerkuppe im langsamen Wechsel und leicht klopfend gegen die zwischen ihnen liegende Nasenscheidewand gedrückt, wobei sich die betreffende Seite jeweils ganz kurz schließt. Später werden sie mit ganz kleinen Bewegungen der Fingerkuppen etwas kräftiger auf der Nasenscheidewand hin- und hergeschoben. Beides geschieht mit leichten, spielenden Bewegungen, wobei die massierenden Finger nur in ihren Grundgelenken bewegt werden sollen. Es gelingt am besten, wenn die Daumen unter das Kinn und die übrigen nicht direkt beteiligten Finger locker gegeneinandergelegt werden. Dabei wird normal – bei geöffnetem Mund – durch die Nase geatmet und der Atem wird in der Nase deutlich spürbar.

Die eventuell nötige Dehnung der Stirnmuskeln bedarf keiner besonderen Anleitung.

- Gesicht entspannen

[Gesicht entspannen] durch weitgehendes Nachgeben in der gesamten Gesichtsmuskulatur; der Nutzen bedarf keiner Erläuterung.

Am besten gelingt es, im Liegen oder Sitzen mit angelehntem Kopf, bei möglichst guter allgemeiner Entspannung und geschlossenen Augen mit der Vorstellung, das Gesicht – Augenbrauen, Wangen und Lippen – »völlig losgelassen« und immer »weicher werdend« »hängen zu lassen« (wie zum Bräunen in der Sonne).

Der Mund ist etwas geöffnet, der Unterkiefer ist – losgelassen – nach hinten gestellt (s. Abb. 69), die Zunge ist, mit eingezogener Spitze »zu Boden gesunken«. Sie kann auf die weiche Unterlippe »abgelegt« werden, auf der sie weich, schwer und breit ruhen soll. Das ruhige, relativ flache Atmen bleibt sich selbst überlassen; es kann durch Mund oder Nase geschehen.

Es empfiehlt sich, diese Übung möglichst lange auszudehnen. Die völlige Entspannung stellt sich spätestens nach 20 Minuten absoluten Stillhaltens automatisch ein, nach einigem Üben viel früher. [...]

2.2 Kiefer

Das unkorrekte Kieferöffnen, bei dem sogar oft die Muskeln am Kinn und der angrenzenden Partien des vorderen Halses angespannt werden, ist eindeutig daran zu erkennen, daß – umgekehrt als normal – das vor dem Gehörgang gelegene, als rundliche Verdickung tastbare Unterkieferende (s. Abb. 68a) beim Mundöffnen nach vorn tritt, während der Kieferwinkel (b) auf seinem Platz bleibt.

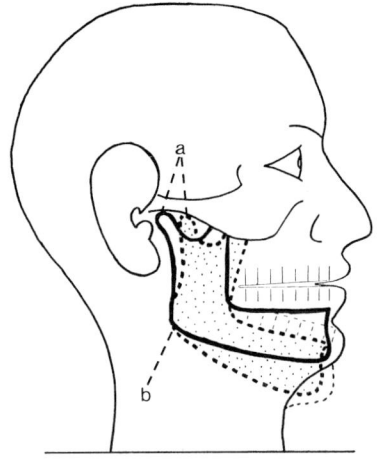

Abb. 68: Falsche Kieferöffnung:
a) tritt nach vorn, b) bleibt

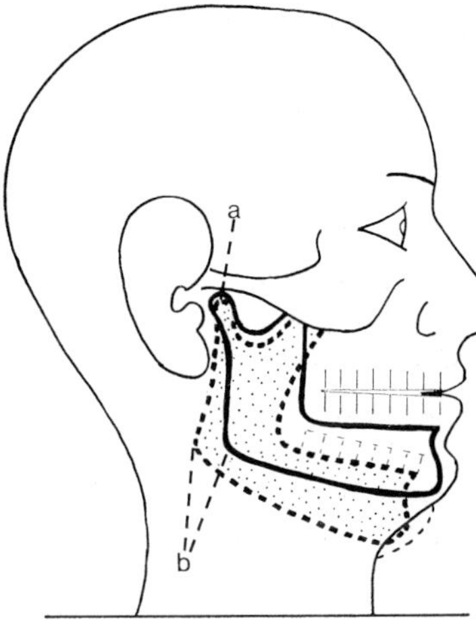

Abb. 69: Korrekte Kieferöffnung:
a) bleibt, b) tritt nach hinten

Statt durch N a c h g e b e n h i n t e n s i c h z u s e n k e n , wird der Unterkiefer v o r n e am Kinn h e r u n t e r g e z o g e n . Die schädliche Wirkung auf Zunge, Rachen und Kehle, und damit auf Lautformung und Klangbildung, liegt auf der Hand. [...]
    Das korrekte Mundöffnen kann man auf verschiedene Weise wieder erlernen:
    Durch besonders l a n g s a m e s S i n k e n l a s s e n des Unterkiefers unter N a c h g e b e n der Kaumuskeln, mit dem Bestreben, nicht v o r n e den Mund, sondern h i n t e n den Rachen öffnen zu wollen. Dabei kommt es darauf an, den Kieferwinkel (s. Abb. 69a) gleichzeitig nach hinten zu führen, während das vor dem Ohr tastbare kugelige Ende des Unterkiefers (s. Abb. 69b) auf seinem Platz bleibt. Beide Stellen sind leicht zu tasten und

zu kontrollieren. Gesicht, Lippen und Hals bleiben dabei völlig entspannt und untätig, ebenso die Zunge; letztere soll bewegungslos, »schwer« im Mundboden liegen oder, wenn dies noch nicht geht, breit auf der Unterlippe. Der Oberkiefer soll bei dieser Übung still stehen.

Manchmal gelingt die richtige Kieferbewegung leichter, wenn man mit geschlossenem Mund »auf dem letzten Backenzahn zu kauen« sucht mit der Vorstellung, dort Rasierklingen oder Stecknadeln zerkauen zu müssen und den Rachen dabei, nach unten zu, möglichst weit werden zu lassen.

Auch langes, weites Offenhalten des Mundes kann die Kaumuskeln veranlassen nachzugeben.

Notfalls findet man die richtige Bewegung über einen Umweg: Der Kiefer wird bei offenem Mund ein paarmal waagerecht vor- und zurückgeschoben und zuletzt hinten stehengelassen. Dann wird der hinterste »Backenzahn« ganz langsam gehoben (die Zähne werden geschlossen) und man läßt ihn dann ebenso langsam, ohne den geringsten Kraftaufwand, wieder in seine Ausgangsstellung zurück s i n k e n .

Absolut falsch und schädlich ist es dagegen, wenn der Kiefer vorn am Kinn heruntergezogen wird, das obere Unterkieferende sich nach vorne bewegt, während dahinter, an seinem bisherigen Platz direkt vor dem Ohr, eine Eindellung entsteht.

Meistens ist auch das zugehörige ungünstige Anspannen von Muskeln vorne am Hals oben unter dem Kinn zu sehen oder dort zu tasten. Bei fest eingeübtem falschem Mundöffnen sind allerdings oft erst einige Vorübungen nötig.

- Kiefer vor und zurück

Bei geöffnetem Mund mit etwa 1 cm Abstand zwischen den Zähnen wird der Kiefer waagerecht vor- und zurückgeschoben. Dabei kommt es darauf an, ihn so weit wie möglich zurückzuziehen.

Die Bewegung wird mit den hinten innen am Unterkiefer aussetzenden Kaumuskeln ausgeführt. Die Zunge darf sich nicht bewegen, sie liegt entspannt im Mundboden, auf der Unterlippe oder den unteren Zähnen.

Die korrekte Bewegung erlernt sich anfangs leichter, wenn die unteren Zähne – an einem dicken Stift, der, waagerecht in den Mund hineinragend, gegen die oberen Zähne gedrückt wird, vorsichtig entlanggeführt – vor- und zurückgleiten.

Die Übung ist wirkungslos, wenn sich b e i m V o r s c h i e b e n d i e K i e f e r w e i t e r ö f f n e n , L i p p e n u n d Z u n g e a n s p a n n e n . Meistens ist beides schon durch langsames, aufmerksames Bewegen zu vermeiden. Sonst begegnet man ersterem durch die obige Hilfsmaßnahme (Stift zwi-

schen den Zähnen), letzterem durch »Ablegen« der entspannten Zunge auf die Unterlippe mit der Vorstellung, diese würde »vom Unterkiefer getragen«.
Die Korrektheit der Bewegung ist daran zu erkennen, daß
- auch ohne Hilfsmittel der Abstand der Zahnreihen gleich bleibt,
- die Zunge völlig passiv auf der Unterlippe oder im Mundboden still liegt,
- die Lippen entspannt bleiben.

Seitliche Kieferbewegungen, ebenso kontrolliert ausgeführt, wirken in gleicher Richtung wie Übung »Kiefer vor und zurück«. [...]

2.3 Lippen

[Gesichtsgymnastik] besteht in gezielten Bewegungen, die der Verspannung der zu korrigierenden Muskelgruppen entgegenwirken.

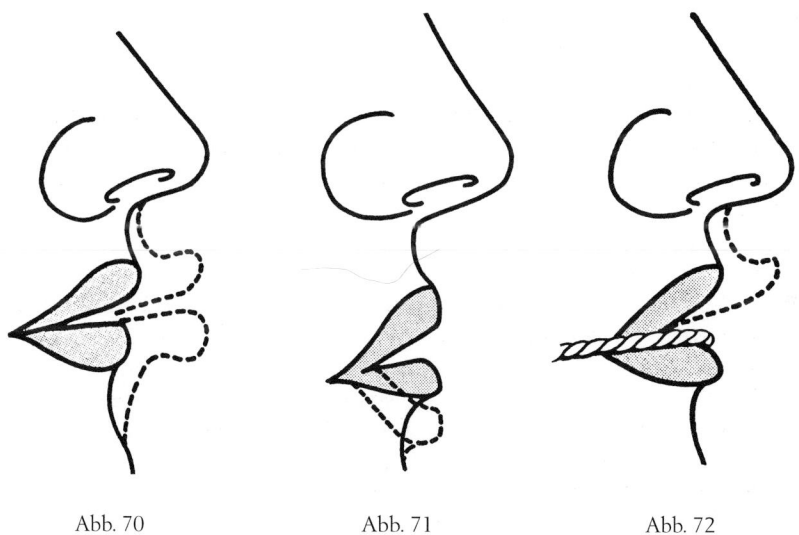

Abb. 70　　　　　　Abb. 71　　　　　　Abb. 72

- Der »Rüssel« (s. Abb. 70)

Vorschieben der Lippen durch Anspannen ihrer ringförmigen Muskulatur. Bei völlig entspanntem Gesicht, korrekt geöffnetem Mund mit nach hinten stehendem Unterkiefer (s. Abb. 69) und entspannter Zunge werden die Lippen rüsselförmig nach vorn und etwas nach oben vorgeschoben – »spitz gemacht« – und wieder losgelassen, so daß sie wieder zurücksinken. Beim Vorschieben soll die Mundöffnung kreisrund werden, ihr Durchmesser etwa so groß wie der eines Kugelschreibers.

Die Bewegung wird ausschließlich in den Lippen selber gemacht. Das Anspannen der Lippenmuskeln ist ganz vorn am Rand der Lippen deutlich zu spüren, am meisten in der Mitte.

Die Bewegung gelingt am besten mit der Vorstellung, nur den Rand der Lippen vorzuschieben und die Mundwinkel, von der Mitte her, möglichst nahe aneinander zu bringen.

Die Übung ist unwirksam, wenn
– Kiefer (Zähne) und Zunge sich dabei mitbewegen,
– die Lippen beim Loslassen zurückgezogen werden, statt in ihre Ausgangslage zurückzu»sinken«,
– das Kinn beim Vorschieben der Lippen heruntergezogen wird,
– die Wangen neben der Nase sich spannen und nach oben ziehen.

Diese Fehler muß man anfangs meistens dadurch verhüten, daß entweder die Backenzähne so drucklos wie möglich geschlossen gehalten werden oder ein dicker Bleistift o.ä. zwischen den Zähnen festgehalten wird und die Lippen über diesen röhrenförmig vorgeschoben werden, ohne ihn zu berühren. Die korrekte Ausführung ist eindeutig daran zu erkennen, daß beim Vorschieben der Lippen das Kinn mit nach oben, die Wangen mit nach unten gezogen werden, während die Zähne still stehen.

- Unterlippe auf und ab bewegen (s. Abb. 71)

Einstellung und Vorsichtsmaßnahmen wie oben. Die Unterlippe wird mit so wenig Anspannung wie möglich senkrecht nach oben geführt und wieder fallengelassen. Das Kinn wird dabei mit nach oben gezogen, die Oberlippe bewegt sich aber ebensowenig wie die übrige Gesichtsmuskulatur.

Es wird anfangs mit geschlossenen, später bei geöffneten Zähnen geübt. Mit einem Bleistift oder ähnlichem, auf die Unterlippe gelegt, ist die Bewegung leichter zu erlernen.

- Oberlippe vorschieben (isoliertes Bewegen der Oberlippe, s. Abb. 72)

Die Spitze der Oberlippe wird waagerecht nach vorne geschoben und wieder losgelassen. Das Vorschieben geschieht durch Anspannen der gleichen Stelle an der Oberlippe wie in Übung »Der Rüssel«.

Die Unterlippe darf etwas mitgehen; es ist aber anzustreben, sie völlig auszuschalten; dies gelingt leichter, wenn die Zunge entspannt und schwer auf die Unterlippe gelegt wird. Man muß nur die Spitze der Oberlippe bewegen wollen, und zwar gradlinig nach vorn-oben. Anfangs gelingt es besser, wenn ein Finger, Bleistift oder ähnliches ganz leicht an die Spitze der Oberlippe angelegt und von dieser weggeschoben wird.

Die Korrektheit der Übung ist gesichert, wenn sich im Gesicht sonst nichts bewegt und nur die Wangen wie in »Der Rüssel« etwas nach unten gezogen und mitgenommen werden. [...]

2.4 Zunge

Man muß die Zunge soweit unter Kontrolle bringen, daß man sie jederzeit entspannt »in Ruhe lassen« kann, auch wenn sich die Rachenmuskulatur beim Ton anspannt. Unsicherheiten in dieser Hinsicht sind selbst dort, wo man Besseres vermuten sollte, nicht selten.

Die Muskulatur der Zunge – und damit gleichzeitig die des Rachens, mit der sie zusammenhängt – wird zunächst gedehnt:

- Zunge heraus und herein

Bei entspanntem Gesicht, breitem, korrekt geöffnetem Mund und ohne den Atem anzuhalten wird die Zunge abwechselnd so weit wie möglich – bis »zum Kinn« – herausgestreckt und wieder so weit wie möglich nach hinten zurück und gleichzeitig so tief wie möglich nach unten gezogen.

Das Zurückziehen gelingt am besten mit der Vorstellung, die Zunge »vom Genick aus« zwischen die Backenzähne hindurch nach hinten bis ins Genick und dann weiter nach unten bis tief hinunter in den Schlund zu ziehen, so daß sie »ganz aus der Mundhöhle verschwindet«. Dabei dürfen sich Kiefer und Lippen nicht mitbewegen.

- Auf der Zunge kauen

Die Zunge wird so weit wie möglich hinausgeschoben und so gehalten, während die Kiefer langsam auf- und zugemacht werden. Man soll sich bemühen, die Zunge beim Schließen der Kiefer »noch weiter« herauszustrecken. Bei korrekter Ausführung bleibt die Zunge dauernd an der gleichen Stelle liegen und ist immer gleich breit, die Lippen entspannt.

Die Übung mißlingt, wenn die Zunge,
- wie es unwillkürlich immer wieder eintreten will, beim Schließen der Kiefer zurückgezogen wird,
- durch Anspannen der Ober- und Unterlippe (Gesicht und Kinn) behindert wird.

Ersteres wird dadurch verhütet, daß die Schneidezähne jedesmal beim Schließen des Mundes so weit hinten wie möglich auf die Zunge aufgesetzt werden, letzteres durch korrektes Entspannen des Gesichts (s. S. 118).

Die korrekte Ausführung ist daran zu erkennen, daß die Zunge auch beim Schließen der Kiefer genausoweit herausgestreckt und breit ist wie beim Öffnen, ihre Stellung und Form nicht ändert, beide Lippen weich und entspannt sind.

- Vorschieben und Zurückziehen der Zunge an den oberen Zähnen (s. Abb. 73)

Bei mäßig geöffnetem Mund wird die breite Zunge, mit ihren Rändern beiderseits an der Unterfläche der hinteren oberen Backenzähne entlanggleitend, ganz langsam waagerecht nach vorn aus dem Mund – anfangs ganz wenig, mit der Zeit bis um etwa 1,5 cm – herausgeschoben und ebenso langsam wieder bis knapp hinter die Schneidezähne zurückgezogen.

Die Zunge muß breit bleiben, die Form einer flachen Schale haben und mit ihrer Spitze geradeaus oder etwas nach oben zeigen. Am besten gelingt es mit dem Bestreben, mit beiden Zungenrändern gleichzeitig auf beiden Seiten an den Backenzähnen »kratzen« zu wollen.

Die Übung ist mißglückt, wenn
- sich Kiefer und Lippen bewegen,
- die Zunge ihre Form verändert und beim Vorschieben schmal wird, von ihrer Richtung abweicht oder die Zähne verläßt.

- Entspannen der Zunge

Es gelingt am besten mit der Vorstellung, durch intensives Nachgeben »in der Zunge« diese »schwerer und schwerer« werden zu lassen.
- Bei heraushängender Zunge: Dazu wird die Zunge etwas über die Unterlippe hinausgeschoben; sie soll dort völlig still liegenbleiben, indem sie in ihrer ganzen Breite, mit ihren Rändern in den Mundwinkeln, schwer auf der Lippe ruht.

Durch Spannung in Gesichts- und Kiefermuskeln oder Anhalten des Atems wird die Entspannung der Zunge erschwert, wenn nicht gar verhindert.

Korrekt ausgeführt ist nicht die geringste Bewegung in der Zunge wahrzunehmen (Spiegel!). Der Zungenrücken ist flach, die Zunge bedeckt die ganze Unterlippe und bleibt genau so liegen, auch wenn zur Kontrolle der Unterkiefer bewegt wird.

- Bei normaler Ruhelage innen im Mund: Die Zunge liegt – bei etwas geöffneten Kiefern – ganz entspannt und losgelassen im Mund. Sie ist

dabei breit und flach, der Zungenrücken liegt etwas tiefer als die Zahnkronen. Die Zunge füllt den ganzen Raum zwischen den unteren Zähnen aus, die von ihr kaum berührt werden. Die Zungenspitze sinkt vorne »zu Boden«, die hintere Zunge »in den Schlund hinunter«.
Die Übung ist erfolgreich, wenn die Zunge bei Kieferbewegungen und beim Atmen in dieser Lage unbeweglich liegenbleibt.

- Isolierte Bewegungen der Zunge (Geschicklichkeitsübungen)
  – Die herausgestreckte Zungenspitze wird abwechselnd nach oben und nach unten bewegt. Sie wird dabei – oben wie unten – außen an die Lippen gelegt. In Gesicht und Kiefer darf sich dabei nichts rühren.
  – Die Zungenspitze wird langsam an den Lippen herumgeführt. Es soll ganz genau und Millimeter für Millimeter nur mit der äußersten Zungenspitze gemacht werden.
  – Zungenspitze spitz und breit: Die Zunge liegt zunächst entspannt auf der weichen Unterlippe wie oben. Sie wird sodann abwechselnd schmal gemacht, wobei sie sich etwas von der Unterlippe abhebt, und wieder losgelassen, wobei sie wieder auf die Lippe zurückfällt. Sie bleibt dabei in ihrer Stellung und ändert lediglich ihre Form durch Spannen und Entspannen ihrer eigenen Muskeln.

  Das Schmalwerden der Zungenspitze gelingt am besten mit der Vorstellung, nur mit der äußersten Zungenspitze einen Tropfen von einem spitzen Gegenstand ablecken zu wollen.

  Der Zweck der Übung wird verfehlt, wenn die Zunge dabei vorgeschoben und zurückgezogen wird.

- Zungenspitze aus der Zunge heraus und in die Zunge hinein (s. Abb. 74)
  Die Zunge wird mitten im Mund in der Nähe der oberen Backenzähne schwebend gehalten, ohne Zähne oder Mundwände zu berühren; während die Bewegung mit der vorderen Zunge ausgeführt wird, bleibt ihr hinterer Teil oben zwischen den Backenzähnen stehen. Sodann streckt man die Zungenspitze aus der Zunge heraus und zieht sie wieder zurück. Beim Herausstrecken wird die vordere Zunge schmaler und schiebt ihre Spitze zwischen die Lippen hindurch vor, beim Zurückziehen verschwindet diese wieder in der vorderen Zunge, die dabei breiter wird.
  Es gelingt am besten mit dem Bemühen, ausschließlich die äußerste Spitze der Zunge für sich allein zu bewegen, Zähne oder Lippen dabei nicht zu berühren und die hintere Zunge dicht an den oberen Backenzähnen absolut still zu halten.

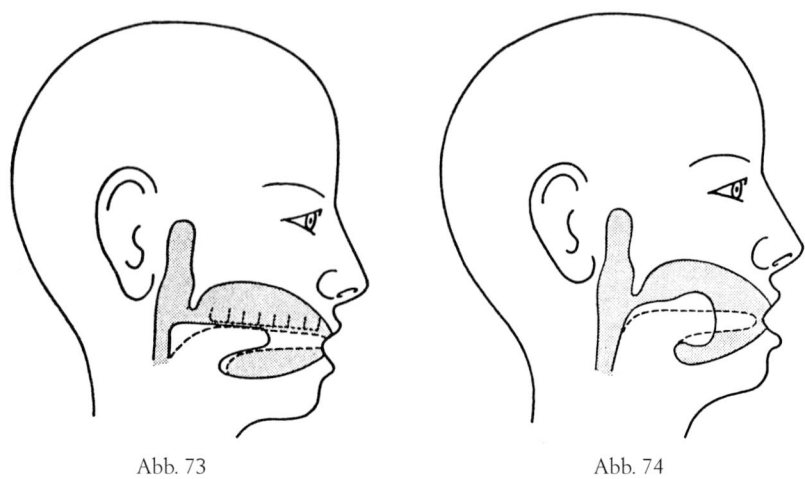

Abb. 73   Abb. 74

2.5 Rachen

Die Tätigkeit der Rachenmuskulatur ist nur am Gaumensegel, hinten oben im Mund, zu kontrollieren, das als bewegliche Wand Mundhöhle und oberen Rachenraum gegeneinander abgrenzt. Man übt diese Muskeln zunächst und am sichersten damit, daß man mit ihnen die Zunge bewegt, ohne daß diese selber dabei mitwirkt.

- Der »Fahrstuhl«

Bei dieser Übung wird die Zunge von den Rachenmuskeln nach oben und unten bewegt; es ist der sicherste Weg, um diese zu kräftigen.

Der Mund ist dabei relativ weit offen, die Lippen sind entweder breitgezogen oder völlig entspannt. Ersteres ist anfangs der Übersicht halber am günstigsten; es sichert auch das Ruhighalten der Kiefer. Andererseits besteht die Gefahr, dadurch die Tätigkeit der Rachenmuskeln zu hemmen; sobald wie möglich soll daher mit entspannten Lippen geübt werden.

Die Zunge ist dabei entweder ganz nach hinten gezogen oder liegt völlig entspannt im Mund (s. S. 123 Übung »Zunge heraus und herein«). Selbst bewegt sie sich nicht im geringsten, ebensowenig wie Kiefer oder Lippen.

- »Fahrstuhl« bei zurückgezogener Zunge (s. Abb. 75)

Die Zunge wird so sehr nach hinten zurückgezogen, daß der vordere Teil vollständig in der hinteren Zunge verschwindet. In der Haltung, breit

2. Vorbereitende Übungen

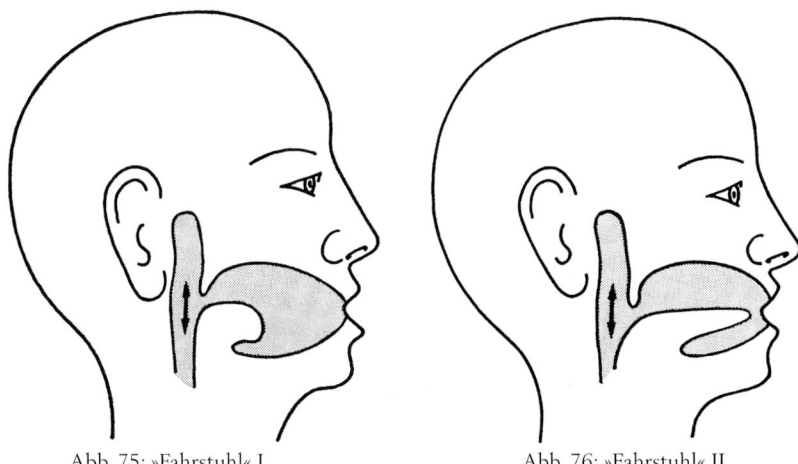

Abb. 75: »Fahrstuhl« I   Abb. 76: »Fahrstuhl« II

und dick (»geballt«), wird sie an der hinteren Rachenwand entlang so weit wie möglich nach oben und so weit wie möglich nach unten senkrecht auf und ab geführt, beim Heben gut nach oben gedrückt, beim Senken tief in den Schlund hinabgezogen. Zungenbein und Kehle gehen dabei mit.

Die Übung gelingt am besten mit der Vorstellung,
- die Zunge bis ins Genick zurückzuziehen,
- beim Heben hinter das Zäpfchen zu gelangen, so daß dieses nach vorne geschoben wird und
- mit der Zunge an der hinteren Rachenwand kratzen zu wollen.

Die Übung mißglückt und ist wirkungslos, wenn
- der Mund falsch geöffnet ist (falsche Kieferöffnung),
- Kiefer und Lippen sich mitbewegen,
- die Zunge ihre Form auch nur etwas verändert,
- die Halsmuskeln angespannt werden,
- der Atem angehalten wird. Es empfiehlt sich daher, gleichzeitig mit dem Senken der Zunge auszuatmen.

Den übrigen Fehlern begegnet man durch
- Zurückstellen und -halten des Unterkiefers,
- Halten der Lippen mit auseinandergezogenen Mundwinkeln,
- dauerndes, äußerstes Zurückziehen der Zunge.

Bei korrekter Ausführung
- stehen Zähne und Lippen vollkommen still,

- bildet die Zunge ganz hinten im Mund einen breiten Wulst ohne jede Andeutung einer Spitze,
- wird ihre Bewegung an der Rachenwand gespürt,
- tritt die Zunge bei ihrem Anheben nicht vor das Zäpfchen, sondern dahinter und drängt dieses nach vorn.

Mit zunehmender Geschicklichkeit gelingt dann auch der
- »Fahrstuhl« bei entspannter Zunge (s. Abb. 76)

Bei dieser Übung bleibt die Zunge entspannt und liegt flach im Mund, entweder breit auf der Unterlippe oder in ihrer normalen Ruhelage innerhalb des Zahnbogens. Während die vordere Zunge ruhig liegenbleibt, wird die hintere Zunge in gleicher Weise wie oben bewegt, soll dabei aber unverändert breit und entspannt bleiben.

Die Bewegung ist sehr viel kleiner als bei der vorigen Übung. Zungenbein und Kehle dürfen anfangs ausgiebig, mit der Zeit aber immer weniger mitgehen, bis man sie schließlich völlig still halten kann.

Störungen entstehen aus den gleichen Ursachen wie bei der vorigen Übung und werden ebenso wie dort verhütet.

Der Nutzen der Übung ist um so größer, je kleiner der Umfang der bewegten Zungenpartie ist, je leiser das Geräusch, das beim Senken der Zunge durch ihr Ablösen vom Gaumen entsteht, und je weniger Zungenbein und Kehle mitgehen.

Zur Unterstützung und Vorbereitung der Fahrstuhlübungen kann man die folgenden beiden Übungen heranziehen:

- Schnalzen mit der hinteren Zunge

Es setzt automatisch die Rachenmuskeln in Tätigkeit und erleichtert es, ihre korrekte Verhaltensweise einzuüben. Die Zunge wird beiderseits mit den Eckzähnen festgehalten, während die Zunge möglichst mit ihrer ganzen Fläche – auch hinten – am Gaumen anliegt. Dann wird – soweit hinten am Gaumen wie möglich – ein schnalzendes Geräusch erzeugt, unter möglichst geringer Bewegung oder Anspannung der Zunge. Das Geräusch entsteht, indem sich die Zunge dort mit einem kleinen Ruck kurz vom weichen Gaumen trennt; im übrigen bleibt sie, fest an den vorderen Gaumen gedrückt, liegen. Notfalls muß man – einleitend – zunächst mit der Zungenspitze vorne am harten Gaumen schnalzen, was nie schwierig ist.

- *Nga* ganz hinten am weichen Gaumen

Zum *ng* wird die hintere Zunge gehoben, legt sich an den weichen Gaumen und bleibt dort, bis sie mit dem *ga* wieder nach unten geht.

Anfangs läßt man dabei die vordere Zunge auf der Unterlippe liegen, später in ihrer normalen Ruhestellung innerhalb des Zahnbogens. Die beiden Laute werden in singendem Tonfall bei gleichbleibender Tonhöhe und -stärke und gleichförmigem Rhythmus hervorgebracht. Das *n(g)* ist das nasale oder Gaumen-*n* (der Gaumensummer) wie in »Klang«, das ganz hinten »in der Nase« klingend empfunden wird. Die Laute sollen mit dem geringstmöglichen Aufwand an Kraft und Bewegung und ohne jeden merkbaren Druck zustande kommen, die vordere Zunge dabei, entspannt und breit, still liegen.

Es gelingt am besten mit dem Bemühen, »überhaupt nichts« zu bewegen oder anzuspannen.

Anfangs dürfen Zungenbein und Kehle mitgehen, beim *ng* nach oben, beim *ga* nach unten. Man soll es aber dahin bringen, daß sie sich überhaupt nicht mitbewegen. Sobald dies gelingt, kann die hintere Zunge etwas fester an den Gaumen angedrückt und länger dort gehalten werden. Dabei ist der Atmung besondere Aufmerksamkeit zu widmen. Ihrem Anhalten ist am besten durch wiederholtes Ausatmen oder durch kontrolliertes, ununterbrochenes Laufenlassen des Atems vorzubeugen.

Der Zweck der Übung wird vereitelt, wenn sich der Mundboden dabei spannt, was sich leicht von außen kontrollieren läßt. Bei falscher Muskelspannung wird mit dem *ng* der Mundboden nach unten herausgedrückt. Es ist durch gutes Entspannen der vorderen Zunge zu verhüten, am besten, wenn diese zunächst auf der Unterlippe abgelegt wird. Das unwillkürliche Bewegen des Unterkiefers läßt sich gegebenenfalls durch einen vorsichtig mit den Zähnen festgehaltenen Finger, Bleistift o. ä. verhüten.

Die korrekte Ausführung ist daran zu erkennen, daß
- die Zunge sich nur ganz hinten am Gaumen bewegt, während die vordere Zunge völlig ruhig bleibt,
- Zähne und Lippen sich nicht bewegen,
- der Atem nicht angehalten wird,
- der Mundboden nicht im geringsten angespannt oder gar beim *ng* nach unten gedrückt wird.

Sobald die Bewegung fehlerfrei beherrscht wird, einschließlich des Stillhaltens der Kehle, kann die hintere Zunge beim *ng* etwas fester an den Gaumen gedrückt und etwas länger dort gehalten werden.

- Rachen entspannen

Das Gaumensegel wird durch Nachgeben dazu gebracht, breit und tief herunterzuhängen; damit entspannt sich automatisch die gesamte Rachenmuskulatur. Dabei wird durch den Mund weich und flach geatmet, ohne daß sich das länger werdende Zäpfchen mit dem Atem bewegen darf. Es gelingt am besten mit der Absicht, hinten im Rachen alles weich hängen zu lassen, während der Atem um das Gaumensegel herum »nach oben in den Kopf« und »von hinten in die Nase schleicht«.

- Gaumensegel anspannen und loslassen

Beim Anspannen verkürzt sich das Zäpfchen, ohne daß das Gaumensegel schmaler wird. Diese Geschicklichkeitsübung gelingt erst, wenn man die vorige beherrscht.

Alle diese Übungen müssen mit größter Sorgfalt korrekt eingeübt werden. Man macht sie daher zunächst langsam und vorsichtig und erst, wenn man ihrer sicher ist, mit mehr Anspannung und auch schneller.

2.6 Übungen für die Atemsteuerung

Die korrekte Atemsteuerung muß durch korrigierendes Üben mit der vorderen Nase, mit dem oberen Rachen (der »hinteren« Nase) und Einüben des Zusammenspiels dieser beiden Stellen wiederhergestellt werden (s. Abb. 77–80).

Beim Atemgefährdeten ist so gut wie immer die Atemsteuerung in der vorderen Nase durch Verspannen der Gesichtsmuskulatur, die des Rachens durch jeden Fehler ihrer eigenen und der benachbarten Muskulatur in Zunge und Kiefer erheblich gestört. Das Einüben der korrekten Atemsteuerung muß daher in der Regel erst durch eine Korrektur der Gesichts-, Zungen-, Kiefer- und Rachenmuskulatur ermöglicht und vorbereitet werden.

Zum korrigierenden Üben der Atemsteuerung sitzt man am besten vor dem Spiegel; gute Haltung der Wirbelsäule muß [...] gesichert sein (evtl. Anlehnen des Kopfes), ebenso muß jede Verspannung von Schultergürtel und Atmung vor Beginn des Übens durch Hängenlassen der Ellbogen und »Loslassen des Atems« ausgeschaltet werden.

Gesicht und Zunge sollen ebenso entspannt sein wie die Atmung, die, »in Ruhe gelassen«, ununterbrochen weiterlaufen soll. Der Erfolg wird hier besonders leicht durch unwillkürliches Atemanhalten vereitelt. Man soll deshalb sowohl v o r den mit Atmen verbundenen Übungen erst ausatmen als auch die Massagegriffe und Bewegungsübungen zunächst immer mit einem kurzen, weichen Ausatmen auf *Sch* verbinden.

2. Vorbereitende Übungen

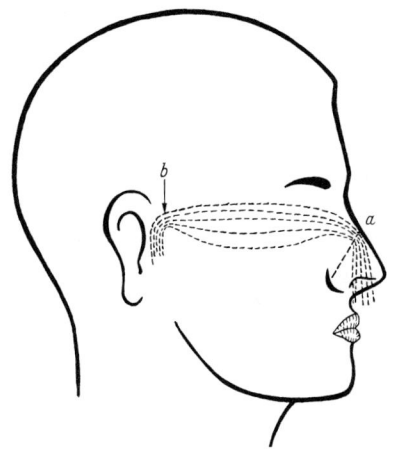
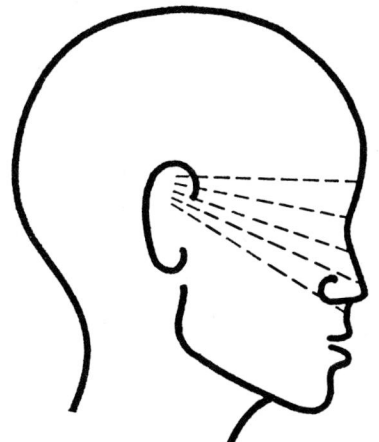

Abb. 77: Atemsteuerung mit der ganzen Nase
a) in der vorderen Nase
b) in der Rachenkuppel

Abb. 78: »Mit der Nase atmen«

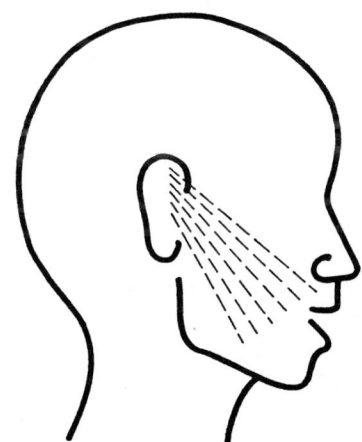
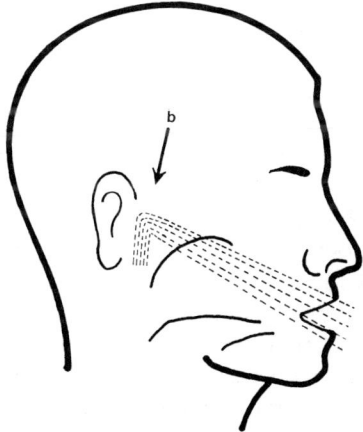

Abb. 79: Mundatmung »mit dem Rachen« durch den Mund

Abb. 80: »Mit dem Rachen« atmen

2.6.1 Atemsteuerung in der vorderen Nase

Diese wird zunächst durch bestimmte Handgriffe hergestellt, mit denen die äußere, vordere Nase durch vorsichtiges Verschieben der Haut neben oder über der Nase nach unten künstlich verengt wird (s. Abb. 81).

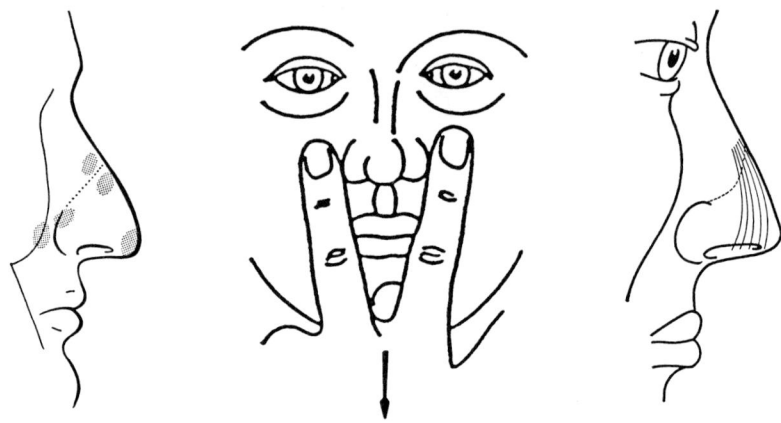

Abb. 81: Wiederherstellung der Atemsteuerung in der vorderen Nase. Stellen zum Anlegen der Finger schraffiert

Abb. 82

Abb. 83: Wahrnehmen des Atems in der vorderen Nase

Es empfiehlt sich, das Gesicht vorher durch Massage zu entspannen (s. S. 115ff.). Die Finger werden dazu mit nur so viel Druck angelegt, wie nötig ist, um ihr Abgleiten zu verhüten. Damit wird die Haut vorsichtig – parallel zum Nasenrücken – ganz wenig s e n k r e c h t nach unten gezogen resp. geschoben, ohne daß die Finger dabei ihren Druck auf die Haut im geringsten verstärken. Dabei muß vermieden werden, verführt durch den Verlauf der Nasenfalten, nach außen abzuweichen (ein erfahrungsgemäß sehr hartnäckiger Fehler!). Die Haut wird nur so viel verschoben, daß man das Engerwerden der vorderen Nase spürt und das ganz bestimmte Geräusch beim Atmen entsteht. Es liegt »vorn innen im Nasenrücken«, und zwar in dessen unterem Teil (s. Abb. 83) und ist ein ganz leises, weiches lispelndes Rauschen. Es ist beim Einatmen etwas lauter als beim Ausatmen; bei ersterem von gleichmäßiger, bei letzterem von abnehmender Stärke (decrescendo).

Die Nase soll vorsichtig und gerade soweit – aber nicht mehr – verengt werden, daß das Atmen nicht die geringste Mühe macht.

Folgende Griffe können benutzt werden:
- Die O b e r l i p p e wird, wie in Abb. 65, nach vorn unten gezogen.
- Die Z e i g e - und M i t t e l f i n g e r (s. Abb. 82) einer Hand werden gespreizt so an das Gesicht gelegt, daß die Nase zwischen ihnen liegt, aber nur knapp von ihnen berührt wird, ohne von ihnen zusammengedrückt zu werden. Die gestreckten Finger sollen mit ihrer ganzen Vorderfläche dem Gesicht flach aufliegen, das nur durch das Gewicht des Armes, bei gestrecktem Handgelenk und Fingern, vom Ellbogen her nach unten gezogen werden darf. Jedes Zudrücken mit Hand und Finger und jedes Beugen eines ihrer Gelenke ist falsch, und die oben gegebene Regel über den minimalen Druck, den anzuwenden erlaubt ist, muß besonders beachtet werden.
- Die N a s e n f l ü g e l werden mit den Fingerkuppen vorsichtig nach unten geschoben. Es muß mit geringstem Druck, nicht größer als das »Gewicht der Fingerkuppen«, geschehen (s. Abb. 81).
- Direktes V e r e n g e n der Nase: Die Haut über dem knöchernen Nasenbein, vorn, beiderseits des Nasenrückens, wird mit zwei Fingerkuppen über die untere Kante des Nasenbeins (sie ist leicht zu ertasten) parallel zum Nasenrücken in Richtung auf die Nasenspitze hin geschoben oder gezogen. Auch dazu genügt »das Gewicht der Fingerkuppen«, die vorn dicht am Nasenrücken bleiben.

Dabei soll die Verengung genau an der Stelle entstehen, die an der Atemsteuerung in der Nase normalerweise maßgeblich beteiligt ist. Man muß jeweils den Griff anwenden, mit dem es am leichtesten ist, das richtige Atemgeräusch herzustellen.

Die günstigste Stelle für das Anlegen der Finger ist nicht immer die gleiche und muß jedesmal neu gefunden werden, es wird mit der Zeit immer einfacher (s. Abb. 81). Es kann auch noch in anderer Weise geschehen als hier beschrieben (z. B. mit allen fünf Fingern an der Nase oder mit Anlegen der ganzen Handfläche n e b e n der Nase u. ä.).

Man muß sich vorstellen, daß das Atmen nur »innen in der Nase« geschieht und der Atem dort – »innen im Nasenrücken« – »auf- und abgeschoben« wird (s. Abb. 83).

Die korrekte Nasensteuerung mißlingt
- durch Verspannung der Gesichtsmuskeln,
- durch Zusammendrücken der Nasenflügel (waagrecht gegeneinander),

- wenn das Geräusch durch verstärktes, beschleunigtes oder nachdrückliches Atmen erzeugt wird,
- wenn die Nasenspitze durch Anspannen des kleinen Muskels, der sie hufeisenförmig umgreift, verengt wird.

Bei ausreichendem Üben und gegebenenfalls nach ausreichender Behandlung der Gesichtsmuskulatur gelingt es mit der Zeit, das Geräusch in der Nase mit immer weniger Nachhilfe von außen zu erzeugen und es schließlich ganz ohne diese beizubehalten.

Der Gefahr, das Gesicht zu verspannen, begegnet man einfach durch »Hängenlassen« der Augenbrauen und der Oberlippe. Zur Festigung der Atemsteuerung sollte man dann – mit oder ohne Hilfen – gelegentlich etwas kräftiger, d. h. mit erhöhtem Widerstand in der Nasenspitze atmen; ebenso mit wechselndem Widerstand unter Massieren der äußeren Nase, wobei man die Nasenflügel, wie in »Gesichtsbehandlung« (s. S. 118) beschrieben, knetet oder in langsamem Tempo beklopft, so daß der Atem mehr oder weniger behindert oder kurz unterbrochen wird. Es kann auch einseitig – unter Zuhalten der anderen Seite – gemacht werden. Gleichzeitig wird dadurch als weiterer Vorteil für Atemsteuerung die Durchblutung der Schleimhaut gefördert.

Die korrekte Atemsteuerung in der vorderen Nase ist dann gesichert, wenn, ohne daß besondere Maßnahmen nötig sind,
- der Atem in der Nase zu spüren ist,
- das normale Atemgeräusch, wenn auch sehr leise, dauernd vorhanden ist,
- die Nasenflügel sich an der bei der Normalatmung beschriebenen Stelle, wenn auch geringfügig, mit dem Atem bewegen.

2.6.2 Rachensteuerung

Diese Korrektur ist in der Regel bei allen ernsteren Atemstörungen erforderlich. Sie erfolgt – sowohl unter Mund- als auch unter Nasenatmung – mit Hilfe von Übungen, die speziell die Muskeln des Rachens ansprechen und gut kontrolliert werden können.

- Atmen mit dem Rachengeräusch durch die Nase

Es wird anfangs bei geschlossenen Lippen, sobald wie möglich aber bei etwas geöffneten Lippen geübt. Die Zunge muß gut entspannt sein. Anfangs hält man sie besser etwas nach hinten gezogen; es erleichtert die gewünschte Einstellung des Rachens.

Es wird mit einem gleichmäßigen Geräusch geatmet, das, statt vorn in der Nasenspitze, hinten in der Rachenkuppel entsteht und dort wahrgenommen werden soll. Es klingt »hohl« und hat die gleiche »Kopfresonanz« wie das korrekte Flüstern der guten Bühnensprache; Gesunde atmen im Schlaf oft mit diesem Geräusch. Es soll so deutlich wie möglich sein, was jedoch nicht durch forciertes Atmen, sondern nur durch »Zupacken« in der Rachenkuppel erreicht werden darf.

Man bringt es am besten mit der Vorstellung zustande, ganz hinten in der Nase, innen im Kopf, hinter der Nasenwurzel hörbar atmen zu wollen (s. Abb. 77b) und den Atem dort »hin- und herzuschieben«. Dabei ist jedes Anspannen oder Bewegen in Gesicht, Kiefer oder Zunge unbedingt zu vermeiden. Bei korrekter Ausführung ist das Geräusch beim Ein- und Ausatmen stets gleich laut und von gleichem Klang.

- Atmen mit dem Rachengeräusch durch den Mund (s. Abb. 79/80)

Das Geräusch entsteht dabei an der gleichen Stelle wie oben, klingt aber anders. Der weiche Gaumen soll dabei ebenso entspannt losgelassen sein wie Zunge und Gesicht (Lippen). Anfangs hält man die Zunge relativ weit zurückgezogen; später ist dies nicht mehr nötig.

Es wird [...] durch den Mund und »mit der Rachenkuppel« geatmet, und zwar so, daß dort beim Ein- und beim Ausatmen ein gleichmäßiges helles *Hä* entsteht. Es klingt ähnlich wie das Hecheln des Hundes, jedoch etwas weicher, muß eine gewisse Kopfresonanz haben, dauernd gleichmäßig zu hören und »hinten oben am Gaumen« zu spüren sein.

Man muß sich vorstellen, mit diesem *Hä* oder *Ha* die Luft nach oben in die Rachenkuppel, die Höhle oberhalb und rückwärts vom weichen Gaumen, zu lenken (s. Abb. 77 und 79) und sie, »um diesen herum«, »von hinten in die Nase hineinzuziehen«, beim Ausatmen – mit dem gleichen Geräusch – die Luft nicht aus dem Mund heraus, sondern ebenfalls im Rachen »nach oben« zu schieben, dazu nur die dort im Rachen vorhandene Luft zu verwenden und sie »mit dem Rachen« und »ganz oben« hin und her zu bewegen.

Störenden Verspannungen ist vorzubeugen. Die Übung ist mißlungen, wenn das Atemgeräusch statt oben im Rachen unten in der Kehle entsteht (das »Kehl-*H*«); es klingt dem Rachen-*H* sehr ähnlich, ihm fehlt aber die charakteristische Kopfresonanz.

In der Regel lernt man recht bald, diesen Fehler zu vermeiden. Mit der Zeit kann man das Geräusch immer leiser, heller und »trockener« klingen lassen, ohne daß sein korrekter Sitz verlorengeht.

Das gewünschte Rachengeräusch muß jederzeit auf Anhieb, auch in der relativ geringen Stärke der normalen Mundatmung gelingen. Es ist dieses Geräusch, das bei der zum Singen, Sprechen und bei Anstrengungen notwendigen Mundatmung stets mehr oder weniger deutlich oben im Rachen zu hören sein muß (z.B. bei guten Stimmen im Rundfunk), während der Atem gleichzeitig dort oben gespürt wird.

Das Erlernen der Rachensteuerung kann gegebenenfalls durch andere Übungen vorbereitet und erleichtert werden. [...]

2.6.3 Komplette Atemsteuerung

Erst wenn man den Atem a n und m i t b e i d e n S t e l l e n – in der vorderen Nase und im oberen Rachen (der »hinteren Nase«) – g l e i c h z e i t i g korrekt f ü h r t , ist die Atemsteuerung v o l l und g a n z w i r k s a m .

Bei diesem Atmen mit der g a n z e n N a s e ist der Atem gleichzeitig a n b e i d e n S t e l l e n z u s p ü r e n und in der vorderen Nase deutlich, im oberen Rachen nur andeutungsweise z u h ö r e n ; anfangs bringt man den Rachen leichter zur Mitarbeit, wenn die hintere Zunge etwas nach hinten gezogen ist.

Man muß sich auf die Vorstellung konzentrieren, nur dort »oben im Kopf« zu atmen und die Luft »in der im ganzen Oberkiefer sitzenden Nase zwischen Nasenspitze und Rachenkuppel« »hin- und herzuschieben«.

Diese Führung des Atems im Zusammenspiel der beiden Stellen kann man sich am besten an einem Zerstäuber klarmachen: betätigt wird bei diesem nur der Ballon, der die Luft durch die spitze Düse ein- und ausströmen läßt; das Nachströmen von unten geschieht automatisch. Ebenso automatisch läuft auch der Atem unterhalb des Rachens durch Kehle, Luftröhre und Bronchien, wenn oben im Kopf die Rachenkuppel – der Ballon – und die vordere Nase – die Düse – richtig gehandhabt werden. Es ist selbstverständlich, daß dabei genau nach den angegebenen Regeln zu atmen ist.

Das Einüben der Atemsteuerung mißlingt, wenn das Abströmen des Atems zwischendurch unterbrochen wird oder das Atemgeräusch sich verändert.

Das korrekte Zusammenspiel von Rachen und Nase läßt sich dadurch sichern, daß sowohl das Ein- als auch das Ausatmen mit einem leisen, nur angedeuteten *K(ng)* eingeleitet wird, das im oberen Rachen entsteht und an das sich das Atemgeräusch in Nase und Rachen unmittelbar anschließt.

Zum sicheren Einüben kann man noch folgendes zu Hilfe nehmen:
• Abwechselndes Mund- und Nasenatmen
Mit der gleichen Einstellung wie oben wird bei jedem Atemzug entweder durch die Nase ein- und durch den Mund ausgeatmet oder umgekehrt. Dabei wird die entspannte Zunge von der Rachenmuskulatur automatisch geho-

ben (Nasenatmung) und wieder losgelassen (Mundatmung), der Atem automatisch über die Rachenkuppel gelenkt.
Außer der hinteren Zunge und dem Gaumensegel darf sich nichts bewegen. Überflüssiges, unwillkürliches Mitbewegen anderer Stellen verhütet man mit dem Bestreben, Mund, Zunge und Rachen völlig in Ruhe zu lassen.

Größte Sicherheit erreicht man durch die
- Geschicklichkeitsübung für die Atemsteuerung in der ganzen Nase

Dabei korrigiert sich die Einstellung des Rachens automatisch immer mehr. Während der Atem, wie oben beschrieben – mit oder ohne den »Anstoß« im oberen Rachen –, unter relativ flachem Atmen gleichmäßig weiterläuft, wird entweder der Unterkiefer oder die hintere Zunge, auf und ab bewegt. Es muß beides in sehr langsamem Rhythmus und mit so wenig Anspannung wie möglich geschehen.

Man konzentriert sich auf das Atmen »im Kopf«, das ununterbrochen weiterläuft, während die Bewegung des Kiefers oder der Zunge nebenbei und wie »von selbst« entsteht, mit dem Bemühen, dabei absolut gar nichts anspannen zu wollen.

Der Erfolg wird wie bei der Hauptübung vereitelt, wenn
- die Luft dabei angehalten wird, und sei es nur für den Bruchteil einer Sekunde,
- das Atemgeräusch sich verändert,
- die Bewegung unterbrochen wird,
- irgendwelche an sich unbeteiligten Muskeln sich mitanspannen.

Das Ziel ist erreicht, wenn die komplette Atemsteuerung jederzeit auf Anhieb mühelos gelingt; sie soll zur automatischen Gewohnheit werden.

3. Klangerzeugung – Atemführung – Klangbildung – Lautformung

3.1 Normales Vorgehen

3.1.1 Klangerzeugung

Der Klang entsteht, wie bereits erwähnt, unter Einsatz des gesamten Atemapparates und unter verstärkter Anspannung der Atemmuskeln, des Lungenzuges und der Stimmbandmuskeln. Dabei arbeiten alle Teile zwar anders

als beim Atmen, aber ohne daß die Sauerstoffversorgung des Blutes im geringsten davon berührt wird.
- Die Atemmuskeln dienen hier zum »Halten« und Regulieren des Atems – der A t e m f ü h r u n g – (allgemein mit dem nicht ganz glücklichen Begriff der »Atem- oder Tonstütze« bezeichnet),
- die Rachenmuskeln zum Bilden und »Halten« des Klanges – der K l a n g f ü h r u n g – (dem »Klangsitz« der Gesangspädagogen),
- die Lungen zum A n b l a s e n der Stimmlippen und des darüberliegenden, als r ö h r e n f ö r m i g e s B l a s i n s t r u m e n t wirkenden Rachens,
- die Stimmbänder zum Einstellen der T o n h ö h e mit den Stimmlippen durch entsprechende Spannungs- und Längenvariationen. [...]

3.1.2 Atemführung beim Ton

Gleichzeitig mit dem Tonansatz spannen sich 1. die Atemmuskeln, 2. die Lungen; außerdem aber, im Gegensatz zur Einatmung, 3. auch die Bauchmuskulatur.

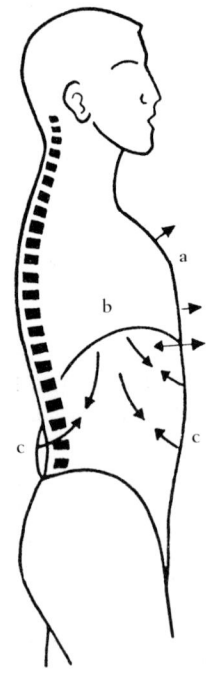

Bei diesem Anspannen weitet sich der Brustkorb oben geringfügig; die Taille wird vom Zwerchfell, das sich kräftig anspannt, etwas herausgedrückt, am deutlichsten in den Lenden und der Magengrube. Dabei gibt der Bauchmuskelschlauch aber nicht wie beim Einatmen nach, sondern s p a n n t sich und leistet dem Zwerchfell Widerstand, wobei sich beide die Waage halten (s. Abb. 84).

Solange der Ton klingt, bleibt diese Spannung bestehen. Dabei verengt sich die Taille – und n u r sie! –, dem minimalen Atemverbrauch entsprechend, ganz langsam. Auf diese Weise werden Form und Weite des Brustraumes – und des Rumpfes – gehalten und die Feinregulierung des Atems beim Anblasen der Stimmlippen und des darüberliegenden Klangrohres durch die Lungen ermöglicht und gesichert. Den perfekten Minimalatem des Sängers gibt es nur unter dieser Voraussetzung.

Abb. 84: Das »Halten des Atems« beim Ton (»Atem-, Tonstütze«) Wirkung der Anspannung in a) Brustkorb, b) Zwerchfell, c) Bauchwand (einschl. Lende)

3. Klangerzeugung – Atemführung – Klangbildung – Lautformung

In diesem Halten der Weite besteht die vieldiskutierte Atem- oder Tonstütze, eine Bezeichnung, die besser durch »Atemhalt« ersetzt werden sollte. Diese Atemführung bleibt auch bei den – klanglosen – Konsonanten unverändert, durch welche die einzelnen – klingenden – Vokale beim Artikulieren (beim Sprechen und Singen) voneinander getrennt werden, einschließlich der Hauch- und Zischlaute (mit dem Atem hervorgebrachte Reibungsgeräusche) verschiedener Art. Auch sie müssen mit der gleichen Minimalluft zustande kommen wie die klingenden Laute; einige Konsonanten, *P/B*, *K/G* und *T/D*, entstehen sogar ganz ohne abströmenden Atem.

Mit dem Absetzen des Tones wird der bisher g e s t a u t   g e h a l t e n e Atem l o s g e l a s s e n, indem Brustkorb, Zwerchfell und Bauchmuskelschlauch nachgeben. Der Brustkorb sinkt dabei wieder so viel ein, wie er sich vorher, mit dem Tonansatz, geweitet hatte; es ist an einem geringfügigen Heruntersinken des Brustbeins zu erkennen. Das Nachgeben des Zwerchfells läßt die Taille einsinken; es ist besonders in der Lendengegend und der Magengrube deutlich zu sehen.

Ob dabei gleichzeitig auch ausgeatmet wird, hängt davon ab, ob anschließend weitergesungen oder -gesprochen wird oder nicht. Im letzteren Falle wird die nicht zur Klangerzeugung verbrauchte Luft unter elastischem Zusammenziehen des Bauchmuskelschlauches ausgeatmet, ganz so wie beim Atmen sonst auch; wieviel, hängt von der Länge der vorhergehenden, auf einem Atem gesungenen resp. gesprochenen Phrase ab (u. U. also auch gar nichts).

Bei fortlaufendem Singen und Sprechen wird dagegen, sobald der Atem auszugehen droht, dort, wo es der Vortrag erlaubt, unmittelbar nach dem Absetzen des Tones am Ende der Phrase sofort wieder voll eingeatmet. Dies erfolgt normalerweise automatisch und so schnell, daß es mit dem Nachgeben des Brustkorbes – Einsinken des Brustbeins – beim Absetzen des Tones zusammenfällt[26].

Dieses blitzschnelle L u f t s c h ö p f e n erfolgt, zum Unterschied vom normalen sonstigen Einatmen, »mit« dem Rachen »durch« den offenen Mund (s. Abb. 86) – sofern man es sich nicht mühsam absichtlich abgewöhnt hat. [...]

Es sei ausdrücklich darauf hingewiesen, daß beim Sprechen und Singen dieses »Mundatmen« normal ist, da immer wieder der Annahme das Wort geredet wird, es reize und schädige die Atemwege; das ist aber bei korrektem Luftschöpfen über den oberen Rachen keineswegs der Fall. Die »Schnell-

---

[26] Dieses scheinbar paradoxe Verhalten erklärt sich zwanglos aus dem Umstand, daß der Klang ein stärkeres Anspannen des Brustkorbes verlangt als das Einatmen.

einatmung« gehört unabdingbar zum korrekten Sprechen und Singen, bei dem sich die Pausen nach dem Sinn des Inhalts richten müssen; Atmung und Stimme haben sich diesem unterzuordnen[27].

Ob man zum e r s t e n Ansetzen des Tones – oder nach einer längeren Pause – durch die Nase (langsam) einatmen soll oder durch den Mund (schnell) Luft schöpfen, sei dahingestellt. Für die korrekte Klangerzeugung ist es – im vollsten Sinne des Wortes – gleichgültig. Für ersteres spricht der Umstand, daß es natürlich ist, den Mund beim Schweigen geschlossen zu halten. Es ist auch meistens gar nicht einmal notwendig, vorm Sprechen und einfachen Singen erst noch »Luft zu holen.« Nur bei längeren Phrasen im Kunstgesang o.ä. wird der Könner seine Lungen besonders gut füllen; es strapaziert seine trainierte, leistungsfähige Atmung nicht im geringsten. Dazu läßt sich sowohl das vorsorgliche, langsame Einatmen als auch das schnelle Luftschöpfen verwenden; bei fortlaufendem Sprechen und Singen ist jedoch n u r das letztere richtig.

3.1.3 Klangbildung – Tonansatz

Der Klang entsteht in den bei der Atemsteuerung bereits beschriebenen oberen Luftwegen im Kopf, wo der weiche Muskelschlauch des Rachens, das Verbindungsstück zwischen hinterer Nasenöffnung und Kehle, durch Anspannen seiner Muskeln zum festen Rohr wird.

Dieses wird von den Lungen wie eine Schalmei angeblasen, so daß die darin stehende Luft in Schwingungen versetzt wird, deren Frequenz (Geschwindigkeit) durch die gleichzeitig zum Vibrieren gebrachten, in seinem unteren Ende gelegenen Stimmlippen bestimmt wird. Die Schwingungen setzen sich in die mit dem Rachen in offener Verbindung stehenden Räume der Nase und des Mundes fort, außerdem bringen sie den ganzen Körper mehr oder weniger zum Mitklingen (s. Abb. 85 und 86).

Form und Weite des Rachens wird, solange der Ton klingt, durch das Anspannen seiner Muskeln g e h a l t e n . Diese Muskeln – im »Inneren des Kopfes« – sind für das Halten und Führen des Klanges von ähnlicher Bedeutung wie die Muskeln im »Inneren des Rumpfes« für das Halten und Führen des Atems.

Die H ö h e des Tones regulieren die Stimmbänder mit Hilfe ihrer Muskeln, die L a u t s t ä r k e die elastisch gespannten Lungen (der Lungenzug).

---

[27] Vor dem Luftschöpfen, mit dem Absetzen des vorhergehenden Tones, auszuatmen, ist nicht sinnvoll und gehört keineswegs zur normalen Atemführung – es sei denn, man beabsichtige, seinen Gesang mit einem seelenvollen »Schluchzen« zu verzieren.

3. Klangerzeugung – Atemführung – Klangbildung – Lautformung

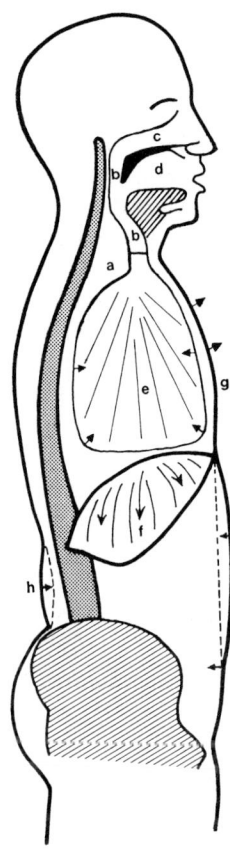

Abb. 85: Das Stimmorgan
a–d: das Klanginstrument,
e–h: Anblaseapparat, Brustkorb, Zwerchfell, Bauchwand angespannt (Atemführung)

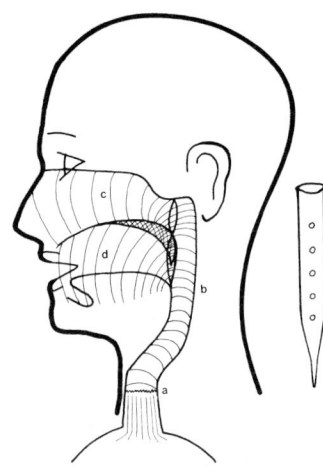

Abb. 86: Das Klanginstrument
a) Stimmbänder, b) Klangrohr, c) fester »Schalltrichter«, d) verstellbarer Klangraum

An den weiteren Variationen der Klangfärbung und der Resonanz sind alle hier genannten Partien beteiligt.

Beim Flüstern blasen die Lungen in das Klangrohr des Rachens, ohne daß die Stimmlippen eingeschaltet – gespannt – sind. Die Atemführung ist beim »geflüsterten Ton« die gleiche wie beim klingenden und sichert ein minimales Abströmen des Atems. Als Flüstergeräusch dient das anschließend bei der Lautformung tonlose Strömungsgeräusch im oberen Rachen H, ähnlich dem Atemgeräusch in der »hinteren Nase«.

Das – nicht seltene – Flüstergeräusch in der Kehle, zwischen den Stimmlippen, ist schädlich. Dieses »Kehlflüstern« ist durch den ganz verschiedenen Klang vom korrekten »Rachenflüstern« leicht zu unterscheiden.

Es verbraucht erheblich mehr Atem und hat – eine der Bühnenwelt geläufige Erfahrung – nicht annähernd die gleiche Reichweite wie letzteres; auch im Tonband tritt der Unterschied deutlich zutage. [...]

Die Muskulatur des Rachens hat die Aufgabe, diesen in seiner Form als röhrenförmigen Klangkörper, den Kehlkopf in seiner Stellung zu halten, die Resonanzverteilung im Kopf, in erster Linie in den Nebenhöhlen der Nase, zu regulieren, indem sie, ohne ihre Grundeinstellung zu verändern, durch minimale Änderung ihrer Spannung oder Einstellung diese Räume in verschiedener Weise mit heranzieht.

Die S t i m m b a n d m u s k e l n können die Breite, die Länge und die Spannung der wie Saiten wirkenden Stimmlippen variieren und auf diese Weise die Tonhöhe einstellen. Auch die Grundresonanz und der Klangcharakter des Tones kann von ihnen, sowohl absichtlich als auch unwillkürlich, verändert werden. Ob und wieweit allerdings die Stimmbänder an der Nuancierung des Klanges beteiligt sein sollen, mag dahingestellt bleiben; exakte Beobachtungen darüber sind kaum möglich. Auf jeden Fall aber kann es nur soweit als korrekt und erlaubt gelten, wie es nicht auf Kosten der Klangfülle geht. Sonst ist es als falsche – leider überaus häufige Hilfe – zu verwerfen.

Es ist auch für die Praxis ohne Belang, ob man noch nähere Einzelheiten der Klangerzeugung kennt oder nicht: bei geübter Muskulatur und richtigen Vorstellungen arbeiten die einzelnen Teile automatisch in der günstigsten Weise.

3.1.4 Lautformung

Im Gegensatz zum mechanischen Blasinstrument, bei dem der Klang, mit der Form festgelegt, immer der gleiche ist und nur in Stärke und Höhe verändert werden kann, ist der Klang der menschlichen Stimme weitgehend variierbar. Die Vorderseite des Rachens, des Kernstückes des Instruments, steht mit dem Mund in weit offener Verbindung, so daß beide einen z u s a m m e n h ä n g e n d e n   K l a n g r a u m bilden. Dessen Form – und damit der darin erklingende Ton – kann durch die verschiedensten Kombinationen der Lippen-, Kiefer- und Zungenstellung vielfältig abgewandelt werden (s. Abb. 86a).

Während also der Klang mit dem Rachen gehalten und geführt wird, formt ihn der Mund zu den verschiedenen Lauten aus. Dabei dürfen seine Muskeln die des Rachens ebensowenig stören, wie diese das Spiel der Stimmbänder; die verschiedenen Muskelgruppen müssen völlig unabhängig voneinander arbeiten. Beim Bilden von Worten, der Artikulation, werden die ein-

3. Klangerzeugung – Atemführung – Klangbildung – Lautformung

zelnen Vokale durch Konsonanten gegeneinander abgegrenzt. Diese sind überwiegend nichtklingende, zum kleineren Teil aber auch mit Klang gemischte Geräusche, die, mit oder ohne Atem erzeugt, in derselben Weise mit dem Mund geformt werden wie die Vokale. Auch für sie gilt ohne jede Ausnahme die Regel vom Minimalaufwand an Spannung und Atem, und auch hier stört jeder Fehler selbstverständlich die Klangbildung im Rachen.

Einzelheiten dieser Vorgänge und Beziehungen sind eine interessante Aufgabe für den Forscher. Für eine Gebrauchsanweisung wie diese genügen aber jene Kenntnisse, die sich jeder aus der Beobachtung seines eigenen Stimmorgans aneignen kann; er muß nur, wie normalerweise auch zu erwarten, dessen Muskeln unter Kontrolle haben.

Was für die korrekte Lautformung praktisch von Bedeutung ist, findet man ohne Schwierigkeiten, wenn man die einzelnen Laute »ganz von allein« entstehen läßt, ohne jeden Nachdruck oder absichtliches Bewegen und ohne Atem dabei verbrauchen zu wollen.

Bei dieser interessanten und für die Schulung der Stimme unentbehrlichen Beschäftigung zeigt es sich, daß die Formung der Laute normalerweise ausschließlich durch entsprechende Einstellung
- der Kiefer,
- der Lippen und
- der Zunge zustande kommt.

Die Kieferöffnung wechselt zwischen einer engeren für *I* und *E* und der weiteren für *A*, *O* und *U*.

Das Öffnen der Kiefer muß ausschließlich durch Nachgeben der vor dem Ohr gelegenen Kaumuskeln als Sinkenlassen des Unterkiefers zustande kommen, das Schließen als dessen Heben durch Anspannen der gleichen Muskeln.

Bei diesem korrekten Öffnen tritt der unterhalb des Ohres gelegene Kieferwinkel (s. Abb. 69b) nach hinten, während das oben vor dem Ohr gelegene, rundliche Ende des Unterkiefers (a der gleichen Abb.) auf seinem Platz bleibt.

Zu *I* und *E* ist der Mund breit, zu *O* werden die Lippen vorgeschoben, so daß der Mund rund wird; *U* entsteht aus dem *O* durch weiteres Vorschieben. Bei *A* werden die Lippen nur durch die Kieferstellung passiv mitgeformt.

Die Zunge ist bei *I* und *E* breit und steht hoch, bei *A*, *O* und *U* tiefer. Sonstige dem Auge wenig zugängliche Einzelheiten zu kennen erübrigt sich; sofern man unnötige Bewegungen und Anspannungen der Zunge unterläßt, erfolgt die korrekte Einstellung ganz automatisch. Gemischte Vokale kommen durch kleinere Variationen dieser Grundeinstellung zustande.

Die Konsonanten werden – bei beliebiger Kieferstellung – mit den aus Abb. 87 zu ersehenden drei Artikulationsstellen geformt:
- (1) zwischen weichem Gaumen (dem Gaumensegel) und hinterer Zunge,
- (2) zwischen vorderem, hartem Gaumen und Zungenspitze,
- (3) zwischen den Lippen.

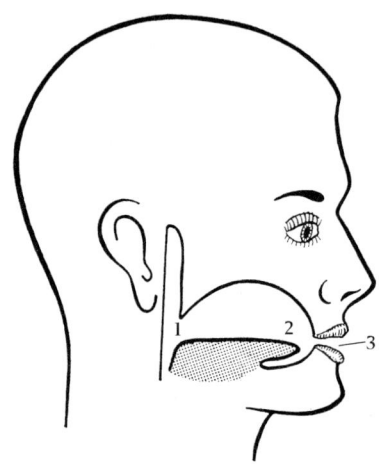

Abb. 87: Die drei Artikulationsstellen. (1) zwischen hinterer Zunge und weichem Gaumen, (2) zwischen Zungenspitze und vorderem Gaumen, (3) zwischen den Lippen.

Formung	der Summer	der Öffnungslaute	der Strömungslaute	der klingenden Strömungslaute
bei (1)	*n(g)*	*g, k*	*ch, h*	*j*
bei (2)	*n, l, (r)*	*d, t*	*s, z, sch*	»Stimm-*s*«
bei (3)	*m*	*b, p*	*f (v)*	*w*

Die Konsonanten der *H*-, *S*- und *F*-Gruppen entstehen durch Reibung des strömenden Atems an diesen drei Stellen, die dazu mehr oder weniger verengt werden. Dabei soll ohne den geringsten Nachdruck so wenig wie möglich Atem abströmen.

B/P, *D/T* und *G/K* kommen nur durch kleinste Öffnungsbewegungen an den drei genannten Stellen zustande, ohne das geringste Abströmen des Atems[28].

---

[28] Sie sind daher als Öffnungslaute zu bezeichnen; die gängigen Ausdrücke »Verschluß-« oder gar »Explosivlaute« sind irreführend.

Bei den Summern *N(g)*, *N* und *M* wird der Klang durch Schließen der obigen Artikulationsstellen gedrosselt; der Klangraum wird dadurch verkleinert und der sonst durch den Mund abströmende Atem durch die Nase umgeleitet.

L wird an der gleichen Stelle geformt wie das *N*. Es unterscheidet sich von diesem nur durch eine minimale Öffnung zwischen Zungenrand und hartem Gaumen; es ist ein »offener Summer«.

Für *R* gilt ähnliches; sein besonderer Klang kommt durch Vibrieren der Zunge zustande, am besten mit der Zungenspitze an der gleichen Stelle – (2) – wie *N* und *L* und nur notfalls, als »Gaumen-*R*«, hinten bei (1), wo es weniger gut klingt, aber von manchen Dialekten hinverlegt wird.

Zu *J*, Stimm-*S* und *W* werden die ihnen jeweils entsprechenden Strömungslaute, *Ch*, stummes *S* und *E*, mit den zugehörigen Summern kombiniert.

Läßt man die Konsonanten nach denselben Regeln entstehen, auf die hier, als Grundlage des korrekten Klanges, immer wieder hingewiesen ist, stellt sich auch bei ihnen die korrekte Lautformung automatisch ein, wenn man sich dabei bemüht, die Laute so perfekt zu gestalten, wie es dem »geistigen Ohr« vorschwebt. [...]

3.2 Grundregeln und zusätzliche Richtlinien

3.2.1 Klangerzeugung

- Grundregeln

Sie sind bei intakter Stimme relativ einfach; es genügt, den Ton unter guter Haltung des Rückens ohne jeden Druck oder absichtliches Anspannen, mit der Absicht, »gar keinen« Atem zu verbrauchen, an der Klangstelle »oben innen im Kopf« (s. Abb. 82) anzusetzen, und, während er sich von dort aus in den vorderen Kopf und den sich weitenden Rumpf hinein ausbreitet, ihn so voll und schön wie möglich erklingen zu lassen. Solange die Stimme erklingt, muß der Ton in dieser Weise g e h a l t e n und g e f ü h r t werden.

- Zusätzliche Richtlinien

Zur Sicherung der Atemführung kann man dabei noch den oberen Brustkorb mit dem Ansetzen des Tones etwas spannen, wobei er sich geringfügig wölben soll, [und] die Taille sich ringsherum dehnen lassen.

Dieses Weithalten des Rumpfes gelingt am besten mit der Vorstellung, d e n T o n » o h n e « j e d e s e i g e n e Z u t u n e r k l i n g e n z u l a s s e n

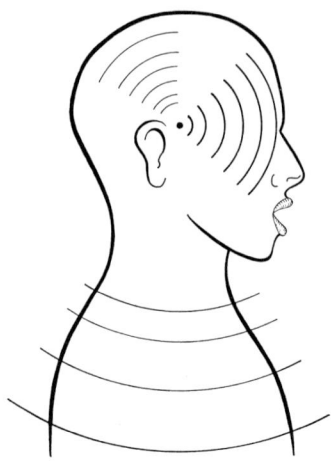

Abb. 88: Ansatzstelle und Ausbreitung des Klanges

und ihn nicht »aus der Kehle zum Mund hinaus« zu singen, s o n d e r n »von der Klangstelle« im Kopf aus »an der Wirbelsäule herunter« in die Brust hinein und »von innen gegen das Brustbein«, und »die Taille damit zu weiten« (s. Abb. 84).

Auch kann man das Stehenlassen des Atems mit der Vorstellung fördern, die Luft käme, während der Ton klingt, von außen durch den Mund nach hinten oben in den Rachen hinein.

Der Ton muß unbedingt ohne jedes Nachdrücken mit dem Rumpf (Brustkorb, Bauch) zustande kommen und das absichtliche Anspannen der Bauchmuskeln – der vorderen Bauchwand – ist sorgfältig zu vermeiden.

Mit dem Absetzen des Tones läßt man den oberen Brustkorb und die Taille wieder einsinken und sichert das Nachlassen der Brustkorbspannung durch a b s i c h t l i c h e s   S i n k e n l a s s e n   d e s   B r u s t b e i n s ; es sinkt dabei geringfügig herunter, ohne daß aber die Wirbelsäule im geringsten dazu beitragen darf.

Bei fortlaufendem Singen und Sprechen kann man das korrekte Auffüllen der Lungen zusätzlich dadurch sichern, daß man darauf achtet, g e n a u   g l e i c h z e i t i g   m i t   d e m   E i n s i n k e n   d e s   B r u s t b e i n s   m i t   d e m   R a c h e n   L u f t   z u   s c h ö p f e n . Unter Umständen muß es aber, ebenso wie das Führen des Atems, korrigierend eingeübt werden.

Beides muß unbedingt bei allem Sprechen und Singen zur festen, automatischen Gewohnheit werden. Größere Beanspruchungen sind so lange zu vermeiden, bis die Stimme dafür kräftig genug geworden ist und gar keine Unsicherheiten bei der Klangerzeugung mehr zu merken sind. Als Sicherheitsmaßnahmen der Klangführung im Rachen empfiehlt es sich, den Klang, unbeschadet aller Änderungen in Stärke, Färbung und Höhe, ununterbrochen »mit der Klangstelle« festzuhalten, diesen Griff, fester zupackend, bei Intervallen und sonstigen Übergängen noch zu verstärken, während man den Atem gleichzeitig etwas »zurücknimmt«, um jedes unwillkürliche Nachdrücken sicher auszuschalten.

Dem sehr leicht eintretenden, aber äußerst ungünstigen Mitbewegen der Kehle kann man meistens durch g e r i n g e s   Z u r ü c k n e h m e n   d e r   Z u n g e n s p i t z e mit Erfolg begegnen.

Man darf im übrigen den Ton ebensowenig in der Kehle spüren wie den Atem in den Lungen, und es wird ebensowenig »mit der Kehle« gesungen, wie »mit den Lungen« geatmet werden soll!

3.2.2 Lautformung

Das erhaltende Üben derselben ergibt sich weitgehend im Rahmen der obigen Klangsicherungstechnik.

- Grundregeln

Als Grundregeln hat man zu beachten, daß die Lautformung völlig unabhängig vom Halten und Führen des Klanges, unter korrekten Kieferbewegungen (s. S. 119), mit kleinstmöglichen Bewegungen in Lippen und Zunge erfolgen soll, die Laute aber so deutlich wie möglich ausgesprochen werden.

- Zusätzliche Richtlinien

Um übliche, leicht vermeidbare Fehler auszuschalten, muß man gegebenenfalls dafür sorgen, daß
- beim Mundöffnen das obere Ende des Unterkiefers auf seinem Platz bleibt (s. Abb. 69),
- Augenbrauen und Oberlippe nicht hochgezogen werden (durch »Hängenlassen« zu verhüten),
- der hinter dem Kinn von außen sichtbare Mundboden sich nicht senkt,
- die Kehle ihre Stellung nicht ändert oder sich mitbewegt.

Bei den Konsonanten soll man
- »überhaupt keine« Luft abströmen lassen und
- den vorhergehenden Ton ununterbrochen auf dem stehenden Atem weiterklingen lassen, ohne Rücksicht auf die durch den Konsonanten bedingte Unterbrechung.

Der Anschein, dies sei bei den Strömungslauten – der *H-*, *S-* und *F-*Gruppe – besonders schwierig, täuscht. Man soll diese »nur mit Hilfe der im Kopf vorhandenen Luft« zustande bringen und verhütet das ungünstige, das Minimum überschreitende Abströmen des Atems am besten mit der Vorstellung, die Luft ströme dabei von außen in den Mund hinein. Außerdem soll man diese Laute, indem man sie nur kurz »andeutet« oder sie gar »überspringen« will, kurz halten[29].

---

[29] Auch das den Strömern verwandte Pfeifen, Blasen und Schneuzen erfolgt mit der gleichen Atemführung.

Diese Regeln der Lautformung müssen selbstverständlich auch beim gewöhnlichen Sprechen beachtet werden. Die Gefährdung des Klanges durch unkorrektes Lautformen ist dabei noch größer als beim Singen, und man soll sich daher beim Sprechen besonders strikt an den Grundsatz vom geringstmöglichen Atemverbrauch und Bewegungsaufwand halten: nicht mehr, als eine perfekte Aussprache erfordert[30].

Es bedarf keiner Erläuterung, daß damit ein ausgiebiges leistungserhaltendes Üben der Lautformung am einfachsten zu sichern ist. [...]

3.3 Fehlerhaftes Verfahren

3.3.1 Klangerzeugung

Sie [fehlerhafte Klangerzeugung] ist unzweideutig daran zu erkennen, daß der Ton, unter immer kürzer werdendem Atem, an Fülle und Resonanz verliert; er wird »enger«, »kleiner«, »hart«, »gequetscht« oder auch »hauchend« u.ä. Die Stimme ermüdet relativ schnell, verliert an Umfang und neigt schließlich dazu, belegt und heiser zu klingen; eine Entwicklung, die zuletzt in der Bildung von »Sängerknoten« an den Stimmbändern gipfelt und durch ärztliches Eingreifen nur unzureichend aufzuhalten ist.

Die **unmittelbare** Ursache für den Qualitätsverlust der Stimme **liegt im Klangrohr des Rachens**. Dort wirkt sich schon der geringste Fehler ungünstig auf dessen Form und Spannung aus. Der Klang wird dadurch nicht nur direkt, sondern auch über die Stimmbänder – indirekt – beeinträchtigt, deren empfindliches Spiel auf jede Abweichung von der normalen Haltung und Stellung der Kehle mit Abwehrspannung reagiert.

3.3.2 Atemführung

An den Fehlern der Klangerzeugung ist die Atemführung so gut wie immer beteiligt. Dazu kommt es entweder im Anschluß an eine unkorrekte Klangbildung im Rachen oder auf Grund einer bestehenden Fehlatmung, die selbstverständlich auch der Atemführung beim Klang ihren Stempel aufdrückt; von dieser wird dann die ganze Klangerzeugung in Mitleidenschaft gezogen. Beim nachdrücklichen Sprechen z. B., bei dem der Klang »ge-

---

[30] Es lohnt sich, das mühelose Spiel des »Sprechapparates« an vorbildlichen Sprechern zu beobachten, wie sie auch heute noch auf der Bühne und im Film manchmal anzutreffen sind und auffallen.

quetscht« und der Atem buchstäblich »unter Druck gehalten« wird, kann die verhängnisvolle Entwicklung sowohl von der einen als auch von der anderen Seite ausgehen. Auch mangelhafte Lautformung kann, wie oben erwähnt, die Atemführung auf die Dauer nachhaltig schädigen.

Die fehlerhafte Atemführung erkennt man deutlich entweder
- am Heben des Brustkorbes beim Luftschöpfen und dessen Senken während des Tones oder
- am Einziehen oder Herauswölben der unteren Bauchwand mit dem Tonansatz – eine gar nicht seltene, aber völlig abwegige »Atemstütze«.

Ihre unvermeidlichen Folgen sind
- der zu kurze Atem infolge geringerer Atemmenge,
- eine unsichere Feinregulierung der Atemabgabe (des »Minimalatems«).

Der Ton verliert daraufhin – durch zu schnelles »Nachschieben« des Atems – an Fülle; oft auch klingt er nach »Beiluft« wie eine schlecht angeblasene Flöte. Die Möglichkeiten der Nuancierung und der Artistik sind weitgehend reduziert.

3.3.3 Klangbildung im Rachen

Sie macht sich, auf jeden Fall bei lauterem Sprechen und beim Singen außerhalb der Mittellage, stets als Unsicherheit des Klanges bemerkbar und ist immer, wie bereits erwähnt, herauszu h ö r e n . Direkt s i c h t b a r wird sie außerdem früher oder später
- am Kehlkopf, der sich dann beim Sprechen und Singen auf und ab bewegt,
- an der Zunge, die ihre korrekte Grundstellung und freie Beweglichkeit verliert,
- oft sogar am Mundboden, der sich beim Klangansatz mit anspannt.

Sehr häufig liegt die erste Ursache bei der Lautformung, deren Muskeln – in Kiefer, Gesicht (Lippen) und Zunge – bei jeder unkorrekten Bewegung und Anspannung unweigerlich die Rachenmuskeln in Mitleidenschaft ziehen. Der Mißbrauch dieser Muskeln des Mundes wird leider durch die vorherrschende Ansicht, man »singe mit dem Mund«, sehr zum Schaden vieler ursprünglich guter Stimmen weitgehend gefördert oder gar systematisch gezüchtet. Wäre die Abgrenzung zwischen Klangerzeugung und Lautformung besser bekannt, von der sich jeder, auch ohne nähere Kenntnis vom Bau des Stimmorgans, im eigenen Versuch leicht überzeugen kann, gäbe es dieses Dilemma gar nicht.

Auch jedes andere unkorrekte Anspannen im gesamten sonstigen Bereich des Atem-Stimmapparates kann sich ungünstig auswirken, indirekt sogar das der an sich nur mittelbar beteiligten Muskulatur von Hals und Wirbelsäule.

Schließlich ist auch eine fehlende Atemsteuerung im oberen Rachen nachteilig für die Klangbildung, da das damit gegebene automatische Training der für beide maßgeblichen Muskulatur fortfällt.

3.3.4 Lautformung

Sie [fehlerhafte Lautformung] kann einerseits s e l b s t ä n d i g aus den angeführten Ursachen [Mangel an Übung und unkorrekte Arbeitsweise] entstehen; sie zieht dann früher oder später die Klangbildung in Mitleidenschaft. Andererseits kann sie sich auch a l s F o l g e weitgehender Unkorrektheit der letzteren einstellen. Fehlerhaft ist jede Art, die Laute zu formen, die gegen das Gesetz von Minimalaufwand und perfekter Bewegung verstößt, sei es, daß – in leichteren Fällen – die Muskeln mehr als nötig angespannt resp. bewegt werden, oder daß – in schwereren Fällen – auch noch benachbarte Muskeln zusätzlich mit eingesetzt werden. Ersteres erkennt meistens nur das geübte Ohr; oft sind aber kleinere Abweichungen von der korrekten Lautformung auch deutlich zu sehen. In den schwereren Fällen
– wird das Gesicht verzerrt,
– werden die Kiefer falsch geöffnet,
– senkt sich der Mundboden unter Anspannung.
Die deutliche, entstellende Verspannung der Gesichtsmuskulatur zeigt sich am Hochziehen der Oberlippe; sie ist häufig mit Hochziehen der Augenbrauen – Stirnrunzeln – gepaart.

Das u n k o r r e k t e K i e f e r ö f f n e n bei dem sogar oft die Muskeln am Kinn und der angrenzenden Partien des vorderen Halses angespannt werden, ist e i n d e u t i g daran zu erkennen, daß – umgekehrt als normal – d a s v o r d e m G e h ö r g a n g g e l e g e n e, a l s r u n d l i c h e V e r d i k k u n g t a s t b a r e U n t e r k i e f e r e n d e (s. Abb. 68a) b e i m M u n d ö f f n e n n a c h v o r n tritt [Hervorhebung Sch.-O.], während der Kieferwinkel (b) auf seinem Platz bleibt.

Statt durch N a c h g e b e n h i n t e n s i c h z u s e n k e n, wird der Unterkiefer v o r n e am Kinn h e r u n t e r g e z o g e n. Die schädliche Wirkung auf Zunge, Rachen und Kehle, und damit auf Lautformung und Klangbildung, liegt auf der Hand.

D i e V e r s p a n n u n g d e s M u n d b o d e n s i s t b e s o n d e r s v e r h ä n g n i s v o l l [Hervorhebung Sch.-O.]; sie wirkt ähnlich, aber erheblich stärker als das falsche Kieferöffnen allein.

Die leichteren Fehler schwinden, sobald man die Laute genau so wie oben beschrieben (s. S. 140f.), zustande kommen läßt; die schwereren müssen durch besonderes, korrigierendes Üben beseitigt werden (s. S. 157f. b). [...]

3.4 Korrekturtraining

3.4.1 Atemführung

Ihre Unsicherheit ist stets einer mangelhaften Atemmuskulatur zur Last zu legen. Zunächst muß daher diese gekräftigt werden, gar nicht selten sogar nach der komplizierteren Methode (s. S. 158). Damit sind dann die Voraussetzungen geschaffen, um sie beim Klang korrekt einsetzen zu können. Erst dann kann man die Atemführung beim Ton einüben und sichern (s. S. 138).

– Das korrekte Luftschöpfen kann man nach der einfacheren Methode wieder lernen, indem man – »ohne jede Pause« weitersingend – unmittelbar nach dem Absetzen des Tones und gleichzeitig mit dem Einsinken des Brustbeins durch den Mund mit dem Rachen einatmet (*hä*) (s. S. 139). Dabei darf der Mund nicht weiter aufgemacht werden; es würde die Klangbildung beeinträchtigen. Man übt es zunächst mit einem O oder A ein.

– Bei hartnäckigen Schwierigkeiten kommt man auf kompliziertere Weise besser zum Ziel. Man benutzt dabei zunächst das Summen auf *N(g)*.

Man läßt entweder die hintere Zunge, die dabei hinten am weichen Gaumen liegt, genau mit dem Absetzen des Tones fallen, während man gleichzeitig dort »mit dem Rachen durch den Mund« und ohne Kiefer und Lippen zu bewegen kurz und schnell einatmet; gleichzeitig läßt man das Brustbein fallen, um es dann mit dem neuen Tonansatz wieder etwas zu heben. Dieses Luftschöpfen übt man unter relativ schnellem Wechseln zwischen Ton und Einatmen.

– Noch sicherer wird es in drei Zeiten eingeübt:
1. Ansetzen des Tones unter geringem Anheben des Brustbeins,
2. Absetzen des Tones unter dessen Einsinken, begleitet von einem kurzen Ausatmen.
3. schnelles Luftholen mit dem Rachen, ohne das Brustbein zu heben.

3.4.2 Klangbildung und Lautformung

Beide müssen gemeinsam korrigiert werden, da die betreffenden Muskeln in naher Verbindung miteinander stehen und sich leicht gegenseitig beeinflussen und stören können; die empfindlich reagierende Klangbildung wird bereits durch übersteigerte Muskeltätigkeit bei der Lautformung gestört. Dieser Abschnitt, die Technik der Klangkorrektur, mußte, um alle Möglichkeiten zu berücksichtigen, besonders umfangreich werden. Auch ist korrigierendes Üben, wenn es sich erst (um Fehler abzugewöhnen) als unumgänglich herausgestellt hat, verständlicherweise weit komplizierter als dasjenige, welches für die Erhaltung und Kräftigung einer relativ intakten Stimme erforderlich ist.

Bei den gut ausgerüsteten Stimmen der Sänger wird in der Regel die e i n fache, direkte Methode zur Korrektur vollauf genügen, die langwierige, kompliziertere dagegen nur selten – und meistens auch nur teilweise – in Frage kommen, wenn hartnäckige Fehler – auch bei geschulten und von Natur aus »schönen« Stimmen[31] gar nicht so selten – eine gründliche, vorbereitende Umschulung der betreffenden Muskelgruppen notwendig machen.

Häufiger mag das kompliziertere Korrekturtraining bei Berufssprechern angebracht sein.

a) Einfache Korrektur von Klangbildung und Lautformung

Sofern man den Klang noch mit dem nasalen Summer korrekt zustande bringt, kann man, von diesem »Klangkern« ausgehend und Schritt für Schritt fortschreitend, die Stimme mit nachstehendem Programm bis zum kompliziertesten Singen bei vollem, mühelosem Klang schulen.

• Ansetzen und Halten des Klanges auf *N(g)*
Man konzentriert sich darauf, den Ton »innen in der Mitte des Kopfes«, »oberhalb des Gaumens«, »in Augenhöhe hinter der Nasenwurzel« anzusetzen und diese Stelle, ohne jeden Nachdruck und unter »Halten des Atems« zum Klingen zu bringen (s. S. 145f.).

Gesicht und Lippen, Zunge, Mundboden oder Hals dürfen sich dabei nicht im geringsten anspannen, die Kehle darf sich nicht verschieben. Um jeden überflüssigen, schädlichen Aufwand an Anspannung, Druck und Atem zu vermeiden, stellt man sich vor, »gar nichts« bewegen oder anspannen und »gar keine« Luft verbrauchen zu wollen.

Zur Sicherung der Atemführung läßt man, gleichzeitig mit dem Tonansatz, den g a n z e n Rumpf weiter werden und sucht ihn, solange der Ton klingt, m ö g l i c h s t   w e i t   z u   h a l t e n (s. Abb. 84).

---

[31] Diese Stimmen versagen dann, zur schmerzlichen Überraschung (?) ihrer Besitzer, relativ früh. Bis dahin kann ein Künstler durchaus eindrucksvoll und kunstvoll damit singen. Der Könner spielt auch auf kümmerlichen Instrumenten meisterhaft – solange es halt geht.

3. Klangerzeugung – Atemführung – Klangbildung – Lautformung

Je intensiver die hintere Nase dabei mitklingt, desto besser. Dieses »Dröhnen« oben hinter der »Nasenwurzel« – in der »Maske« – läßt man mit der Zeit immer härter und härter werden und kräftigt damit die für die Klangbildung und -führung maßgeblichen Muskeln des oberen Rachens.

Ein Verspannen des Gesichts sollte leicht zu vermeiden sein; notfalls wird es durch Hängenlassen der Augenbrauen und der Oberlippe verhütet.

Weit schwieriger ist es, eine Verspannung der Zunge und das in der Regel damit gekoppelte Anspannen des Mundbodens, oft unter Beteiligung der vorderen Halsmuskulatur, zu verhindern. Das Anspannen des Mundbodens ist gegebenenfalls deutlich an dessen Außenseite, zwischen den beiden Unterkieferästen unmittelbar hinter dem Kinn, zu sehen, auf jeden Fall aber dort zu tasten; es ist immer ein sicheres Zeichen einer weitreichenden Fehlspannung. Dabei ist stets der Kehlkopf beteiligt, der darüber hinaus auch noch nach oben oder unten verschoben wird.

Diese verhängnisvolle Verspannung läßt sich günstigenfalls dadurch vermeiden, daß die Zungenspitze mit dem Tonansatz etwas zurückgezogen wird, während man gleichzeitig die breit werdende hintere Zunge zwischen den hinteren Backenzähnen nach unten sinken läßt; schon die Vorstellung von dieser Bewegung kann die gewünschte Entspannung herbeiführen.

Genügt dies nicht, um auch das Herunter- oder Heraufschieben der Kehle auszuschalten, kann man ersterem durch A n h e b e n d e r h i n t e r e n Z u n g e m i t d e m T o n a n s a t z entgegenarbeiten, statt diese, wie oben angegeben, zu senken, wobei der Ton genau gleichzeitig mit dem Anheben der Zunge an den Gaumen entstehen muß; die vordere Zunge liegt dabei völlig still, entweder »abgelegt« auf der Unterlippe oder in ihrer normalen Ruhelage innerhalb des unteren Zahnbogens.

Dem Hochziehen der Kehle begegnet man entweder mit der Vorstellung,
– d i e K e h l e m i t d e m T o n v o n h i n t e n - o b e n h e r n a c h u n t e n i n d i e B r u s t h i n e i n b l a s e n z u w o l l e n , oder
– durch Zurückziehen der hinteren Zunge, genau gleichzeitig mit dem Tonansatz, nach hinten-unten »ins Genick«.

Unwillkürliches Herausdrücken des Mundbodens, das dabei aufzutreten droht, wird durch gutes Entspannen der vorderen Zunge vermieden.

Der Ton soll so lange immer nur vorsichtig kurz »angetippt« werden, bis jedes überflüssige und schädliche Mitspannen von irgendeiner Seite dabei sicher ausgeschaltet ist.

Gelingt es mit diesen verschiedenen Hilfsmaßnahmen nicht, die Neigung zum Verspannen im vorderen Mund restlos zu beseitigen, muß man auf die kompliziertere Methode zurückgreifen und die betreffenden Muskelgruppen damit vortrainieren, um sie dann korrekt einsetzen zu können.

Sobald man aber den nasalen Summer auf *N(g)* absolut fehlerfrei ansetzen kann, darf man ihn länger und länger halten, ihn härter und härter klingen lassen und kann ihn schließlich – als Geschicklichkeitsübung – auch mit isolierten Bewegungen des Unterkiefers, der Zunge und der Lippen kombinieren, ohne daß sich dies irgendwie am Klang bemerkbar machen darf.

- Halten des Klanges bei wechselnder Tonhöhe auf *N(g)*

Man übt es zuerst in einfachen, kleineren Intervallen, später auch mit getragen gesungenen Melodien. Dabei kommt es auf einwandfrei b r u c h l o s e Übergänge an.

Dieses gleichmäßige Halten des Klanges – die sichere K l a n g f ü h r u n g – im Intervall wird auf die gleiche Weise zustande gebracht wie das Ansetzen, mit dem Unterschied, daß sich dabei sowohl die atem- als auch die klangführende Muskulatur in den Übergängen m e h r anspannt. Ersteres tritt als geringes zusätzliches Herausspannen der Taille in Erscheinung, letzteres kann man, bei einiger Übung, in der Rachenkuppel spüren. Man hüte sich vor dem naheliegenden Irrtum, in den Übergängen nach oben mehr Atem als bisher einzusetzen oder gar Druck anwenden zu müssen. Im Gegenteil: man arbeite lieber mit der Vorstellung, i m Ü b e r g a n g d e n A t e m »z u r ü c k z u n e h m e n«, a u ß e r d e m a u f d e m a l t e n T o n w e i t e r z u s i n g e n, w ä h r e n d d e r n e u e »v o n s e l b e r e n t s t e h t«.

Ausgiebiges Trainieren mit dem Summer auf *N(g)* ist zur Kräftigung der den Klang haltenden Muskulatur unentbehrlich.

- Halten des Klanges beim Formen der Vokale

Es kann bereits neben der vorhergehenden Übung auf *N(g)* in Angriff genommen werden.

Zunächst läßt man die verschiedenen Vokale, bei gleichbleibender Tonhöhe, langsam und gleichmäßig nacheinander aus dem nasalen Summer entstehen und achtet darauf, daß der Klang dabei ununterbrochen und gleichmäßig weiterläuft. Es empfiehlt sich, den nasalen Kopfklang anfangs beizubehalten und die Vokale aus dem *N(g)* in folgender Weise und Reihenfolge entstehen zu lassen: *N(g)* – *j* – *i* – *e* – *a* – *o* – *u*.

Man soll die einzelnen Laute selbstverständlich mit so wenig Bewegung oder Anspannung wie möglich, jedoch v o l l zum Aufklingen bringen. Der Mund ist zunächst – beim *N(g)* – etwas geöffnet, die Lippen dabei aber nicht aktiv beteiligt. Die Öffnung bleibt bis einschließlich *E* die gleiche. Zum *I* wird der Mund etwas breiter gemacht und bleibt beim *E* in dieser Stellung, während sich die hintere Zunge etwas verbreitert.

3. Klangerzeugung – Atemführung – Klangbildung – Lautformung

Zu *A* wird der Mund weiter aufgemacht, indem man, unter geringem Anheben der Nase (des Oberkiefers), den Unterkiefer sinken läßt (s. Abb. 69); dadurch wird das Ruhighalten der Kehle erleichtert.

Zum *O* schiebt man nur die Lippen vor (etwas weniger, aber ebenso wie in Abb. 70), ohne daß sich die Kieferstellung ändert.

Das *U* läßt man aus dem *O* durch weiteres Vorschieben der Lippen entstehen.

Umfang und Ausmaß aller dieser sich kombinierenden Bewegungen dürfen nicht größer sein, als es der perfekte Klang der einzelnen Vokale erfordert. Die Kiefer- und Lippenbewegungen sind leicht zu kontrollieren, müssen aber unter Umständen erst noch gesondert wieder eingeübt werden.

Die jeweils nötige Einstellung der Zunge erfolgt automatisch, sofern diese nicht verspannt ist oder gewohnheitsmäßig ungünstig eingesetzt wird. Man kann sie, beim Sinkenlassen des Unterkiefers zu *A* – *O* – *U*, durch die Vorstellung unterstützen, daß sich »der Rachen nach unten weite«.

In ähnlicher Weise wird dann jeder einzelne Vokal für sich allein geübt, indem man ihn aus dem nasalen Summer *N(g)* sich entwickeln läßt.

- Halten des Klanges beim Vokalsingen mit wechselnder Tonhöhe

Es wird mit den einzelnen Vokalen in der gleichen Weise geübt wie vorher mit dem *N(g)* (dem »ungeformten« Klang). Jedes Abgleiten des Haltes ist dabei deutlich zu hören; es wird genauso verhütet wie beim Summen.

Nach und nach muß das Vokalsingen einen immer größeren Raum im Übungsprogramm einnehmen, um auch im Halten des Klanges in den höheren und tieferen Lagen sicher zu werden. Gleichzeitig wird aber das nasale Summen als ausgesprochene Kraftübung der dafür zuständigen Muskulatur beibehalten.

Für die Bedürfnisse des Sprechens und des Volksliedes genügt es, so lange zu üben, bis alle im Rahmen von etwa eineinhalb Oktaven liegenden Übergänge mühelos gelingen.

Zu der für den Kunstgesang nötigen Artistik der Stimme gelangt man auf die gleiche Weise und unter entsprechender Erweiterung des Übungsprogrammes[32].

---

[32] Die Ausdrucksfähigkeit der Stimme in allen Nuancen zu entwickeln ist die umfangreiche Aufgabe der eigentlichen Gesangsausbildung und nicht Gegenstand dieser Elementarlehre.

- Halten des Klanges beim Artikulieren auf einem Ton (Silbenbildung)

Man übt es zunächst in mittlerer Tonlage und in genau der gleichen Weise wie oben, indem man die einzelnen Vokale jeweils mit den verschiedenen Konsonanten verbindet. Es ist bei sicherer Vokalbildung relativ leicht und ergibt sich von selbst, wenn man sich unter korrektem Halten des Klanges um eine deutliche Aussprache bemüht.

Zunächst läßt man die verschiedenen Konsonanten, ausgehend vom zugehörigen Summer (s. Abb. 87) und gefolgt von einem Vokal, unter geringstmöglichem Atemverbrauch »von selber« entstehen, wobei der Atem im Rumpf und der Klang im Kopf ununterbrochen weiter »gehalten« wird; auch dann, wenn der Summton durch einen tonlosen Konsonanten vorübergehend unterbrochen wird!

Dabei lernt man sehr bald, wie die einzelnen Konsonanten korrekterweise zu formen sind. Es erfolgt immer mit denjenigen Einstellungsbewegungen von Kiefer, Lippen und Zunge, bei denen sie unter geringstem Aufwand an Spannung und Bewegung klar und deutlich zu hören sind.

Bei den Strömungslauten *H*, *Ch*, *S* und *F* ist die Gefahr, sie unter zuviel a b s t r ö m e n d e m Atem zu bilden, besonders groß; auch gute Sänger sind oft nicht dagegen gefeit. Die beste Art, diese Laute zu bilden, findet man jedoch leicht, wenn man
- sie jeweils aus dem ihnen zugeordneten Summer (s. Abb. 87) entstehen läßt,
- sich bemüht, überhaupt keinen Atem dabei zu verbrauchen,
- sich einbildet, die Luft ströme »von außen in den Rachen hinein«[33].

- Halten des Klanges bei artikuliertem Singen

Durch systematisches Singen auf einem Vokal mit wechselnder Tonhöhe und Artikulierübungen in den verschiedensten Kombinationen gelangt man mit der Zeit dahin, auch das eigentliche, melodische Singen zu meistern. Daß man sich dabei zunächst an die mittleren Lagen hält und mit langsamen, getragenen Melodien beginnt (Choräle), ist selbstverständlich. Schnelles Artikulieren erfordert viel Übung.

Beim noch schwierigeren Stakkatosingen müssen sowohl Atemführung wie Klanghalt, genau wie sonst, ununterbrochen eingestellt bleiben, trotz A u s s e t z e n des Tones (Atem und Klang werden »stumm« g e h a l t e n, im Gegensatz zu dem mit L o s l a s s e n verbundenen A b setzen des Tones).

---

33 Auch der wenig erfreuliche Anblick der »feuchten Aussprache« auf der Bühne bliebe dem Publikum damit erspart.

3. Klangerzeugung – Atemführung – Klangbildung – Lautformung

Das Halten des Klanges im Kopf muß also bei fortschreitender Schulung der Stimme immer in derselben Weise gesichert werden wie von Anfang an. Dadurch läßt sich jeder Verlust an Klangfülle und jede Schwierigkeit in den Übergängen sicher verhüten. Es ist die Technik des »Einheitsregisters«, bei dem im »Brustton« noch der Kopfklang, im »Kopfton« noch der Brustklang enthalten ist – das Geheimnis der gleichbleibend mühelos und voll klingenden Stimme.

- Halten des Klanges beim Sprechen

Beim Sprechen erfolgen Atemführung und Klangbildung in derselben Weise wie beim Singen. Nur ist das Halten des Klanges dabei etwas mehr gefährdet, und der schnelle Wechsel zwischen den einzelnen Lauten erfordert größere Geschicklichkeit. Dafür sind die Intervallschwierigkeiten weit geringer.

Zur Korrektur und Schulung des Sprechens benutzt man daher das oben geschilderte Übungsprogramm bis einschließlich Punkt 4 [»Halten des Klanges beim Vokalsingen«] und geht, sobald man in diesem Abschnitt etwa innerhalb von einundhalb Oktaven ganz sicher ist, zunächst zum monotonen, »singenden« Sprechen in gleichbleibender Tonhöhe über (Punkt 5). Damit lernt man, den Halt des Klanges auch beim Sprechen nicht zu verlieren, sondern ihn dauernd »weiterlaufen« zu lassen, wie z.B. im Französischen gang und gäbe. Den Klang »stehenzulassen« gehört aber auch im Deutschen mit seinem Trennen der einzelnen Worte zum guten Sprechen. Am besten hilft dabei wiederum die Vorstellung, den Ton, unbeschadet aller Artikulation, »ununterbrochen« weiterklingen zu lassen.

Früher oder später macht dann auch das Halten des Klanges beim ausdrucksvollen, individuellen Sprechen keine Schwierigkeiten mehr; das genaue Einhalten der Grundregeln ist dabei entscheidend, aber auch ausreichend (s. S. 145).

Bei dem ganzen obigen korrigierenden Training soll man, von Stufe zu Stufe fortschreitend, jeweils erst dann zur nächsten übergehen, wenn man die vorhergehende fehlerfrei beherrscht.

Wie lange es dauert, bis der gesunde, volle, mühelose Ton mit dieser Grundschulung der Stimme wieder aufgebaut und eingespielt ist, hängt von der Schwere der Fehler und der Intensität des Übens ab.

b) Komplizierte Korrektur von Klangbildung und Lautformung

Wird man der Schwierigkeiten mit der einfachen Methode nicht Herr, muß man die einzelnen Muskelgruppen in Kiefer, Zunge, Gesicht und Rachen durch gezielte Sonderübungen vorüben bis man imstande ist,

- die Kiefer korrekt zu öffnen (s. Abb. 69),
- auf N(g) zu summen, ohne die geringste Anspannung in Mundboden oder Zunge,
- die Gesichtsmuskeln beim Ton entspannt zu lassen und nicht unnötig zu bewegen,
- Gaumensegel und Zäpfchen beim Einatmen ruhig zu halten.

Sind diese Vorbedingungen erfüllt, kann der korrekte Einsatz aller Teile unschwer wieder eingeübt werden. Bei diesem Sondertraining muß man das Verhalten der Gesichts-, Kiefer-, Zungen- und Rachenmuskulatur – letztere am hinteren, weichen Gaumen – im Spiegel kontrollieren, um jedes unnötige Anspannen und Mitbewegen auszuschalten. Störende Verspannungen in Wirbelsäule, Schultergürtel oder Atmung verhütet man dabei. [...]

3.5 Konditionstraining

3.5.1 Atmung

Die dafür notwendige Belastung der Muskulatur ist zum Teil schon gegeben, wenn die Nase, nicht nur zum Atmen, sondern auch zum Riechen, wirklich benutzt wird. Die Belastung kann erhöht werden durch Einatmen mit verengter Nase: »Schnüffeln« und – als »Hochziehen« verpönt – »Schniefen«, bei dem die Atemmuskeln sich stark anspannen müssen.

Unentbehrlich aber und weit wirksamer ist S i n g e n; es hat für die Atmung die gleiche Bedeutung wie Turnen und Spiele (Sport) für Bewegungssystem und Kreislauf. (Ein gewisses Training liegt auch im Sprechen, sofern der Atem dabei korrekt geführt wird; es wird darin allerdings vom Singen weit übertroffen.)

Zum Konditionstraining der Atmung genügt das Legatosingen von Vokalen, Summen von Volksliedern und Chorälen, am wirksamsten mit dem nasalen N(g) bei etwas geöffneten Lippen.

Bei diesem einfachen Singen kann man sich am besten auf das Spiel der Atemmuskeln konzentrieren. Es läßt sich auch leicht in den Tagesablauf einbauen, selbst unter modernen Wohnverhältnissen. [...]

3.5.2 Klangbildung

Zum Teil wirken schon die zum Konditionstraining der Atmung angegebenen Tonübungen (s. oben) in diesem Sinne, besonders das Summen. Auch durch eine korrekte Atemsteuerung in der »hinteren Nase« (s. Abb. 77), der

Rachenkuppel, wird die beteiligte Muskulatur mittrainiert. Ebenso wird sie durch vorsichtiges, leises Schnarchen, möglichst »hoch oben hinten in der Nase« gekräftigt.

Zum i n t e n s i v e n Üben ihrer Spannkraft muß man jedoch ausgiebig auf $N(g)$ mit ausgeprägt n a s a l e m Kopfklang bei etwas geöffnetem Mund summen.

Um die für die Klangerzeugung entscheidende Muskulatur – ohne besonderen Zeitaufwand – leistungsfähig zu erhalten, soll man daher den Tag mit Gähnen, Taille-Herausspannen und Stöhnen als »Morgengymnastik der Stimme« beginnen; alle drei Übungen im Laufe des Tages mehrmals wiederholen; so viel wie möglich mit nasalem Kopfklang auf $N(g)$ und in bequemer Tonlage Volkslieder und Choräle summen.

Selbstverständlich darf man dabei auch nicht die geringste Abweichung von der korrekten Atem- und Klangführung in Kauf nehmen. Irgendwelche Unsicherheiten müssen gegebenenfalls erst durch entsprechende Korrekturübungen beseitigt werden (s. S. 151). [...]

3.5.3 Lautformung

Die Spannkraft der beteiligten Muskulatur bedarf keines besonderen Übens, da diese beim Kauen schon genügend – intensiver als beim Sprechen und Singen – beansprucht wird. Ihre Geschicklichkeit kann man dagegen noch durch Flüstern und schnelles Sprechen, auch schwieriger Worte, bei exaktester Aussprache besonders fördern. [...]

3.6 Hochleistungstraining

3.6.1 Klangerzeugung

Die für die A t e m f ü h r u n g beim Sänger erwünschte überdurchschnittliche Kraft und Geschicklichkeit wird mit den zur Kräftigung der Atmung angegebenen Übungen erreicht (s. S. 158); mit ihnen muß im Interesse des Klanges
- 1. besonders ausgiebig,
- 2. unter möglichst starker Anspannung trainiert werden. Besonders beim Herausspannen der Taille soll man die Atemmuskeln so kräftig wie möglich anspannen.
- 3. soll man unter kräftigem Anspannen sowohl leises Singen als auch langes Anhalten des Tones üben.

Dieses ausgesprochene Leistungstraining ist nur bei voller Spannkraft des Brustkorbes und gutem elastischem Nachgeben der Bauchmuskulatur erfolgreich; beides muß eventuell erst mit den entsprechenden Übungen (Muskel- und Atemarbeit im mittleren Raum, s. S. 79ff.) gesichert werden. Das Rippenspreizen und das Gespannthalten des Brustkorbes [...] kann [...] im Interesse des Hochleistungstrainings schon hier mit herangezogen werden.

Die S p a n n k r a f t der für die Klangbildung und -führung zuständigen Muskulatur des Rachens erhöht man
– durch besonders hartes Summen auf *N(g)*, das nasal »in der Maske« klingend, mit gleichbleibender Härte durch alle Lagen ausgiebig zu üben ist;
– durch gezielte Rachengymnastik, indem man die Zungenwurzel nach hinten oben in die Rachenkuppel hinter der Nase hineindrängt und dort hält; dabei wird die Zunge von der Rachenmuskulatur nach hinten hochgezogen. Die Muskeln des Gesichts, der Kiefer und der Zunge selbst dürfen dabei nicht im geringsten angespannt werden: die Lippen bleiben weich, die vordere Zunge bleibt breit und entspannt. Eine ähnliche Wirkung hat das Schnalzen mit der hinteren Zunge am weichen Gaumen. Dabei soll die vordere Zunge fest am harten Gaumen anliegen. Um die G e s c h i c k l i c h k e i t der Rachenmuskulatur zu steigern, läßt man, mit der hinteren Zunge am weichen Gaumen spielend, dort die Konsonanten *G* und *K* unter geringstmöglichem Aufwand an Spannung und Bewegung entstehen.

Zur weiteren Leistungssteigerung muß man das feste Halten des Klanges in allen Übergängen und Lagen systematisch üben:
– 1. das bereits erwähnte Ansetzen und Halten mit dem nasalen Summer auf einem Ton;
– 2. das Halten des Klanges mit diesem Summer in wechselnder Tonhöhe; dabei soll man sich bemühen, den Ton nach und nach immer n o c h härter und n o c h nasaler klingen zu lassen; sogar ein gewisses »P l ä r r e n« ist auf dieser Übungsstufe angebracht und erlaubt;
– 3. das Halten des vollen Klanges beim Formen der verschiedenen Vokale, die man bei gleichbleibender Tonhöhe aus dem nasalen Summer sich entwickeln läßt;
– 4. dasselbe beim Singen eines Vokales mit wechselnder Tonhöhe und in Intervallen.

Das begehrte »bruchlose« Führen des Klanges in den Übergängen läßt sich meistens mit der Vorstellung sichern,
– den Klang dauernd mit der »Klangstelle in der Rachenkuppel« f e s t z u h a l t e n ,

- im Übergang auf dem bisherigen Ton »zu bleiben« und den nächsten unter zusätzlichem Anspannen – »fester zupackend« – »von selber« entstehen zu lassen,
- den Atem im Übergang »zurückzunehmen«.

Nach und nach übt man auf dieser, der vierten Übungsstufe, bis in die höchsten und tiefsten Lagen und auch mit größerer Lautstärke.

Im obigen Programm darf man immer erst dann die nächste Aufgabe in Angriff nehmen, wenn man die bisherigen Übungen absolut sicher beherrscht. Auch darf man nie vergessen: Üben besteht darin, p e r f e k t E r l e r n t e s h ä u f i g z u w i e d e r h o l e n .

Erst wenn das Halten des Klanges sicher eingeübt ist, kann man die weiteren Abschnitte dieses Trainings in Angriff nehmen:
- 5. Halten des Klanges beim Artikulieren auf einem Ton,
- 6. dasselbe bei melodischem artikuliertem Singen,
- 7. dasselbe beim Sprechen.

3.6.2 Lautformung

Sie wird auch im Hochleistungstraining automatisch im Rahmen der Klangbildung weitgehend mitgeübt. Die Spannkraft der betreffenden Muskulatur braucht nicht noch besonders trainiert zu werden. Die erwünschte Geschicklichkeit, schnell und präzise einzustellen, erwirbt man im Rahmen jeder Ausbildung im Kunstgesang. Als besondere Übung, um die absolute Unabhängigkeit der Lautformung von der Klangbildung perfekt zu beherrschen, empfiehlt es sich, jeden einzelnen Vokal mit dem *N(g)* als Klangkern einzuleiten und ihn dann über den ihm zugeordneten Summer (s. Abb. 87) unter geringstmöglichem Aufwand an Anspannung, Bewegung und Atem entstehen zu lassen.

Ähnlich übt man das Bilden der Konsonanten, entweder in Verbindung mit dem Klang oder stumm, vor allem aber, »ohne Atem dabei abströmen zu lassen«.

In gleicher Weise übt man dann, die verschiedenen Vokale mit den einzelnen Konsonanten zu verbinden und sie schließlich zu Worten zusammenzusetzen, die Lautformung und Artikulation auch im Flüstern, schließlich auch schnelleres Artikulieren.

III. Anthologie: Atmung – Haltung – Stimmstütze

Der nun folgende Teil gibt Ausschnitte aus Büchern verschiedener Atemtheoretiker und -praktiker zum Thema »Atmung – Haltung – Stimmstütze« wieder. Diese Stimmen – Theorien, Meinungen, Übungen – haben meine eigene Arbeit stark beeinflußt und stellen die bisherigen Aussagen in einen weiteren theoretischen Rahmen.

Alle in dieser Anthologie angeführten Gesangspädagogen sind sich einig in der negativen Beurteilung der üblichen Atem- und Stütztechniken. Die vorliegende Zusammenstellung macht auf die Falschlehren – besonders hinsichtlich der Stütztechniken –, die sich verheerend auswirken können, aufmerksam. Heinrich Egenolf formuliert dies am deutlichsten, wenn er darauf hinweist, daß unzählige begabte Sängerinnen und Sänger ihre Stimme dadurch »beinahe ruiniert« haben. Bekannt ist auch die Angst und die Sorge der Gesangspädagogen, ihren Schülern keine richtige Lehre anbieten zu können.

Die Anthologie beginnt mit speziellen Zitaten aus dem Buch *Der wissende Sänger* von Franziska Martienssen-Lohmann († 1971), das eine Fülle an Erfahrungen und Hilfen für Sänger und Instrumentalisten beinhaltet. Leider habe ich die Gesangspädagogin F. Martienssen-Lohmann, die ich hoch verehre, nicht mehr kennengelernt. Ich beschränke mich auf einige wenige Zitate und kann zur Vertiefung nur die Lektüre des umfassenden Werkes empfehlen.

Die Autorin nimmt in diesem Werk auch überzeugend auf J. Parow Bezug, der zu ihrer Zeit sehr bekannt war. – Für uns gilt heute noch immer ihre so wichtige Meinung, daß alle noch so guten Techniken nur dann eine Wirkung haben können, wenn die individuellen Übungen – wie bei Sportlern – täglich aufgearbeitet werden; denn die Muskeln müssen ihre neuen Stellungen ständig üben, damit sie nicht in falsche Gewohnheiten zurückfallen und damit ihre Kraft verlieren. Die Hauptsorge von F. Martienssen-Lohmann war aber auch, daß wir dieses Arbeitsgerüst nicht genügend »vergessen«, um uns wieder in das Lebendige des Gesanges begeben zu können.

1. Franziska Martienssen-Lohmann
»Der wissende Sänger«

1.1 Spannung und Entspannung[34]

Das tägliche Leben des Berufssängers [und des Instrumentalisten] steht unter dem Kennwort »Spannung«. Die vorbereitenden Proben, die oft sehr schwierige Disposition über seine Zeit und Kraft, die Art seiner Leistung vor dem Publikum – das alles ist ein Hochgespanntsein. […] Der vollbeschäftigte Sänger muß in seiner spannungsvollen Existenz systematisch Pausen notwendigen Entspanntseins in seinen Tageslauf einfügen. […]

1.2 Stütze[35]

Es gibt kaum einen Begriff in der Gesangstechnik, der so viel angewandt wird und so wenig klargestellt ist wie dieser. Jeder schwört auf eine andere Form der »Atemstütze«: Er nennt sie Bauchstütze, Tiefstütze, Zwerchfellstütze, Flankenstütze, Bruststütze, Rückenstütze, Kehlstütze und so fort. Die Einheitlichkeit des Begriffs fehlt, aber das einheitliche Wort »Atemstütze« ist da. […] Der Sänger [und der Instrumentalist], der mit Intensität singt [oder bläst], empfindet die Notwendigkeit, irgendwo ein körperliches Kraftzentrum zu spüren. Fragt man einen Vertreter der ausgeprägten »Bauchstütze« nach einer Erklärung dieses Begriffes, so zeigt sich, daß er zwar meist nichts Stichhaltiges zur Sache zu sagen weiß, aber dafür sofort den (oft bereits überdehnten und dadurch in seiner Muskelkraft geschwächten) Leib ostentativ herausgepreßt und die Beweisführung weniger im Logischen als vielmehr im Lauten, also in Fortetönen sucht. Die imponierende Unbeweglichkeit des Herauspressens während der Tongebung wirkt zwar verblüffend, steht aber im Widerspruch zu jeder gesunden und naturgemäßen Kraftfunktion.

[…]; der Möbeltransporteur, der schwere Lasten gewohnt ist, würde sich einen Bruch holen, wenn er seine Kraftquelle im Bauch suchen würde: […] – er fühlt sie im festen Stand des breiten Rückens, im Körperzentrum. Für Rückenschwächlinge unter den Sängern könnte das Buch von Dr. med. Parow *Funktionelle Atemtherapie* ein aufrüttelnder ärztlicher Berater sein. […]

[34] F. Martienssen-Lohmann 1988, S. 357
[35] Ebd., S. 384ff.

Alle Bestrebung müßte [...] (neben dem Klanglichen und seiner Intensität) hingelenkt sein auf das Gewinnen einer gelösten, freien, sichtbar souveränen und überlegenen Haltung – einer Haltung, bei der Form und Stellung des Rumpfes ganz vom Rücken her bestimmt sind und Spannung und Lockerheit, Gehobenheit und Lässigkeit sich im Gleichgewicht befinden.
Singen ist Kraftleistung – gewiß. Es wird sogar viel zuwenig als solche anerkannt; und damit scheidet leider der natürliche Vergleich mit »wirklichen« Kraftleistungen weitgehend aus. Caruso hat deutlich davon gesprochen, daß Singen eine Form der Athletik sei. Insbesondere die Wagner-Sänger werden diesem Wort zustimmen. Welche Lockerungs- und Elastizitätsdurcharbeitung des ganzen Körpers wird vorbereitend zum athletischen Sport benötigt – wie wenig aber ahnen die Stützmethoden von solcher Vorbereitung des Singesports!

1.3 Vom Üben[36]

[...] ein Ergebnis aus experimentellen Untersuchungen: daß »kurze, aber durch Wochen regelmäßig angestellte Übungen die besten Ergebnisse liefern, während krampfiges, überlanges Üben an Einzeltagen sehr wenig einbringt«.
[...] auch daß beispielsweise stundenlanges »fleißiges« Unkonzentriertsein mit fruchtbarem Üben nichts zu tun hat. In jedem Falle setzt fruchtbares Üben für ihn [den Sänger] aber vom ersten Tage an die Frage voraus: »Zu welchem Zweck muß gerade ich diese Übung machen? Und wie gewinne ich ihre sinnvolle Ausführung?« [...]

1.4 Zweck oder Sinn[37]

Die Entseelung unserer Welt ist das Sorgenthema aller geistigen Menschen. Die äußere »Wirklichkeit« scheint jene innere Wirklichkeit langsam und unmerklich auslöschen zu wollen, die in den Menschen unserer Tage schon stumm werden will.
Im Tier und im Kinde spricht sie sich noch täglich aus in ihrer überwältigenden Kraft. Die Wirklichkeit der unbändigen Freude, mit der der Hund

---

[36] F. Martienssen-Lohmann 1988, S. 411
[37] Ebd. S. 454f.

seinen Herrn nach längerer Abwesenheit begrüßt, beschämt die menschliche Freudefähigkeit. Gegenüber den Zärtlichkeitsausbrüchen eines kleinen Kindes selbst zu einer Blume stehen wir arm da – fassungslos vor der so ungehemmt offenbarten Liebeskraft des Gefühls.

Das Tägliche der Erwachsenen scheut die Gefühlsäußerung. Die Zeit will es so. Und es ist auch gut, daß jedes Gefühlsgeschwätz aufgehört hat.

Aber aus dem völligen Verbergen nach außen kann ein Verneinen nach innen werden. Aus jedem Verneinen wird Kälte. In Kälte stockt das Leben. Die Eiszeit des inneren Menschen scheint in vielen nicht mehr fern. Kunst bedeutet Bejahung des Menschentums, der innersten menschlichen Existenz.

1.5 Sprechen und Singen[38]

Eine erhöhte Schätzung der Rede setzte erst neu ein, seit das gesprochene Wort durch die Einführung des Rundfunks [und des Fernsehens] wieder zu einer Macht wurde. Es ist zu hoffen, daß das Neuerwachen solcher Wertung langsam Folgen für den Schulunterricht tragen und ihn um das Fach »Sprecherziehung« bereichern wird. In England und Amerika sind solche Bestrebungen im Gange. Damit könnte schon im Kindesalter für das Gedeihen der Gesangsstimmen viel getan werden. Verschobene und verspannte Sprechweise, zumal in der Jugend, wirkt sich derart ungünstig auf die Stimmfunktionen aus, daß gut veranlagte Sängerorgane sich nicht normal entwickeln können und daß es Gesangsstudierende gibt, die erst durch Monate völliger Umstellung ihrer Art zu sprechen in die Gesangsausbildung hineingeführt werden können. […]

Gerade für den Bühnensänger muß ständig ein gesunder Ausgleich zwischen Sprech- und Singfunktion angestrebt werden. Ein krankes Sprechen macht die Singstimme krank; ein gesundes unterstützt sie. […] Es wird geradezu ein Problem für alle diejenigen, deren Sprechstimme noch mit (meist unbewußten) schädlichen Funktionen arbeitet. Dann gehört ein hohes Maß von Ernst und Konzentration dazu, um ein freies und klingendes Sprechen noch zu erreichen, wie es für den Bühnensänger unbedingt obligatorisch ist, schon wegen der Gesundheit seines Gesangsorgans. […]

Das Singen darf durch schlechtes Sprechen nicht leiden – das Sprechen nicht durch schlechtes Singen. […] Erst das gute Sprechen im Singen selbst

---

[38] F. Martienssen-Lohmann 1988, S. 361f.

erweckt das Gefühl des Spontanen und Natürlichen, im Rezitativischen sowie in der Deklamation der musikalischen Linie – insbesondere durch die malerische Kraft intensiver Konsonantierung. Und ebenso löst erst gesunder Klang im Sprechen selbst das Überzeugende der Worte aus.

2. Heinrich Egenolf:[39] »Wunder des Atmens« und »Die menschliche Stimme«

2.1 Wie soll der Mensch atmen?[40]

Verständlich diese Frage, wenn wir bedenken – was übrigens auch die fortgeschrittene Medizin ohne weiteres zugibt und betont –, daß ein außerordentlich hoher Prozentsatz der zivilisierten Menschheit schlecht oder völlig falsch atmet. Beschämend, daß wir als Kulturmenschen im Besitze höchster, tiefster Erkenntnisse noch nach unserer wichtigsten Lebensfunktion fragen müssen. Nun, die Frage wurde gestellt, und über Nacht waren auf einmal die sogenannten Fachleute auf dem Plan und überschütteten die erstaunte zivilisierte Welt mit ihren »Atemmethoden«. Es zeigt sich folgendes groteske Bild: Der eine Autor empfahl, »mit dem Bauch zu atmen«, der zweite lehrte die »Flankenatmung«, der dritte betonte ausschließlich die »normale Brustvollatmung«, der fünfte etwa erklärte, daß die Atmung etwas außerhalb des menschlichen Organismus Liegendes, einzig und allein ein »metaphysisches Problem« sei. Das soll nur ein kleiner Ausschnitt sein von dem Wust der Meinungen, die über die Atmung verbreitet wurden und auch heute noch verbreitet werden. Man kann es dem braven Bürger, der an dieser Frage interessiert ist, nicht verübeln, wenn er bei dem Studium eines solch verwirrenden Schrifttums das ehrliche Interesse verliert und zu sich selber sagt, daß es wohl am besten sei, wenn er so weiter atmet wie bisher.

So wurde und so wird die Frage in Mißkredit gebracht, und doch ist es gerade heute ein Gebot der Stunde, Klarheit in diese Frage zu bringen. Die medizinische Wissenschaft hat sich jahrhundertelang um die Atmungsfunktion im menschlichen Organismus keine Gedanken gemacht. [...]

---

39 Heinrich Egenolf (1871–1966) war Stimm- und Atemlehrer.
40 H. Egenolf 1983, S. 10ff.

2.2 Einatmung[41]

Nun ist ja die überaus bedauernswerte Tatsache nicht wegzuleugnen, daß ein großer Teil der zivilisierten Menschheit »verklebte« Nasen hat, d. h. also, eine mangelnde Ventilation aufzuweisen hat. Von dieser Tatsache der verklebten Nasen lebt dann auch ein Spezialistentum in der Medizin, das gegebenenfalls mit Brennen, Schneiden, Ätzen, mit Hammer und Meißel diese verklebten Nasen zu öffnen sucht. Meist ist der dadurch entstehende Schaden größer als der gesundheitliche Gewinn. Es gibt nun demgegenüber ein anderes, harmloseres, natürlicheres und damit gesundheitsförderndes Mittel, verklebte Nasen zu öffnen.

Dieses Mittel heißt zunächst erst einmal: zu versuchen, mit der Nase zu atmen, und wenn die Nase nicht gleich frei ist und die Einatmung beschwerlich macht, so liegt nichts näher – unserer zivilisierten Vorstellungsweise dagegen nichts ferner –, als daß man die Nase wirklich systematisch gebraucht, daß man sie »exerziert«. Man exerziert nun die Nase auf die einfachste und tiefgehendste Weise, indem man die Luft »einschnüffelt«. Das zeigt uns auch die animalische Welt. [...]

2.3 Stimmstütze[42]

Über die Art und Weise, wie die Stimme gestützt wird, herrscht in der Stimmbildung große Verwirrung. Daß gestützt werden muß, wird nirgends bestritten. Es fragt sich nur, wie?

Die meisten Sänger und Schauspieler stützen in der Kehle selbst. Das kann nur unmittelbar oder auch mittelbar geschehen. Unmittelbar, wenn sie drücken oder pressen oder – wie der Ausdruck so schön heißt – »knödeln«. Diese Vorgänge spielen sich im Hals selbst ab. Der Schüler fühlt den Halt im Hals genau. Ist er ihm auch im Anfang lästig und zur Heiserkeit führend, so gewöhnt sich der Stimmechanismus im Laufe der Zeit aufgrund der Assimilationsfähigkeit der menschlichen Organe an dieses Gefühl und empfindet es sogar als richtig. Selbst die Heiserkeit verschwindet, ebenso wie das anfängliche physische Unbehagen. Und nun kann der Sänger oft jahrelang mit dieser Stütze sprechen oder auch singen. Aber der Ton ist unfrei und dadurch unschön. Er wird oft als zu tief, manchmal auch als zu hoch empfunden.

[41] H. Egenolf 1983, S. 24
[42] H. Egenolf 1974, S. 20ff.

Bei dieser Art des Singens und Sprechens zieht sich der Bauch des Stimmproduzierenden ein, während die Brust meist starr fixiert sich nach oben drängt. Der ganze Mensch befindet sich in einem absolut unfreien Zustand, den er seinerseits als normal empfindet. Es tritt ein gewisses Kraftmeiertum zutage, wie es leider den deutschen Sängern und Sprechern eigen ist. Diesen Menschen ist es auch nicht möglich, den Ton an- und abzuschwellen. Piano zu singen ist ihnen ein völlig unbekannter Begriff. Sie brüllen. Brüllen allerdings nur so lang, als die Halsmuskeln diese unnatürliche Vergewaltigung aushalten. Das ist bei jedem verschieden. Aber eines Tages setzt die Katastrophe ein. Das geschieht oft ganz plötzlich, so daß der Betreffende überhaupt nicht mehr imstande ist, eine klare Stimme zu produzieren, oder man merkt, wie die Höhe nachläßt trotz doppelter, falscher Anstrengung. Der Sturz in die Tiefe geht dann meist rapid vor sich. Der Sänger oder Sprecher verliert seine Stimme. Die falschen Verstärkermuskeln haben ihren Dienst quittiert, während die richtige Phonationsmuskulatur überhaupt nie in Anspruch genommen wurde. Theoretisch genommen, sind diese Stimmen oft noch zu korrigieren.

Dagegen steht allerdings das psychische Moment auf seiten des Schülers, der sich jahrelang in seiner Vorstellungswelt über die Stimmproduktion bewegt hat, so daß es einer übermächtigen, seelischen Umstellung bedarf, nunmehr für seine Kehle andere Wege einschlagen zu müssen. Dabei darf auch nicht übersehen werden, daß Sänger und Sprecher jahrelang eine völlig andere akustische Vorstellung ihres Tones hatten, die ihrerseits nunmehr auch völlig umgestellt werden muß. [...]

Das ist also eine falsche Stützmöglichkeit. Im Innern des Körpers spielt sich dabei folgendes ab: Wenn ich die Brust herausstrecke, zieht sich der Bauch unmittelbar gleichzeitig ein. Da nun das Zwerchfell naturgesetzmäßig beim Einatmen heruntergehen will, wird es durch die sich kontrahierende Bauchmuskulatur daran gehindert. Es tritt ein Konflikt zwischen heruntergehendem Zwerchfell und der sich zusammenziehenden Bauchmuskulatur ein. Das Zwerchfell wird nicht nur aufgehalten, sondern direkt wieder nach oben gedrängt.

Dieser nun eingetretene Krampf – denn als solchen kann man das nur bezeichnen – pflanzt sich mit Windeseile zur Brust und zum Hals fort. Hier tritt die bekannte Strangulation der Kehlmuskeln ein, die ihrerseits eine verkrampfte Tonproduktion im Gefolge hat. Dabei spielt es keine Rolle für die Praxis, welches nun diese Muskeln gerade sind. Tatsache ist, daß die sogenannte Bruststütze zum frühen Ruin der Stimme beiträgt und vor allem den natürlichen Stimmcharakter völlig verändert. Sie ist die beliebteste Art, eine Stimme zu stützen, vor allem in Deutschland. Daher die steifen Töne, die meist jeden Charmes bar sind und von denen man im Auslande behauptet, daß sie wohl eine deutsche Eigenart seien.

Die andere falsche Stützart der Stimme läßt sich so beschreiben: Bevor man mit der Tonproduktion beginnt, wird der Bauch herausgestreckt und herausgehalten. Gleichzeitig wird der Atem, wie man sagt, »in den Bauch gepumpt«. Mit dieser durch Muskel- und Atemdruck gespannten Bauchstütze wird die Stimme produziert. Es ist derselbe Druckvorgang wie bei der Bruststütze, nur spielt sich die Drückerei unten statt oben ab. Ob aber die Stimme das Produkt eines oberen oder unteren krampfhaften Prozesses ist, bleibt sich in der Wirkung auf den Kehlkopf völlig gleich.

In beiden Fällen ist das Zwerchfell in seinem Schwingungswinkel behindert. Die Belastung der Stimmbänder ist dementsprechend starr und auf die Dauer für diese unerträglich. Man stelle sich nur einmal den doch immerhin relativ zarten Kehlkopf vor und überlege, welch ungeheurer permanenter Druckwirkung er bei solchem Singen wie auch Sprechen ausgesetzt ist. […]

Diesen beiden oben beschriebenen falschen Stützarten ist ein Moment gemeinsam, nämlich, daß beide v o r der Stimmproduktion in Gang gesetzt werden. Es heißt also dabei: erst stützen und dann singen oder sprechen. Ich aber sage: die Stütze kommt m i t dem Singen und Sprechen, nicht vorher und nicht nachher.

Damit stehen wir aber in diametralem Gegensatz zu den herrschenden Methoden, bei denen man sich leider nicht bewußt ist, daß vor allem in der Frage der Stimmstütze und der Art, wie sie diese Frage lösen, der Hauptfehler ihrer Stimmbildung liegt, der ja dann auch ein wirklicher Erfolg versagt bleiben muß.

3. Frederick Husler / Yvonne Rodd-Marling: »Singen«

3.1 Polemisches[43]

Nach Aussage der medizinischen Spezialisten leidet die gesamte Menschheit zivilisatorischer Länder an schwach entwickelten und schon schwach veranlagten Lungen- und sonstigen Atmungsmuskulaturen, und aus dieser Tatsache allein schon folgert sich ein großer Teil der allgemeinen Schwierigkeiten für den Sänger. […]

---

[43] F. Husler / Y. Rodd-Marling 1978, S. 76f.

Die Mehrheit der Fachleute hat sich für eine »Tiefatmung« entschieden. Die sogenannte »Brustatmung« von ehedem war entlarvt worden als eine eigentlich recht naiv geübte einzige Verkrampfung des Atmungsorganes und des ganzen Körpers (gute Körperhaltung: »Brust heraus, Bauch hinein«). [...] Das »Hängenlassen des Bauches«, mit nach außen geblähten Flanken, mag als vorübergehend angewandte Entspannungs-Therapie sicherlich von Nutzen sein, aber es ist nicht d i e Atmung, und wenn es dabei bleibt, so sind hier (vor allem für den Sänger) die allerwichtigsten Funktionen einfach nicht erkannt und dementsprechend vernachlässigt worden. [...]

3.2 Tonische Atemsteuerung[44]

Bei großem Luftvolumen ist der Zwerchfelltonus gering, das schlaffe Zwerchfell wird in den Brustraum hineingezogen. Bei kleinem Lungenvolumen ist der Zwerchfelltonus groß, die Zwerchfellkuppen sind abgeflacht und stehen tiefer. [K. Bucher] Die Tonisierung des Zwerchfells wird also automatisch vom V o l u m e n der Lungen gesteuert: T o n i s c h e A t e m s t e u e r u n g . [...]
Wir denken an die Legion von Berufssängern (und haben besonders viele von den Vertretern der »schweren« Rollenfächer im Auge), die ihre Lungen übermäßig mit Luft aufblähen und dann den schließlich erlöschten Tonus zu ersetzen suchen durch eine w i l l k ü r l i c h betriebene Über- und Dauerkontraktion des Zwerchfells, oder durch Atempressung und andere rohe Torturen, und so das gesamte Atmungsorgan chronisch vergewaltigen. Ihnen muß das Gesetz von der tonischen Atemsteuerung geradezu als paradox erscheinen.
Die größten unter den Sängern haben sich immer, mit gutem Empfinden für richtige physiologische Verhältnisse, diese Gesetzmäßigkeit im Atmungsorgan bewahrt. Sie, deren Singen so vonstatten geht, daß »m a n n i c h t m e r k t , w a n n s i e L u f t h o l e n«, bei denen das Beginnen und Beenden einer Gesangsphrase sich völlig geräuschlos vollzieht, denen die Einatmung kein Problem bedeutet. [...]

[44] Ebd., S. 59

3.3 Atmungsgerüst

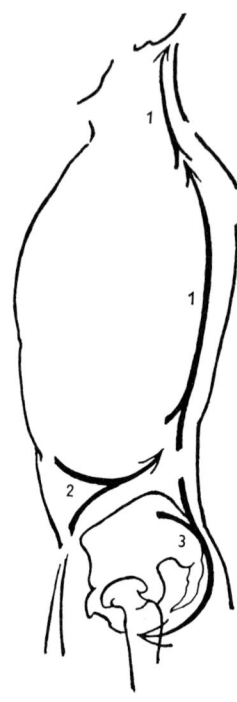

Abb. 89: Die körperstreckenden Bewegungen »Atmungsgerüst«

Bedenkt man, in welch feinabgestimmter Dynamik der Ausatmungsvorgang bei der sängerischen Stimmgebung vor sich zu gehen hat, so ergibt sich die Folgerung, daß dem Organ so etwas wie ein Gerüst geschaffen sein muß, in dem seine Bewegungen ungehindert, freibeweglich vor sich gehen können. Ein solches Gerüst läßt sich erkennen im Zusammenwirken einer Anzahl von Rumpfmuskulaturen, an die dieser Atmungsmechanismus gewissermaßen gehängt ist.

Es sind dies in der Hauptsache die inneren langen Rückenmuskeln (»Rückenstrecker«), die von oberhalb des Steißbeins das Rückgrat aufwärts zum Nacken verlaufen und in starken Muskelsträngen bis zur Schädelbasis eine Fortsetzung finden, weiter die unteren Bauchmuskeln (etwa vom Gürtel abwärts) und schließlich noch gewisse Gesäßmuskeln, die das Becken bei diesem Vorgang nach vorwärts drehen (s. Abb. 89).

Diese rückenstreckenden Muskeln und unteren Bauchmuskeln, die ein solches Atmungsgerüst mitbilden sollen, sind bei der hochzivilisierten Menschheit generell schwach entwickelt. (Weniger bei den süd- und osteuropäischen Völkern, woher auch die meisten großen Stimmbegabungen kommen.) [...]

3.4 Einatmung[45]

Die meisten Berufssänger weisen eine Überbetonung der Einatmungsmuskeln auf, eine leichte oder schwere chronische Blähung [Emphysem] des unteren Lungenbereiches und Paralysierung der Flankenmuskulaturen. Sie vermögen nicht mehr kraftvoll genug auszuatmen, um in allen Punkten den nötigen und richtigen Konnex zwischen Atmungs- und Kehlorgan herstellen zu können. Aber nicht nur Sänger, die Individuen der meisten zivilisato-

---

[45] F. Husler / Y. Rodd-Marling 1978, S. 64

rischen Länder leiden an mangelnder Innervation des Rahmens, in dem das Zwerchfell sich bewegt. Und wie schlecht dem oft von medizinischer Seite begegnet wird, das zeige nur ein Beispiel. In einem populär gehaltenen, in großer Auflage erschienenen, sonst ernsthaften ärztlichen Ratgeber ist zu lesen: »Beim Einatmen ganz vollpumpen und die Atembewegung so groß wie möglich anlegen. Beim Ausatmen fällt die Bewegung locker zusammen und der Atem strömt ohne Nachpressen aus.« Ergebnis: Erst zweifellos eine Hilfe, später dann ein Versagen des Organes. [...]

3.5 Einige abwegige Stützmethoden[46]

- Fixierung der Flanken

Besonders in nordischen Schulen wird oft folgende Atmungs- und Stützmethode gelehrt: Die Flanken werden nach auswärts gestellt und festgehalten. Neben einem »Stützen der Kehle« und dem »Halten der Luft« wird damit auch das »Öffnen« des Kehlraumes bezweckt. Es wird durch diese unnatürliche Einatmungsmethode tatsächlich der Kehlraum erweitert: Die Kehle senkt sich etwas nach abwärts, die Stimmritzen-Öffner (Postici) ziehen die Stimmfalten nach rückwärts-außen, der Kehldeckel stellt sich leicht auf, und das »Ansatzrohr« ist nun verlängert und erweitert. Scheinbar fast lauter Vorzüge dieser Methode.

Jedoch Haltungen, Einstellungen im Atmungsorgan – besonders der Flanken, die ja reflektorisch auf die inneren Kehlmuskeln einzuwirken haben –, methodisch betrieben, führen immer zu irgendwelchen Inaktivitäten auf einer anderen Seite des Organes. Die eben beschriebene Haltung macht die Kehle in vielen Punkten inaktiv und unbeweglich und verhindert natürlich auch das freie Spiel zwischen Atmungs- und Kehlorgan. Ergebnis: unmotorische, »dicke« Stimme.

- Dauerkontraktion des Zwerchfells

Bei der oben beschriebenen Tendenz zum »Öffnen« klafft die Stimmritze dauernd (die Postici erfahren dabei keine oder zu wenig Opposition durch die Schließer), und darum droht der Atem ständig zu entweichen. So wird in manchen Schulen (es ist dann nur eine Steigerung der Methode Nr. 1) neben der Nach-außen-Fixierung der Flanken auch noch eine Dauerkontraktion des Zwerchfells (des »Bauchzwerchfells«) angestrebt und, da eine solche Unnatur nicht leicht zu betreiben ist, dies manchmal mit Druck gegen

[46] Ebd., S. 71f.

eine Bauchbinde. Das ist dann zuweilen nichts anderes mehr als ein fortgesetzter Kampf gegen den angesammelten Atem, der ständig zu entweichen droht, ein Kampf, den man sich nur eben siegreich zu bestehen bemüht. [...]

- Zwerchfellpressung

Ebenfalls ganz und gar verfehlt ist es – von diesem vielbeschriebenen Übel war schon mehrfach die Rede – einen sogen. »Zwerchfell-Tiefstand« herbeizuführen, indem man **mit dem Atem** die Kuppen des Zwerchfells nach abwärts preßt. Was für das Atmen an sich als gültig aufgestellt wurde, nämlich, daß die Kuppen des Zwerchfells nicht abgeflacht werden sollen, das Zwerchfell »tritt in Kuppelform tiefer«, das gilt in viel höherem Maße für das Singen.

So schwer viele heutige Sänger von diesem Gesetz zu überzeugen sind, so leicht ist es eigentlich einzusehen: Die natürliche reflektorische Verbindung zwischen Zwerchfell und Kehle muß völlig zerstört werden, wenn dem Zwerchfell seine **Selbstbeweglichkeit** genommen wird. Aus dem dynamischen Zusammenspiel dieser beiden Bereiche im Organ ergibt sich aber doch überhaupt erst Singen – wenn man darunter mehr verstehen will als nur das Produzieren einer gebrochenen Reihe von einzelnen Tönen. [...]

Den Sachverhalt mit simpleren Worten gesagt: **Das Zwerchfell darf nicht durch fremde Kraft bewegt, es darf nicht »getan« werden – es muß sich aus eigener Kraft bewegen, es muß selbst tun.**

4. Karlfried Graf Dürckheim[47]: »Hara – Die Erdmitte des Menschen« und »Übung des Leibes auf dem inneren Weg«

»Brust heraus – Bauch herein« [...]. Ein Volk, bei dem dieser Spruch zu einer allgemeinen Anweisung werden konnte, ist in großer Gefahr [...]. »Brust heraus – Bauch herein« ist die kürzeste Formel für eine grundsätzliche Fehlhaltung des Menschen, genauer gesagt: für eine Körperhaltung, die eine falsche innere Haltung nahelegt und fixiert. [...] Aber das »Brust her-

---

[47] Karlfried Graf Dürckheim (1896–1988) – Philosoph und Atemtherapeut – ist Begründer der »Initiatischen Therapie«.

4. K. Graf Dürckheim: »Hara« und »Übung des Leibes auf dem inneren Weg«

aus – Bauch herein« verleitet zu einer Haltung, die den Aufbau der natürlichen Ordnung verfehlt [...]⁴⁸.

Theoretisch lehrt die Erforschung von Fehlhaltungen, insbesondere von Verspannungen, daß die Voraussetzung der »rechten« Form – das ist diejenige, die sowohl der Anforderung der Welt als dem eigenen Wesen gemäß ist – die Überwindung einer bestimmten Egozentrik ist. Wo im Zentrum ein Ich steht, das immer um eine in der Welt gesicherte und anerkannte Position besorgt ist und zugleich glaubt, alles von sich aus machen zu müssen und machen zu können, da wurzelt der Mensch nicht in der rechten Mitte. In seiner egozentrischen Besorgtheit und Anmaßung verstellt er die tieferen Kräfte und ist daher nie seiner selbst ganz sicher, nie in vollem Gleichgewicht, nie im Lot, weder physisch noch psychisch.⁴⁹

---

[48] K. Graf Dürckheim 1983
[49] K. Graf Dürckheim 1981, S. 9

Hinweise zur Weiterbildung

In meinem Institut für Atemtherapie, Atemunterricht und Sprechtechnik in Düsseldorf werden Weiterbildungslehrgänge in Funktioneller Atmungstherapie bzw. -schulung nach Dr. med. Julius Parow/Margot Scheufele-Osenberg durchgeführt.

Zielgruppe sind Sänger, Musiker (Bläser), Schauspieler sowie Menschen mit medizinischer, pädagogischer, psychologischer oder pflegerischer Berufsausbildung.

Der Lehrgang besteht aus 12 Wochenenden, verteilt über 12 Monate mit 20 Unterrichtsstunden pro Wochenende. Beginn jeweils im Frühjahr und Herbst.

Die sich aufeinander aufbauenden Lehrgänge beinhalten die Atmungstherapie bzw. -schulung nach Parow/Scheufele-Osenberg, das schulmedizinisch fundierte Prinzip der Unterscheidung von Normalatmung und Fehlatmung und die dazugehörenden Haltungs- und Nasenfunktionsübungen. Diese Kriterien werden zunächst in Selbsterfahrung und im Erfahrungsaustausch mit den anderen Lehrgangsteilnehmern erarbeitet.

Unsere Schulung wird ergänzt durch Elemente der Leibarbeit von Prof. Dr. K. Graf Dürckheim und Entspannungstechniken. Zu Beginn und am Ende jedes Lehrgangs findet eine Meditation statt. – Für jeden Teilnehmer wird ein individuelles Übungsprogramm erstellt.

Erarbeitungsschwerpunkte (Änderungen vorbehalten):
- Richtige Haltung im Sitzen, Stehen, Gehen unter den Gesichtspunkten von J. Parow und K. Graf Dürckheim
- Theoretische und praktische Körperarbeit
- Muskeltraining ohne und mit Atem nach J. Parow
- Aufbau und Vollatmung
- Dreierrhythmus der Atmung
- Anatomie und Physiologie der Atmung
- Pathologie der Atmung und Atemwegserkrankungen sowie Anwendung der Atemarbeit bei Atemkranken
- Körperlich-seelisches Einspüren in die eigene Rolle als Lehrer/Schüler
- Ab dem 7. Wochenende wird u.a. in Zweiergruppen geübt, das Gelernte zu vermitteln und anzuwenden.
- Am 11. Wochenende Dia-Vortrag

Von den Lehrgangsteilnehmern wird erwartet, daß sie zu Hause das Gelernte nacharbeiten (schriftliche Ausarbeitungen, Protokolle, Anschauungsmaterial u. ä. werden gestellt).

Am 12. Wochenende findet die mündliche Abschlußprüfung (Gruppenprüfung) statt.

Nach Abschluß aller 12 Lehrgänge und bestandener Prüfung erhalten die Teilnehmer eine Urkunde, die sie berechtigt, sich Atempädagoge bzw. Atemtherapeut (bei Heilberufen) nach Parow/Scheufele-Osenberg zu nennen und das hier Gelernte an andere weiterzugeben. Neben dieser Urkunde, die auch benötigt wird, wenn Sie mit den Krankenkassen zusammenarbeiten möchten, erhält jeder Teilnehmer eine Zusammenstellung der einzelnen Unterrichtsfächer.

Außerdem werden Kurzlehrgänge zur Einführung in das System der Funktionellen Atmungstherapie bzw. -schulung nach Parow/Scheufele-Osenberg in Düsseldorf und Bad Sobernheim durchgeführt.

Weitere Einzelheiten oder Adressen von Atempädagogen, die Unterricht nach diesem System erteilen, können erfragt werden im Institut für Atemtherapie, Atemunterricht und Sprechtechnik, Bruchstraße 13–15, 40235 Düsseldorf.

Literaturverzeichnis

Graf Dürckheim, Karlfried: *Übung des Leibes auf dem inneren Weg*, München 1981
ders.: *Hara – Die Erdmitte des Menschen*, München 1983
Egenolf, Heinrich: *Die menschliche Stimme*, Stuttgart 1974
ders.: *Wunder des Atmens*, Stuttgart 1983
Lassalle (Pater): *Der Versenkungsweg*, Stuttgart 1983
Martienssen-Lohmann, Franziska: *Der wissende Sänger. Gesangslexikon in Skizzen*, Zürich 1988
Husler, Frederick/Rodd-Marling, Yvonne: *Singen. Die physische Natur des Stimmorgans. Anleitung zum Aufschließen der Singstimme*, Mainz 1978
Parow, Julius: *Stimmschulung*, Stuttgart 1975
ders.: *Die Heilung der Atmung*, Stuttgart 1981
ders.: *Funktionelle Atmungstherapie*, Heidelberg [5]1988
Scheufele-Osenberg, Margot: *Atemschulung für seelisches und körperliches Gleichgewicht*, Düsseldorf 1987, [4]1994
Schmitt, Johannes: *Atemheilkunst*, Bern 1987
Stein, Hans Joachim: *Kyudo – Die Kunst des Bogenschießens*, Bern/München 1985, Reinbek b. Hamburg 1990

Abbildungsnachweis

Wolfgang Fesch, Düsseldorf: Abb. 48, 49, 53, 60
Frederick Husler/Yvonne Rodd-Marling: *Singen*, Mainz 1978: Abb. 89
Julius Parow: *Die Heilung der Atmung*, Stuttgart 1981/*Stimmschulung*, Stuttgart 1975: Abb. 17, 51, 57, 62 bis 88
Johannes Schmitt: *Atemheilkunst*, Bern 1987: Abb. 6, 7, 8, 11, 12, 13b, 15, 18, 19, 23, 24, 25, 27, 30a/b, 31, 33, 37, 39, 59, 61

Alle übrigen Abbildungen:
Archiv des Institutes für Atemtherapie, Atemunterricht und Sprechtechnik, Düsseldorf

Studienbuch Musik

Mit der Reihe *Studienbuch Musik* wird dem Bedarf an Texten zum Studium der Musik und der Musikwissenschaft in preisgünstigen Ausgaben Rechnung getragen. Neben Neuerscheinungen werden in der Reihe erfolgreiche und bewährte Titel des bisherigen Verlagprogramms, teilweise in überarbeiteter und ergänzter Form, neu aufgelegt. Für Schüler, Studenten, Musikpädagogen und Hochschullehrer, für interessierte Laien zur Fort- und Weiterbildung, für das private Studium.

Michael Dickreiter
Partiturlesen
Ein Schlüssel zum Erlebnis Musik
ISBN 3-7957-8701-7 (ED 8701)

Der Leitfaden zum Studium von Partituren und zum Verständnis von musikalischer Notation und Wiedergabe für Musikliebhaber, Studenten, Lehrer und Tontechniker

Paul Heuser
Das Klavierspiel der Bachzeit
Ein aufführungspraktisches Handbuch nach den Quellen
14,8 x 21,0 cm
ISBN 3-7957-8710-6 (ED 8710)

Quellen-Handbuch zur Interpretation der Klavier- und Orgelmusik des 18. Jahrhunderts

Der kleine Hey
Die Kunst des Sprechens
Nach dem Urtext von Julius Hey
Neu bearbeitet und ergänzt von Fritz Reusch
ISBN 3-7957-8702-5 (ED 8702)

Das seit 100 Jahren bewährte Standardwerk der Sprechererziehung in neuer Ausstattung. Für Redner, Sänger und Schauspieler, Schüler, Studenten und Lehrer

Renate Klöppel
Die Kunst des Musizierens
Von den physiologischen und psychologischen Grundlagen zur Praxis
ISBN 3-7957-8706-8 (ED 8706)

Das neue Standardwerk über die Grundlagen des Musizierens und deren praktischen Konsequenzen für Pädagogen, Psychologen und Ärzte, Musikschüler, -studenten und -lehrer

Karl Leimer / Walter Gieseking
Modernes Klavierspiel
Mit Ergänzung
Rhythmik, Dynamik, Pedal
ISBN 3-7957-8707-6 (ED 8707)

Die bewährten Standardwerke zur Methode des Klavierspiels in neuer Ausstattung

Hans-Martin Linde
Handbuch des Blockflötenspiels
ISBN 3-7957-8703-3 (ED 8703)

Das umfassende Handbuch zu Geschichte, Spielweise und Repertoire der Blockflöte für Schüler, Studenten und Lehrer, alle Liebhaber der Blockflöte

Andreas Mohr
Handbuch der Kinderstimmbildung
ISBN 3-7957-8704-1 (ED 8704)

Ein Handbuch für alle, die mit Kindern singen (Stimmbildner, Chorleiter, Schul- und Kirchenmusiker, Logopäden)

Margot Scheufele-Osenberg
Die Atemschule
Übungsprogramm für Sänger, Instrumentalisten und Schauspieler
Atmung – Haltung – Stimmstütze
ISBN 3-7957-8705-X (ED 8705)

Ein Programm zur Selbstdiagnose von Fehlatmung und zum Erlernen von richtiger Atmung, Haltung und Stütze – unverzichtbar für Sänger, Bläser und Schauspieler

Norbert Jürgen Schneider
Komponieren für Film und Fernsehen
Ein Handbuch
ISBN 3-7957-8708-4 (ED 8708)

Einer der bekanntesten deutschen Filmkomponisten schrieb dieses Handbuch für die Praxis. Es richtet sich an Musikstudenten, Filmemacher, Komponisten, Musik- und Medienpädagogen, Cineasten

SCHOTT FOR MUSIC — MUSIC FOR YOU!